国家出版基金项目
NATIONAL PUBLICATION FOUNDATION

DRC

国务院发展研究中心研究丛书2022

陆 昊 主编

转向消费驱动

Towards Consumption-Driven Growth

国务院发展研究中心课题组 著

中国发展出版社
CHINA DEVELOPMENT PRESS

图书在版编目（CIP）数据

转向消费驱动 / 国务院发展研究中心课题组著. —北京：中国发展出版社，2023. 7（2023.9重印）
ISBN 978-7-5177-1326-5

Ⅰ. ①转… Ⅱ. ①国… Ⅲ. ①扩大内需—研究—中国 Ⅳ. ①F123

中国版本图书馆CIP数据核字（2022）第217302号

书　　　名：转向消费驱动
著作责任者：国务院发展研究中心课题组
责 任 编 辑：杜　君　龚　雪
出 版 发 行：中国发展出版社
联 系 地 址：北京经济技术开发区荣华中路22号亦城财富中心1号楼8层（100176）
标 准 书 号：ISBN 978-7-5177-1326-5
经　销　者：各地新华书店
印　刷　者：北京盛通印刷股份有限公司
开　　　本：710mm × 1000mm 1/16
印　　　张：21.25
字　　　数：249千字
版　　　次：2023 年 7 月第 1 版
印　　　次：2023 年 9 月第 2 次印刷
定　　　价：86.00元

联 系 电 话：（010）68990642　68360970
购 书 热 线：（010）68990682　68990686
网 络 订 购：http://zgfzcbs.tmall.com
网 购 电 话：（010）68990639　88333349
本 社 网 址：http://www.develpress.com
电 子 邮 件：fazhanreader@163.com

DRC

2022

国务院发展研究中心研究丛书

编　委　会

“转向消费驱动”
课题组

课题负责人

陆　昊　国务院发展研究中心主任、党组书记

马建堂　全国政协经济委员会副主任、国务院发展研究中心原党组书记

课题执行负责人

王安顺　国务院发展研究中心原副主任、党组成员（正部长级）

课题协调人

王　微　国务院发展研究中心市场经济研究所所长、研究员

王　青　国务院发展研究中心市场经济研究所副所长、研究员

课题组成员

王　微　国务院发展研究中心市场经济研究所所长、研究员

邓郁松　国务院发展研究中心市场经济研究所副所长、研究员

王　青　国务院发展研究中心市场经济研究所副所长、研究员

刘　涛　国务院发展研究中心市场经济研究所副所长、研究员

孙成龙　国务院发展研究中心市场经济研究所研究室主任

陈丽芬　国务院发展研究中心市场经济研究所研究员

漆云兰　国务院发展研究中心市场经济研究所研究室副主任、研究员

王　念　国务院发展研究中心市场经济研究所研究室副主任、副研究员

牛三元　国务院发展研究中心市场经济研究所研究室副主任、副研究员

王立坤　国务院发展研究中心市场经济研究所副研究员

刘　馨　国务院发展研究中心市场经济研究所副研究员

王瑞民　国务院发展研究中心市场经济研究所副研究员

苏诺雅　国务院发展研究中心市场经济研究所助理研究员

黄千员　国务院发展研究中心市场经济研究所助理研究员

冯俏彬　国务院发展研究中心宏观经济研究部副部长、研究员
张俊伟　国务院发展研究中心宏观经济研究部二级巡视员、研究员
李承健　国务院发展研究中心宏观经济研究部研究室主任、副研究员
王莹莹　国务院发展研究中心宏观经济研究部二级调研员、助理研究员
秦中春　国务院发展研究中心农村经济研究部二级巡视员、研究员
韩　杨　国务院发展研究中心农村经济研究部研究室主任、研究员
许召元　国务院发展研究中心产业经济研究部副部长、研究员
路　倩　国务院发展研究中心产业经济研究部二级主任科员
李建伟　国务院发展研究中心社会和文化发展研究部部长、研究员
王列军　国务院发展研究中心社会和文化发展研究部副部长、研究员
张佳慧　国务院发展研究中心社会和文化发展研究部研究室主任、研究员
张冰子　国务院发展研究中心社会和文化发展研究部研究室主任、研究员
佘　宇　国务院发展研究中心社会和文化发展研究部一级调研员、研究员
刘胜兰　国务院发展研究中心社会和文化发展研究部副研究员
陈道富　国务院发展研究中心金融研究所副所长、研究员
田　辉　国务院发展研究中心金融研究所研究室主任、研究员
郑醒尘　国务院发展研究中心金融研究所研究室主任、研究员
冯文猛　国务院发展研究中心公共管理与人力资源研究所研究室主任、研究员
李汉卿　国务院发展研究中心办公厅（人事局）副处级秘书、副研究员
李恒森　国务院发展研究中心办公厅（人事局）二级主任科员、助理研究员
江　宇　中国国际发展知识中心信息管理处副处长、研究员
沈开艳　上海社会科学院经济研究所所长、研究员
黄良港　湖北省人民政府研究室党组成员、副主任
秦　俊　湖北省人民政府研究室一处副处长、三级调研员
黄沙里　湖北省人民政府研究室一处副处长、三级调研员
刘新民　湖北省人民政府研究室三处副处长
周全俊　湖北省人民政府研究室一处副处长
朱小龙　湖北省人民政府研究室一处二级主任科员
马宏街　湖北省人民政府研究室一处三级主任科员
魏国学　中国宏观经济研究院社会发展研究所研究室副主任、副研究员
于明哲　北京工商大学国际经管学院金融科技系副主任、讲师
宋　恒　中国财政科学研究院博士

总 序

党的二十大报告明确指出，从现在起，中国共产党的中心任务就是团结带领全国各族人民全面建成社会主义现代化强国、实现第二个百年奋斗目标，以中国式现代化全面推进中华民族伟大复兴。中国的现代化是人类历史上规模最大的现代化，也是难度最大的现代化，必须在深刻理解和准确把握中国式现代化的理论内涵和实践要求的基础上，通过深入研究，科学回答现代化新征程中的一系列理论和实践问题。

（一）

习近平总书记指出，“一个国家走向现代化，既要遵循现代化一般规律，更要符合本国实际，具有本国特色”。英国工业革命开启了世界现代化进程。尽管各国现代化的具体路径不同，但都遵循着人类文明进步的一般规律，也有一些共同特征。从一般规律看，成功推进现代化，必须建立符合人类进步方向、适应本国国情的社会制度；必须以科技进步为主要推动力，大力发展社会生产力；必须随着经济结构和社会结构的变化，创新国家治理和社会治理。从共同特征看，各国现代化都经历了以工业化为主要内容的经济结构转变，和以城市化为主要内容的社会结构变迁。中国式现代化既遵循了现代化的一般规律，也反映出各国现代化的共同特征。

中国式现代化更有基于自己国情的鲜明特色。习近平总书记指出，“中国式现代化是人口规模巨大、全体人民共同富裕、物质文明和精神文明相协调、人与自然和谐共生、走和平发展道路的现代化”。要把中国式现代化五个方面的中国特色变为成功实践，把鲜明特色变成独特优势，需要付出艰巨努力。

第一，我国人口规模超过现有发达国家的人口总和，中国式现代化是人类历史上前所未有的、最为波澜壮阔的现代化，也是难度最大的现代化。人口规模巨大，意味着市场潜在空间大、分工效应高，有助于形成规模经济优势和比较完整的产业体系；意味着中国的现代化将面临更强的资源环境约束，必须走资源节约、环境友好的发展道路；意味着中国的现代化将改写现代化的世界版图，深刻影响世界政治经济格局，处理好内外关系更具挑战性；意味着任何一个小问题都可能演变成为一个大问题，实现社会良好治理难度大。谋划和推进中国式现代化的各项工作，都需要把巨大的人口基数作为重要前提。

第二，全体人民共同富裕是中国式现代化的本质特征，也是区别于西方现代化的显著标志。党的十八大以来，我们在促进共同富裕方面取得了显著成效。同时要看到，城乡区域发展差距和收入差距依然较大，与人民群众对共同富裕的期盼有距离，要自觉主动地解决城乡差距、地区差距和收入差距的问题。要在继续做好做大“蛋糕”的同时，进一步分好“蛋糕”，初次分配、再分配、第三次分配协同发力，努力提高居民收入在国民收入分配中的比重，努力提高劳动报酬在初次分配中的比重，着力解决好民生问题，让现代化建设成果更多更公平惠及全体人民。同时，要充分认识到，我国仍然处于并将长期处于社会主义初级阶段，实现全体人民共同富裕是一个长期过程，必须有足够的历史耐心；要按照经济社会发展规律循序渐进，不断地、逐渐地解决好共同富裕问题。

第三，既要物质富足、也要精神富有，是中国式现代化的崇高追求。西方国家的现代化往往伴随着信仰缺失、精神贫乏、物欲横流等问题，我国要坚决避免出现类似问题。还要看到，迈上现代化新征程，人民精神文化需求将持续增长，也会呈现越来越多元化的局面。推进中国式现代化，要推动物质文明和精神文明相互协调、相互促进，加强理想信念教育，培育和弘扬社会主义核心价值观，建设全体人民共同享有的精神家园，让全体人民始终拥有团结奋斗的思想基础、开拓进取的主动精神、健康向上的价值追求。

第四，尊重自然、顺应自然、保护自然，促进人与自然和谐共生，是中国式现代化的鲜明特点。西方国家的现代化大都经历了对自然资源肆意掠夺和生态环境恶性破坏的阶段，在创造巨大物质财富的同时，往往造成环境污染、资源枯竭等严重问题。我国人均资源禀赋严重不足，现代化所处的时代背景、历史阶段与西方国家快速推进现代化时显著不同，推进现代化面临更强烈、更严格的能源资源和环境约束，不可能走西方国家的老路，必须走出一条永续发展的新路，必须加快形成绿色低碳的产业结构、生产方式、生活方式，在守住底线、节约集约、多目标平衡下促进高质量发展。

第五，在坚定维护世界和平与发展中谋求自身发展，又以自身发展更好维护世界和平与发展，是中国式现代化的突出特征。中国是社会主义国家，决不可能走一些国家通过战争、殖民、掠夺等方式实现现代化的老路。当今世界，恃强凌弱、巧取豪夺、零和博弈等霸权行径危害深重，世界又一次站在历史的十字路口。还要看到，作为人口大国，中国的现代化将深刻影响世界政治经济格局，会受到一些国家的打压、遏制。我们要坚定站在历史正确的一边，高举和平、发展、合作、共赢旗帜，以中国新发展为世界提供新机遇，推动全球治理朝着更加公正合理的方向发展，促进各国共同走和平发展道路。

（二）

新征程上推进中国式现代化已经具备显著优势。新时代十年，在以习近平同志为核心的党中央坚强领导下，我们推动中国式现代化又向前迈进了一大步，在全球竞争中创造了竞争新优势：规模经济优势突出，能够为不同技术创新路线、商业创新模式提供足够赛道和空间；制造业系统性优势突出，能大规模标准化生产，又能快速响应个性化需求；科技创新能力不断增强，人才基础、创新主体、新兴产业、新型举国体制等优势正在聚合释放；经济深度融入世界经济体系，“世界工厂”的地位日益巩固，“世界市场”的重要性不断提升；人力资本质量红利显现，资本丰裕度明显改善，要素禀赋优势实现动态升级；新型城镇化和消费结构升级持续推进，总需求较快释放和升级。利用好、巩固好、发展好这些新优势，既是经济基本面长期向好的重要支撑，也是解决当前经济问题的重要基础，更是实现现代化目标的重要保障。

习近平总书记指出，“推进中国式现代化，是一项前无古人的开创性事业，必然会遇到各种可以预料和难以预料的风险挑战、艰难险阻甚至惊涛骇浪”。要清醒地认识到，当今世界百年未有之大变局加速演进，逆全球化思潮抬头，局部冲突和动荡频发，世界进入新的动荡变革期。我国改革发展稳定面临不少深层次矛盾躲不开、绕不过，来自外部的打压遏制随时可能升级。我国发展进入战略机遇和风险挑战并存、不确定难预料因素增多的时期，各种“黑天鹅”“灰犀牛”事件随时可能发生。

应对这些风险挑战，必须全面落实习近平总书记在2023年2月7日学习贯彻党的二十大精神研讨班开班式上的重要讲话精神，正确处理好顶层设计与实践探索、战略与策略、守正与创新、效率与公平、活力与秩序、自立自强与对外开放等重大关系。处理这六对关系，角度不完全一样，需要把握的重点、难点也不完全一样。处理前三对关系，主要靠我们自己的积累和把握；处理后三对关系，要注重学习借鉴国外现代化的经验教训，不断深化对现代化规律的认识，不断提高应对各种风险挑战的能力。

处理顶层设计与实践探索的关系，要根据现代化总体安排和分阶段、分领域的发展目标，设计好总体战略和各项分战略；要根据时和势的变化，勇于探索未知领域，提出新思路新办法，创造新鲜经验。

处理战略与策略的关系，要着眼于解决事关党和国家事业兴衰成败、牵一发而动全身的重大问题，谋划战略目标、制定战略举措，为中国式现代化提供强大的战略支撑；要适应新情况、新变化，把战略的原则性和策略的灵活性结合起来，因地制宜、因势而动、顺势而为。

处理守正与创新的关系，要毫不动摇坚持中国式现代化的中国特色、本质要求和重大原则，确保中国式现代化的正确方向；要顺应时代发展要求，积极识变应变求变，大力推进各方面创新，不断开辟发展新领域。

处理效率与公平的关系，要更好实现效率与公平相兼顾、相促进、相统一。既要提高效率又要实现公平，是一大世界性难题。处理得不好，要么损失效率，要么带来严重社会问题。在创造更高效率的同时，更好地维护社会公平，要坚持“两个毫不动摇”，把社会主义制度和市场经济更好有机结合起来，既要发挥市场经济的长处，又要发挥社会主义制度的优越性；要防止社会阶层固化，畅通向上流动通道，扎实推进共同富裕取得更为明显的实质性进展。

处理活力与秩序的关系，要实现活而不乱、活而有序的动态平衡。要深化各方面体制机制改革，充分释放全社会创新创造潜能；要适应人民群众在民主、法治、公平、正义等方面日益增长的需求，发展全过程人民民主，完善社会治理体系；要统筹发展和安全，贯彻总体国家安全观，健全国家安全体系。

处理自立自强与对外开放的关系，要加快构建以国内大循环为主体、国内国际双循环相互促进的新发展格局。在经济全球化背景下，任何一个国家的发展都离不开外部资源和外部市场，必须利用好国际循环。但是，大国和小国对国际市场的依赖程度不一样，小国发展可以依赖国际市场；大国发展必须立足自身，历来都以内循环为主体，而且随着经济规模的扩大，内循环越来越重要。2022年，新加坡进出口总额相当于国内生产总值的330.0%，而美国仅为27.4%。我国是人口大国，目前已是世界第二大经济体，未来发展要在扩大高水平对外开放、更好利用国际循环的同时，必须更多依靠国内大循环、增强内循环的内生动力和可靠性，必须提高产业链供应链韧性和安全水平，必须提高科技自立自强水平，把国家和民族发展放在自己力量的基点上。

应对这些风险挑战，还必须坚持系统观念和底线思维，充分发挥高端智库作用，加强理论研究和实践探索，做好政策和方案储备，及时破解前进道路上的各种难题，化解前进道路上的各种风险挑战。

（三）

近年来，国务院发展研究中心坚持运用习近平新时代中国特色社会主义思想的立场、观点和方法，围绕推进中国式现代化，开展了相关研究，形成了系列成果，可为探索现代化具体路径和破解现代化建设难题提供有价值的参考。

推进中国式现代化，必须把宏伟蓝图变成可执行的时间表、路线图。党的十九大和二十大擘画了建设社会主义现代化国家的宏伟蓝图，指明了现代化建设的方向。现代化的内涵随着技术的进步而不断拓展，现代化的路径因时代背景和发展所处阶段的不同而不同。我国现代化新征程恰逢新一轮科技革命和产业变革方兴未艾，又面临世界进入新的动荡变革期，现代化具有难得机遇，但也不会一马平川。把党中央的决策部署落到实处，需要通过深入研究，进一步明晰现代化的内涵，细化现代化的目标、任务和路径。《基本实现社会主义现代化：机遇挑战和战略路径》提出现代化是人类进入工业社会以来在科学技术推动的引领下，一个国家的经济、社会、文化、国家治理等领域由低级形态向高级形态演变的过程；认为新一轮科技革命和产业变革是新阶段现代化的最大机遇，超大规模经济及与之相适应的治理体系是新阶段现代化最重要的基础；明确发展知识技术密集型产业是新阶段经济结构升级的重大任务，在此基础上细化了基本实现现代化的目标任务，提出了基本实现现代化的战略路径和相关对策建议。

推进中国式现代化，必须加快农业农村现代化。农业现代化与农村现代化有其各自的规律，但两者之间又有相互依存、相互促进的逻辑关联。农业和农村在地理空间上交叉分布，在发展所需的基础设施上可高度共享，在发展所需的投入要素上有共同需求，在生态环境上会相互带来正外部效应或负外部效应。推进农业农村现代化，一方面应遵循农业现代化与农村现代化各自的规律采取针对性举措；另一方面也应从农业现代化与农村现代化既各有其规律又相互关联的情况出发，坚持一体设计、一并推进。《迈向农业强国：农业农村现代化一体设计、一并推进》着重分析了农业现代化和农村现代化的耦合性，提出要围绕空间、基础设施、生态环境、产业、人口等耦合点做好统筹谋划、系统布局、协同推进，为两者协调发展创造共同的基础条件、做好并行保障，建立健全两者相互促进的有效机制。

推进中国式现代化，必须提升产业链供应链的稳定性和竞争力。产业链供应链的稳定性和竞争力是国民经济循环稳定畅通和国家安全发展的重要基础，对建设现代化经济体系、构建新发展格局具有重要意义。在新一轮科技革命和产业变革深入发展、保护主义明显抬头、大国博弈愈演愈烈等因素影响下，国际产业链供应链加速调整、分化和重组，我国产业链供应链必须加快提升。《新发展格局与产业链提升战略》围绕畅通国民经济循环、构建新发展格局的需要，提出要实施产业基础再造和产业链提升工程，加快推进“强基础”“补短板”“锻长板”“提水平”“促升级”，着力提高关键领域自主可控能力、优势领域全球引领能力和战略性新兴领域产业链综合能力，打造安全可控、开放包容、韧性高效的产业链体系。

推进中国式现代化，必须实现高水平科技自立自强。科技是第一生产力，是全面建设社会主义现代化国家的基础性、战略性支撑，是国家强盛之基、安全之要。在美西方对我进行全方位围堵的背景下，实现科技自立自强显得尤为紧迫和重要。当前，我国科技自立自强水平的提高还面临不少体制机制障碍，不能适应市场经济条件下科技创新的新要求，各方科技力量缺乏有效协同，对人才和企业等关键创新要素的不合理束缚仍然较多，成果应用转化的支撑体系尚不健全。《科技自立自强：体制与政策》提出构建定位清晰、协同合作的科研组织体系，完善满足国家使命和产业发展需要的政策机制，建立符合科研规律和充分调动各方力量的支持新机制等，形成符合科研规律、有效满足国家需求、开放和有活力的科技创新体制。

推进中国式现代化，必须做大做强国内市场，特别是扩大国内消费需求。进入新发展阶段，以消费为主导的内需应逐渐成为我国经济最根本的发展动力，这是构建安全可控、富有韧性的经济体系的重要基础。当前，有效扩大内需和更好满足内需依然存在难点堵点和体制机制障碍，需要建立供求适配和互动互促的体制机制，以形成供需更高水平的动态平衡。《转向消费驱动》提出要加快构建以“全领域覆盖、全周期管理、全环节贯通、全要素支撑”为主要特征的完整内需体系，推动形成“高效匹配、强力激发、加速创新、有序转型”的内需发展新机制，深化供给侧结构性改革，强化消费促进政策和制度改革创新，做到供需双侧发力，进一步夯实有效扩大和更好满足内需的制度基础，为推动高质量发展提供强大内生动力。

推进中国式现代化，必须大力发展平台经济。经济平台化是数字时代最突出的商业变革之一。美国前国务卿基辛格等学者研究指出，人工智能技术驱动的平台经济已成为大国博弈的前线。大型数字平台企业一边吸引商户入驻平台，另一边吸引用户入驻平台，具有技术创新快、网络效应强、规模经济突出、动态竞争激烈等突出特点，很容易形成“赢者通吃”“一家独大”的市场格局，除了挑战既有的市场准入、反垄断、消费者保护等制度外，还带来了数字治理、网络安全和数据安全等领域的难题。《数字平台的发展与治理》针对社会上广泛关注的平台经济发展放缓、创新能力不足、国际竞争力下降等担忧，以及平台垄断、滥用市场支配地位、从业主体权益保护乏力等议题，提出了有效防范负外部性、促进数字平台良性发展、实现数字平台良好治理的思路和建议。

推进中国式现代化，必须有序推进人民币国际化。国际金融危机以来，人民币的国际货币职能逐步拓展深化，目前已成为全球第三大贸易融资货币，可以顺势而为积极稳妥提高人民币国际化水平。需要看到，人民币国际化有利有弊。货币国际化达到一定程度后，财政货币政策空间都能得到扩展，应对金融风险的能力会提升，但也可能带来银行、资产泡沫和汇率波动等风险。《国际货币体系演进与人民币国际化》在深入分析国际货币体系演进规律的基础上，围绕人民币国际化及其基础设施的现状、人民币国际环流和离岸市场发展等展开了深入研究，提出推进人民币国际化，要加快推进相关改革和政策，重点完善支撑人民币国际化的基础设施，引导和构建人民币环流机制，强化区域金融合作，完善人民币国际化的制度性保障，防范人民币国际化中的金融风险。

推进中国式现代化，必须加快实现绿色转型。力争2030年前实现碳达峰、2060年前实现碳中和，是推动高质量发展的内在要求。我国是世界上最大的发展中国家，在全面建设社会主义现代化国家新征程中实现碳达峰碳中和，关键是要处理好发展与减排的关系。实现“双碳”目标是一项系统工程，涉及生产方式、生活方式和空间格局等的转变，必须运用系统思维从根本上推动发展方式绿色转型。《绿色低碳转型》从“处理好发展与减排的关系”视角出发，遵循提高资源利用效率和抢占绿色产业新赛道并举的战略思路，重点研究了面向碳达峰碳中和的总体路径和关键举措，强调要加快完善激励约束机制，用好政府和市场“两只手”尽快建立健全碳排放核算核查制度、法律法规、标准规范及政府监管等基础性制度，补齐治理能力短板。

推进中国式现代化，必须建设健康中国。人民健康是民族昌盛和国家强盛的重要标志，也是中国式现代化的重要目标。由于全生命周期中不同年龄阶段的人面临不同的健康问题，针对不同年龄阶段的健康政策也应有所不同。同时，随着工业化、信息化、城镇化、全球化的推进，以及生产和生活方式的变化，影响人们身心健康的因素越来越多。建设健康中国，一方面要关注不同年龄阶段人群的健康需要，另一方面必须把健康融入所有公共政策。《健康中国：全生命周期视角》从人的生育、托幼、教育、就业、养老、临终关怀等全过程健康管理的需要出发，提出了通过全人群融入、全生命周期融入、全方位融入、全政策链条融入，将健康融入经济社会环境等各方面公共政策的具体建议。

推进中国式现代化是一项系统工程、长期任务，尚有不少深层次问题需要深化研究，在推进现代化的进程中还会出现新的问题和矛盾需要研究破解。国务院发展研究中心是直接服务于党中央、国务院的高端智库。我们将以习近平新时代中国特色社会主义思想为指导，深刻领悟“两个确立”的决定性意义，坚决做到“两个维护”，按照习近平总书记关于建设中国特色新型智库的重要指示精神，探索和创新适应新时代新征程需要的决策咨询机构组织形式和管理方式，不断增强综合研判和战略谋划能力，不断提升为中央决策咨询服务水平。同时，在充分全面准确领悟党中央精神的基础上，不断夯实基本理论训练和真实情况掌握这两项基本功，加快建设合作开放研究平台，深入开展现代化进程中的高质量发展的质量动力效率变革、站在高收入国家门槛上的中国、构建新发展格局、扎实推进共同富裕、促进人口高质量发展、深化社会主义市场经济体制改革等重大课题研究，不断推出高水平决策咨询成果，为推进中国式现代化作出应有贡献。

陆昊

国务院发展研究中心主任、党组书记

目 录

总报告

专题报告一

专题报告二

专题报告三

专题报告四

专题报告五

专题报告六

专题报告七

总报告

新发展阶段有效扩大和更好满足内需的战略研究

党的十九届五中全会提出要坚持扩大内需这个战略基点，加快培育完整内需体系，对有效扩大和更好满足内需提出新要求。进入新阶段，以消费为主导的内需发展格局加快形成，内需增长空间巨大，一批万亿元级增长点将成为高质量发展的重要动力源。为此，要加快构建以消费为主导，以“四全”为主要特征的完整内需体系，推动形成“高效匹配、强力激发、加速创新、有序转型”的内需发展新机制，深化供给侧结构性改革，强化消费促进政策和制度改革创新，做到供需双侧发力，进一步夯实有效扩大和更好满足内需的制度基础，为稳固经济大盘、扎实推动共同富裕、高效畅通国内国际双循环、推动高质量发展提供强大内生动力。

一、新发展阶段对有效扩大和更好满足内需提出新要求

当前我国已经开启建设社会主义现代化强国的新征程，加快构建新发展格局，实现经济社会高质量发展，推动共同富裕和满足人民群众美好生活的向往，对有效扩大和更好满足内需提出了诸多新要求。

（一）对新发展阶段有效扩大和更好满足内需的基本认识

内需是国内需求的简称，是由国民经济总需求中的居民、企业及政府

的消费和投资需求构成。内需是国民经济总需求的主体，是大国经济最根本的发展动力，也是构建安全可控、富有弹性韧性经济体系的重要基础。进入新发展阶段，随着我国经济从高速增长转向高质量发展，国内市场主导经济循环的特征更加明显，内需呈现出不同以往的新特征，消费需求的持续扩张、结构升级与创新转型，日益成为内需乃至整体经济增长的主动力，扩大内需的重心正在逐步从投资需求转向消费需求特别是居民消费需求。党的十九届五中全会提出要坚持扩大内需这个战略基点，加快培育完整内需体系，要以满足国内需求为基本立足点，把实施扩大内需战略同深化供给侧结构性改革有机结合起来，着力提升供给体系对国内需求的适配性，形成需求牵引供给、供给创造需求的更高水平动态平衡。有效扩大和更好满足内需，已经成为新发展阶段我国经济社会发展的全新战略和重要任务。

1998 年以来，我国已提出和实施了三轮“扩大内需”政策，扩大内需成为宏观调控和稳增长的重要政策内容，也是应对国际经济环境变化特别是外部需求萎缩以及国内经济面临较大下行压力的有效措施。与以往扩大内需不同，新发展阶段的扩大内需已上升为长期发展战略，转变为“坚持扩大内需这个战略基点”，其核心是加快培育完整的内需体系，其本质要求是“有效扩大”和“更好满足”内需，体现了扩大内需政策从数量扩张转向质量提升，从潜力释放转向需求创新，从政策手段转向发展目标的质的跃升。

扩大内需要实现从“量”到“质”的转变。“有效扩大”更多体现在“量”的扩张上，“更好满足”更多体现在“质”的提升上。在新发展阶段，以消费为主导的内需将实现从“有没有”向“好不好”的根本转变。既要推动内需在“量”上实现扩张，更要在内容、载体、手段、理念和匹配度上，实现投资和消费“质”的提升，为推动经济高质量发展奠定全面的需求基础。

扩大内需要实现从“释放”到“激发”的升级。“有效扩大”更多面向现有被抑制的内需，“更好满足”更多面向创新发展催生出的新市场新服务新消费。当前，我国投资和消费领域仍然存在一些堵点，导致一部分潜在需求难以实现和释放，迫切需要通过深化改革和完善市场环境加以疏通，以实现内需的“有效扩大”。“更好满足”是适应技术进步和时代变革要求，加快促进消费创新和引导投资方向，不断培育壮大一批消费新增长点，使建设超大规模国内市场成为一个可持续的历史过程。

扩大内需要实现从“短期政策”向“发展目标”的转型。“有效扩大”是手段途径，“更好满足”是最终目的。立足形成投资和消费的协同互动，通过提升满足内需的供给质量和水平，形成投资和消费、供给和需求、市场和政策之间的动态优化适配机制，建立需求牵引供给、供给创造需求的更高水平动态平衡。通过内需的有效扩大，适应新时代社会主要矛盾的变化，逐步消除发展中的不平衡不充分问题，更好满足人民日益增长的美好生活需要。

（二）有效扩大和更好满足内需面临新形势新要求

1. 应对百年变局必须以扩大内需为战略基点增强经济发展内生动力

当今世界百年未有之大变局加速演进，国际格局和世界经济体系发生深刻调整，以中国为代表的发展中国家日益崛起，国际力量对比呈现“东升西降”的格局。同时，新冠疫情全球大流行加速百年变局，逆全球化趋势加剧，单边主义和保护主义不断抬头，美国对我国全面打压遏制力度持续加大，国际形势的不稳定性不确定性明显增加。

总体上看，我国市场和资源“两头在外、大进大出”的环境条件已经改变，必须顺势而为调整经济发展路径，坚持扩大内需这个战略基点，充分挖掘内需的巨大潜力，化解外部动荡和外需收缩带来的冲击，增强经济内生动力，提升经济发展的韧性、自主性和可持续性，牢牢把握发展的战略主动权。

2. 加快构建新发展格局要求依托超大规模市场形成供需更高水平动态平衡

加快构建新发展格局，是我国在新发展阶段与时俱进提升经济发展水平的战略选择，也是塑造我国国际经济合作和竞争新优势的重大抉择。从国际上看，大国经济的显著特征是内需为主导、内部可循环。我国拥有 14 亿人口所形成的超大规模市场，是全面建设社会主义现代化国家的独特优势。推动形成顺畅高效的国内经济循环，要求充分发挥这一优势，加快培育完整的内需体系，贯通生产、分配、流通、消费各环节，形成需求牵引供给、供给创造需求的更高水平动态平衡，提升国民经济体系整体效率。

更好地参与国际经济大循环，必须以强大的国内循环体系吸引全球商品和资源要素，以国际循环提升国内大循环效率和水平，改善我国生产要素质量和配置水平。这要求进一步释放内需潜力，形成强大国内市场，引领产业转型升级，并通过参与国际市场竞争，增强出口商品和服务竞争力，强化对全球资源要素的利用水平和配置能力，从整体上提高我国在全球产业链供应链创新链中的影响力，构筑国际竞争和合作新优势。

3. 在推动共同富裕中提高人民美好生活质量，必须把满足内需作为发展的出发点和落脚点

党的十九大明确提出，我国社会主要矛盾已经转化为人民日益增长的美好生活需要和不平衡不充分的发展之间的矛盾。特别是在全面建成小康社会并进入扎实推动共同富裕的新阶段，人民对美好生活的向往更加强烈，希望有更稳定的工作、更满意的收入、更可靠的社会保障，期盼有更好的教育、更舒适的居住条件、更高水平的医疗卫生服务、更丰富的精神文化生活。

当前我国有效扩大和更好满足内需还存在不少短板弱项，区域间、城乡间、人群间的基本公共服务仍有差距，非基本公共服务优质供给总体短缺。要适应人民群众需求多样化、多层次的特点，把满足国内需求作为发展的出发点和落脚点，紧紧围绕改善民生拓展需求，着力解决发展不平衡不充分问题，让改革发展成果更多更公平地惠及全体人民，不断提升人民群众获得感、幸福感和安全感，朝着实现共同富裕的目标稳步迈进。

4. 新一轮科技革命和产业变革要求把握战略机遇增强内需发展创新动力

当前新一轮科技革命持续演进，以现代信息技术为核心，以生物技术、新能源技术、新材料技术等为代表的现代技术实现了群体突破，正在加速迭代升级和融合创新，新产品新业态新模式层出不穷，正在推动全球消费创新、带动新型基础设施建设、引领产业结构加速调整，从根本上改变了全球经济发展的竞争格局。得益于更广阔的市场空间和更丰富的应用场景，我国科技水平明显提升，甚至在多项应用技术创新方面建立起领先优势，推动实现从“跟跑”向“并跑”“领跑”转变。

但也要看到，新一轮科技革命和产业变革的国际竞争日趋激烈，我国在智能制造、软件服务、金融科技等方面与美国等发达国家相比还有一定差距，迫切需要抢抓战略机遇，以创新培育新供给、激发新需求、形成新动力，以消费变革带动数字化、网络化和智能化技术向供给端延伸，从单点突破向全链条扩散覆盖，不断丰富消费场景，提升消费体验，促进消费进一步创新发展，在满足原有消费需求的同时，创造更多新需求。同时，还需要适度超前开展新型基础设施投资建设，增加有效供给，为消费创新升级提供有力支撑。

5. 实现碳达峰碳中和目标要求加快内需增长模式绿色转型

绿色发展是当今的时代大势和发展潮流。实现碳达峰碳中和，是我国基于推动构建人类命运共同体的责任担当，也是实现可持续发展的内在要求，是党中央作出的重大战略抉择。作为最大的发展中国家，我国将用历史上最短的时间实现全球最高的碳排放强度降幅，无疑是一场广泛而深刻的经济社会系统性变革，必将对传统的内需增长模式产生重大影响。这要求加快形成绿色低碳、简约适度、文明健康的生活理念和方式，促进绿色消费的发展，推动绿色产品标准的完善和低碳消费供给的增加。同时，要求加快形成资源节约、环境友好的生产方式和产业结构，促进传统产业转型，加快技术、工艺、装备、产品创新升级，扩大相关设备更新改造投资，开辟绿色投资增长新空间。

二、以消费为主导的内需发展格局成为我国经济持续平稳发展的大盘与主要动力

改革开放以来，特别是党的十八大以来，我国内需规模持续扩大，超大规模市场优势凸显，以消费为主导的发展格局基本形成，创新驱动发展的内生动力明显增强，对经济增长的支撑促进作用日益强劲。

（一）内需已成为稳定经济大盘和拉动经济增长的主动力

1. 外需动力转弱，内需成为支撑经济发展的稳定力量

2008 年国际金融危机后，全球市场收缩，我国外需增长动力转弱。2018 年，美国挑起的贸易摩擦，对我国经济发展的外部环境产生较大冲击。特别是新冠疫情暴发以来，逆全球化加上一些国家政策内顾倾向加剧，外需对我国经济发展的支撑作用逐步减弱，内需在我国经济发展中的

主导地位日益凸显。2020 年，我国内需总规模达到 99.9 万亿元，比 2008 年增长了 2.4 倍，年均增长 10.7%（见图 1）。内需占 GDP 比重逐步提升，从 2008 年的 92.4% 上升到 2020 年的 97.4%，提高了 5 个百分点。与此同时，净出口占 GDP 比重从 2008 年的 7.6% 下降至 2020 年的 2.6%（见图 2），内需已经成为我国经济稳定发展的基本盘。

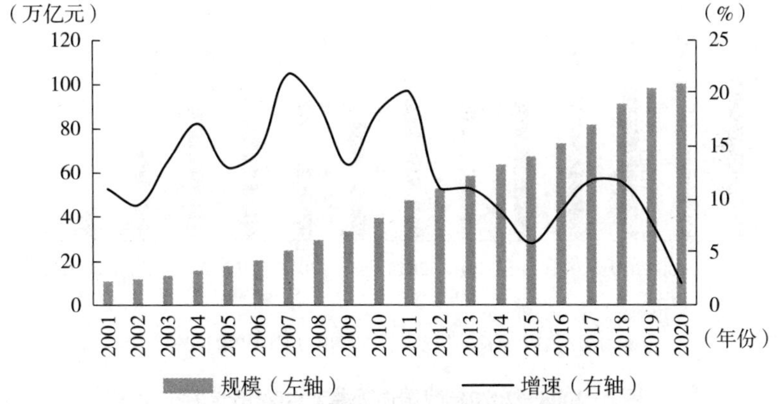

图1 2001—2020年我国内需规模及增速

资料来源：根据国家统计局数据整理计算。

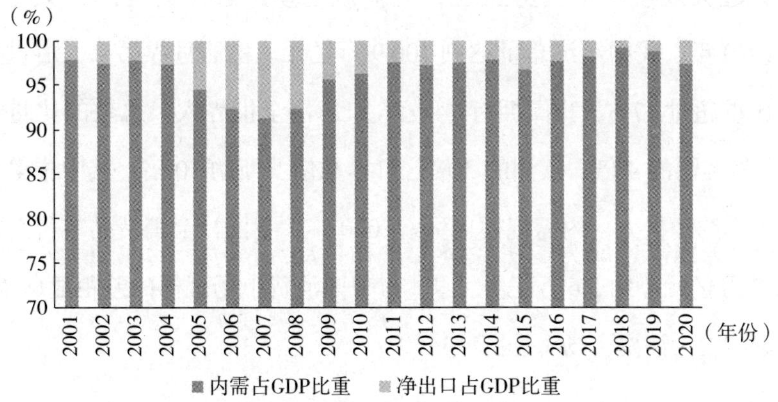

图2 2001—2020年我国内需、净出口占GDP的比重

资料来源：根据国家统计局数据整理计算。

内需对 GDP 的拉动作用更为平稳强劲，成为经济增长的主要动力。2008 年至 2020 年，我国 GDP 年均增长 7.5%，内需对 GDP 增长的拉动作用年均达 7.9%；而净出口对 GDP 增长的拉动作用总体为负，年均降低 0.4%（见图 3）。

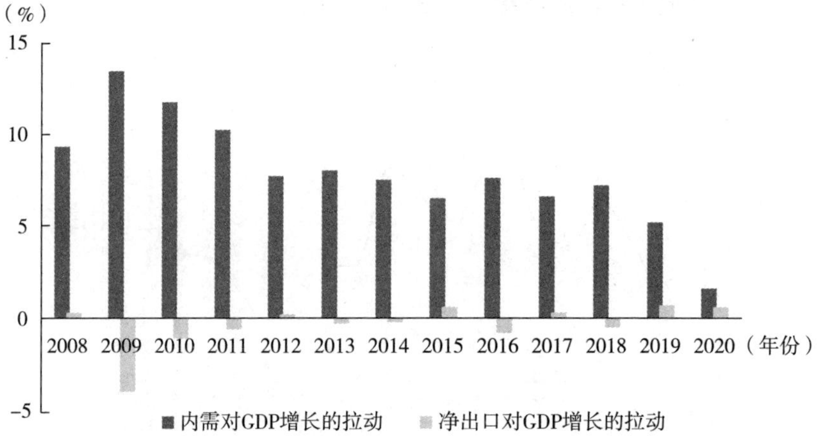

图3　2008—2020年我国内外需对GDP增长的拉动

资料来源：根据国家统计局数据整理计算。

2. 超大规模市场优势显现，内需成为塑造经济韧性的强大基础

2020 年，我国经济总量达到 100.9 万亿元，稳居世界第二，占世界经济的比重超过 17%。我国拥有 14 亿人口，占全世界人口总数的比重接近 20%，是美国的 4 倍、欧洲的 3 倍、日本和俄罗斯的 10 倍，其中中等收入群体规模约 4 亿人，内需规模庞大。2020 年，我国社会消费品零售总额达到 39.2 万亿元（约 5.6 万亿美元），与美国消费市场规模的差距显著缩小，是全球第二大消费市场（见图 4）。

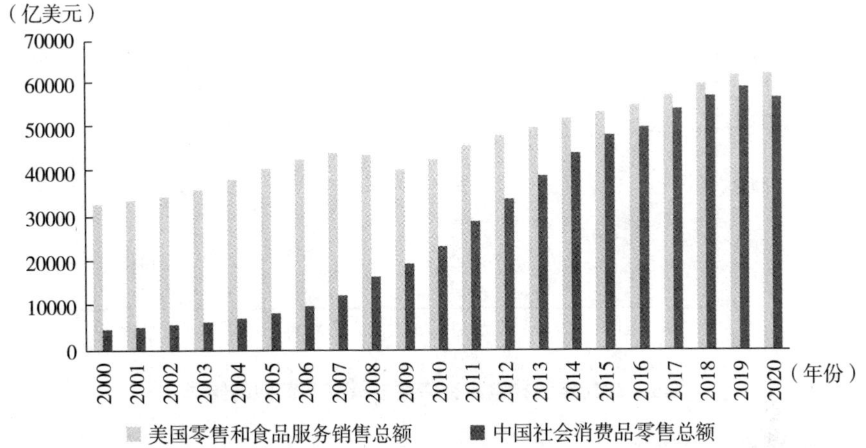

图4　2000—2020年中美消费市场规模比较

资料来源：Wind。

我国不仅有超大内需市场规模，内需体系也相对完整。我国有 1.4 亿市场主体、全球最完备的工业体系、全球第一的专利技术发明数量，能够为新技术实现大规模应用和迭代升级提供基础条件，为我国在全球新一轮技术革命的竞争中提升地位提供支撑。例如，近年来我国快速发展的互联网创新，创造了一系列新产品新业态新模式。截至 2020 年底，网民规模为 9.9 亿，电商销售[①]规模达到 22970 亿美元，连续多年稳居世界第一（见图 5）。在新冠疫情冲击下，2020 年我国成为全球唯一实现正增长的主要经济体，也展示出强大的经济发展韧性。

---

① 包括商品和服务销售额。

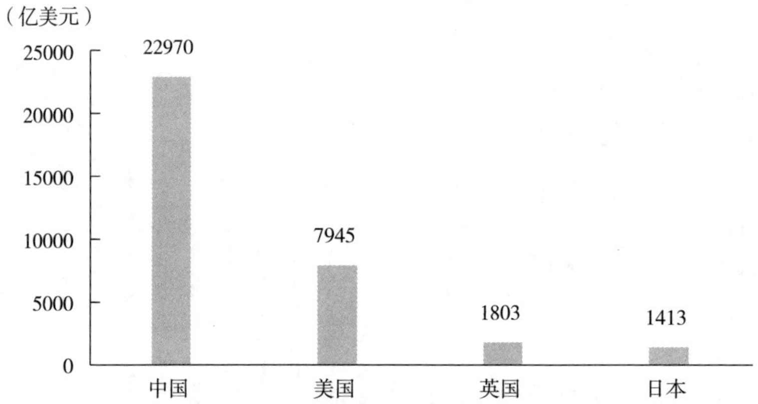

图5 2020年世界电商销售额规模排名前四的国家

资料来源：eMarketer。

（二）内需发展格局加快从投资主导转向消费主导

在经济高速增长阶段，投资是经济增长的主导，对加快我国工业化、城市化进程以及融入国际产业分工体系发挥了关键作用。随着我国经济从高速增长转向高质量发展，消费在内需结构中的占比不断提高，对内需增长的贡献稳步上升，日益成为经济增长的“压舱石”。

1. 消费在内需增长中的主导地位日益凸显

近年来，我国内需的发展格局加快从投资主导向消费主导转型。从内需结构来看，投资在内需中的占比在2010年达到峰值，此后持续回落，消费占内需的比重不断回升，在内需中的主导作用逐渐增强（见图6）。

消费对经济增长的贡献开始持续高于投资。2014年以来，消费对GDP增长的贡献率和拉动作用明显高于投资。2019年，消费贡献率达到58.6%，高出投资贡献率29.7个百分点（见图7）；消费对GDP增长的拉动达到3.5%，比投资高1.8个百分点（见图8）。近5年来，投资乘数也由1.12下降为1.01，而消费乘数上升到1.57。整体上看，我国经济增长动力已经实现从投资拉动向消费驱动的转变。

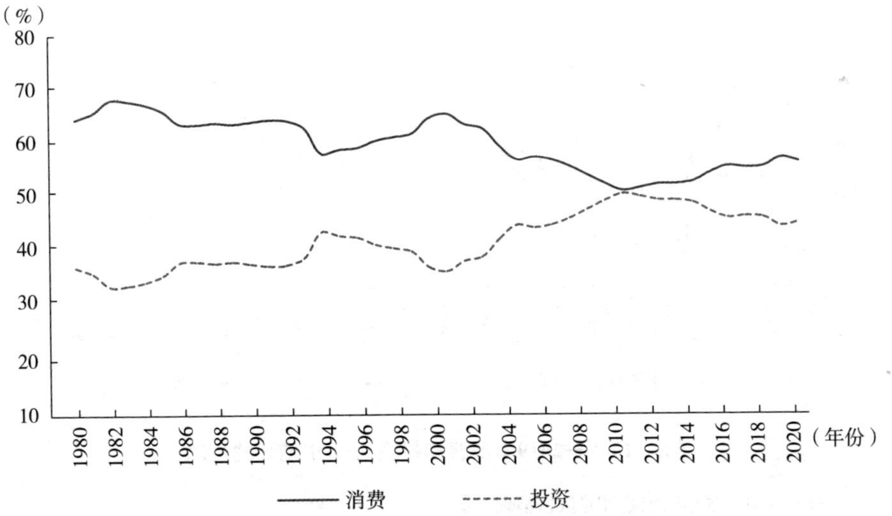

图6　1980—2020年消费和投资占内需比重

资料来源：根据国家统计局数据整理。

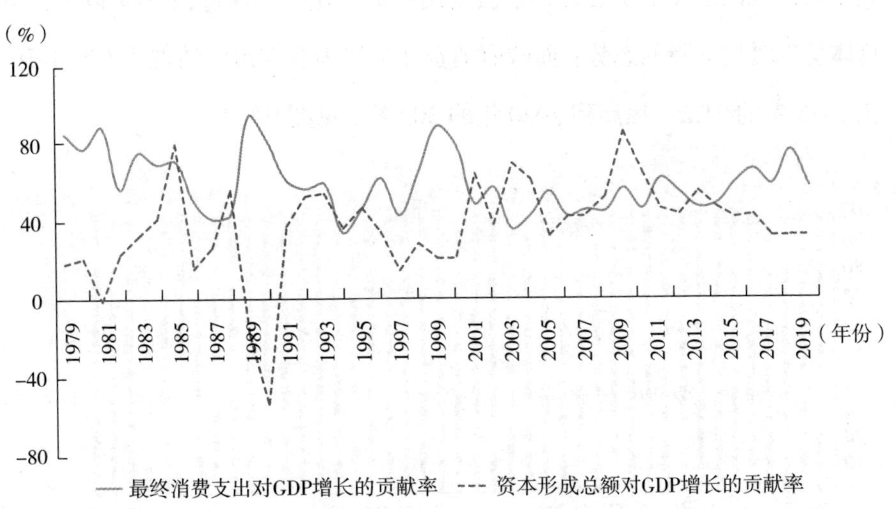

图7　1979—2019年消费和投资对GDP增长的贡献率

资料来源：根据国家统计局数据整理。

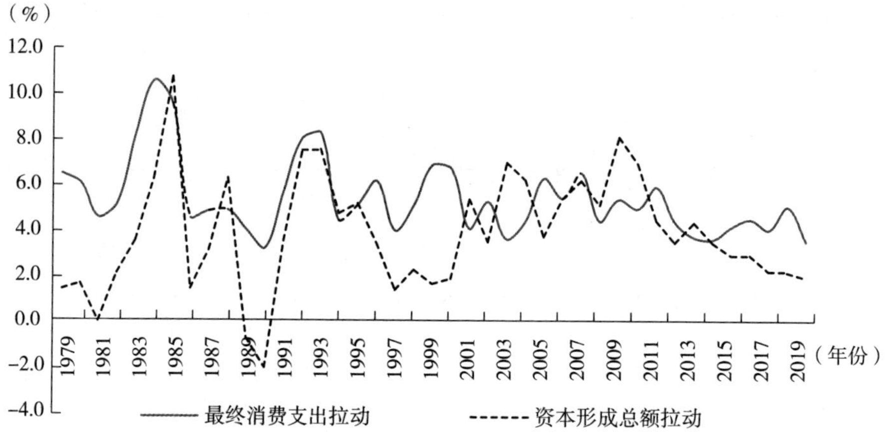

图8 1979—2019年消费和投资对GDP增长的拉动

资料来源：根据国家统计局数据整理。

2. 居民消费的主导作用凸显，政府消费占比也有所上升

居民消费始终是总消费的绝对主导，政府消费占比有所上升。改革开放以来，我国居民消费在最终消费支出中的占比始终保持在 70% 以上，但总体呈现缓慢下降的态势；而政府消费在最终消费支出中的占比不断上升，从 1978 年的 21.2% 提高到 2020 年的 30.5%（见图 9）。

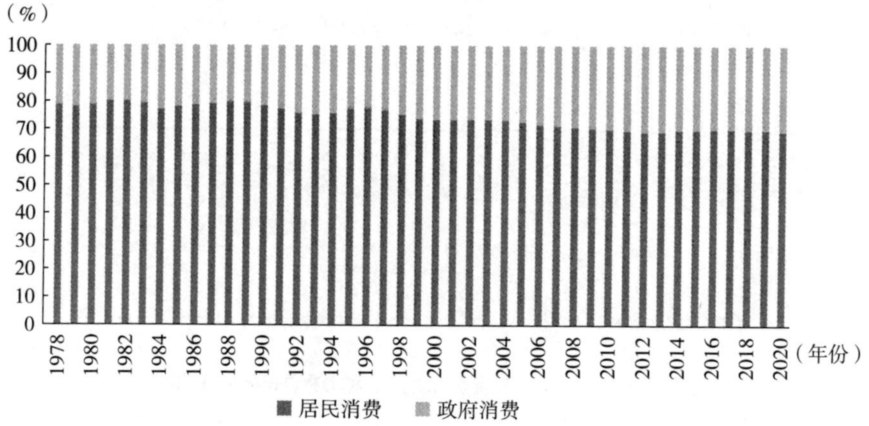

图9 1978—2020年我国居民消费和政府消费占比

资料来源：根据国家统计局数据计算整理。

3. 城市成为引领消费增长的主导，城乡消费差距逐步缩小

随着我国城市化水平持续提升，消费日益体现出以城市为主导的特征。2011 年至 2019 年，城镇和乡村消费品零售额规模不断扩大（见图 10）。20 世纪 90 年代初期城市消费在社会消费品零售总额中的占比超过 50%，之后呈现持续快速提升态势，在 2010 年达到 80%后进入稳步提升阶段，2020 年达到 87%，成为消费增长的主要基础和引领发展的主引擎。

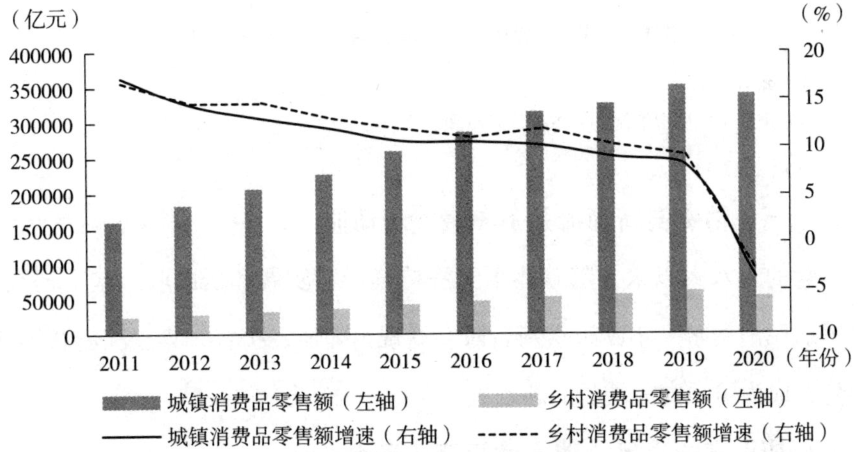

图10　2011—2020年城镇和乡村消费品零售额及增速

资料来源：国家统计局统计公报。

从居民消费水平来看，近年来农村居民收入不断增长，农村地区流通、通信、交通等基础设施不断完善，以及电子商务模式加快普及，农村消费水平也快速提升，城乡消费差距逐步缩小。2020 年我国城乡居民消费水平比值为 2.12，比 2013 年的 3.06 下降了 0.94（见图 11）。

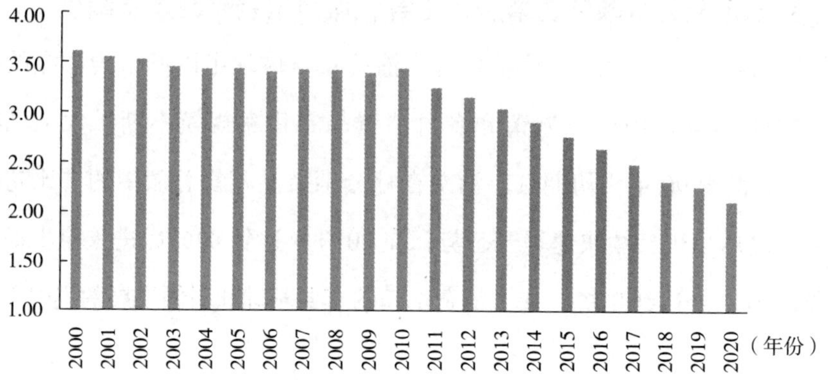

图11　2000—2020年我国城乡居民消费水平比值

注：农村居民=1。

资料来源：根据国家统计局数据计算整理。

（三）消费创新涌流并不断激发新动能

党的十八大以来，随着我国经济持续稳定发展和居民收入水平提高，我国居民消费水平不断迈上新台阶，呈现出提质、扩容、集聚和创新等新趋势，成为引领内需增长的新动能。

1. 从小康向富足，消费水平迈上新台阶

2013 年至 2019 年，我国居民人均消费支出从 13220 元上升至 21559 元，年均增速达 6.5%。其中，城镇居民人均消费支出从 18488 元上升至 28063 元，年均增长 5.1%；农村居民人均消费支出从 7485 元上升至 13328 元，年均增长 8.2%（见图 12）。

1949 年以来，我国居民家庭恩格尔系数累计下降超过 35 个百分点。其中，2013 年至 2019 年累计下降 3 个百分点，2019 年为 28.2%，与发达国家差距逐渐缩小。按照联合国公布的恩格尔系数的划分标准[①],1998 年前

① 根据联合国粮农组织的标准划分，恩格尔系数在60%以上为贫困，50%～60%为温饱，40%～50%为小康，30%～40%为富裕，20%～29%为富足，20%以下为非常富裕。按照联合国这个标准计算，2017—2019年我国已经达到富足标准。

后我国居民生活达到初步小康水平，当前全面迈入富足阶段。

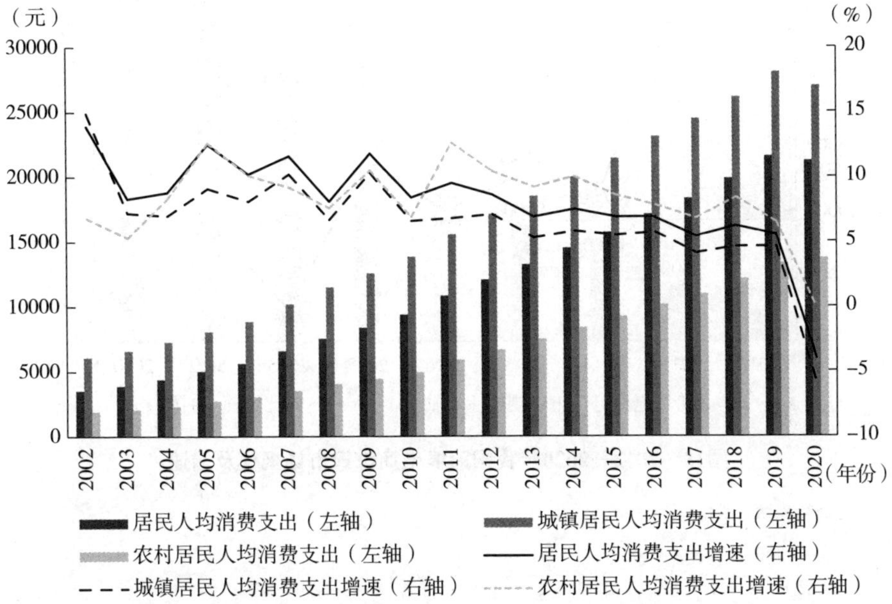

图12　2002—2020年我国居民人均消费支出

资料来源：国家统计局。

2. “从有向好”，消费提质步伐加快

在全面实现小康的过程中，我国城乡居民消费结构持续升级，出现了商品消费从有向好，消费结构从商品向服务，消费重点从生存型向发展型、享受型升级的趋势。

商品消费“从有向好”，品质消费要求快速提高。其突出表现是对全球高品质消费品需求大幅增长，2020 年跨境电商进口规模达到 28000 亿元，比 2012 年的 2415 亿元增加了 10 倍多，年平均增速为 37.56%（见图 13）。与此同时，消费者对性价比高、设计新颖、个性化的国货品牌关注度加快上升，引发了当前国潮国牌的消费热潮。2021 年互联网平台国产品牌受关注度达到 75%，明显高于境外品牌（25%）（见图 14）。

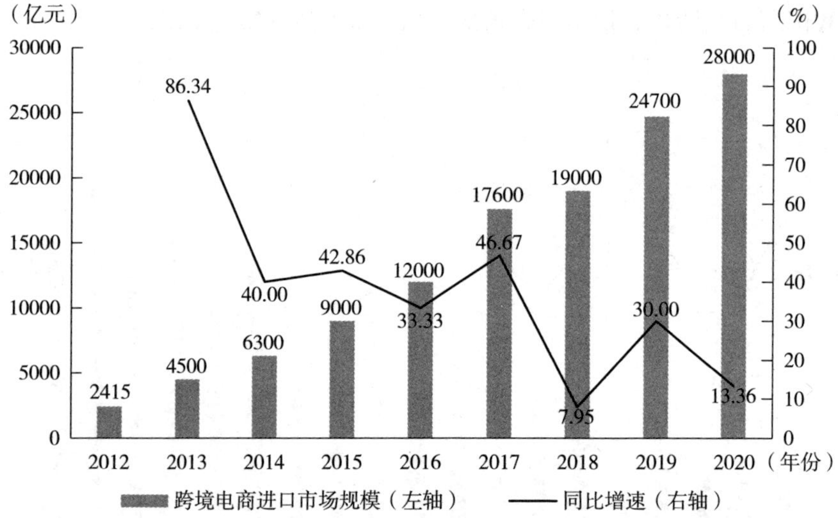

图13　2012—2020年我国跨境电商进口市场规模及增速

资料来源：Wind。

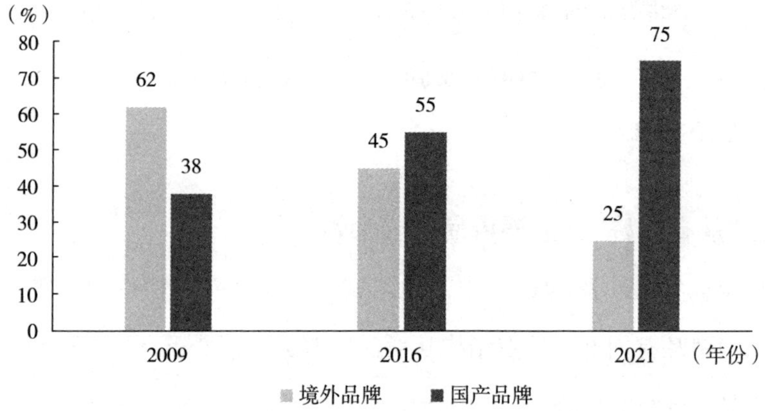

图14　国产品牌和境外品牌关注度占比

资料来源：百度、人民网研究院：《百度2021国潮骄傲搜索大数据》，毕马威分析。

3. 从商品向服务，消费扩容成为消费结构升级重要趋势

2014—2019 年，我国居民人均服务消费支出年均增速超过 8%，明显快于人均商品消费支出增速（见图 15）。服务消费在居民消费中的占比从 2013 年的 39.7%上升至 2019 年的 45.9%。尽管受疫情影响，2020 年以来

服务消费占比出现小幅下降，但服务消费支出增加和占比提升是消费结构升级的重要方向和趋势。从居民人均消费支出结构看，2013 年至 2020 年，八大类消费中居住、交通和通信、医疗保健等服务消费比重上升，而食品烟酒、衣着、生活用品及服务等商品消费比重有所降低（见表 1）。

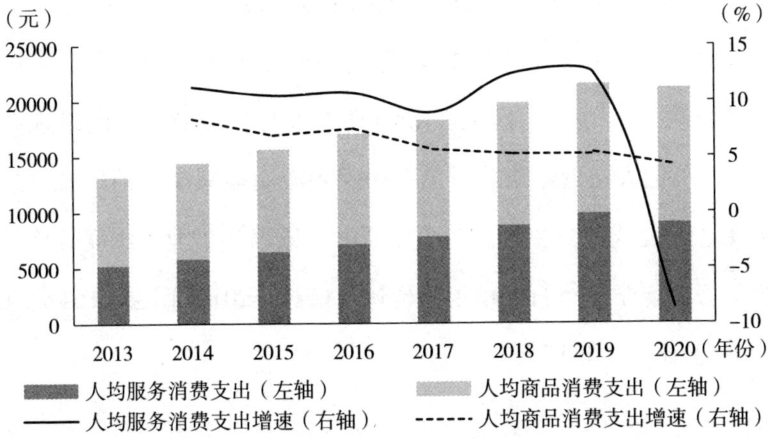

图15　2013—2020年我国居民人均商品消费与服务消费支出

资料来源：国家统计局。

表1　　全国居民人均消费支出结构变化　　单位：%

类别	2013年	2020年	2020年较2013年变化
食品烟酒	31.2	30.2	降低1.0个百分点
衣着	7.8	5.8	降低2.0个百分点
居住	22.7	24.6	增加1.9个百分点
生活用品及服务	6.1	5.9	降低0.2个百分点
交通和通信	12.3	13.0	增加0.7个百分点
教育、文化和娱乐	10.6	9.6	降低1.0个百分点
医疗保健	6.9	8.7	增加1.8个百分点
其他用品及服务	2.5	2.2	降低0.3个百分点
总计	100	100	

资料来源：国家统计局。

消费者更加注重精神层面的追求，在消费过程中更加注重体验、愉悦与认同。据调查，我国消费者对美好生活的诉求中最关注的 4 个方向依次是：婚姻和家庭幸福和谐、国家富强、更好的社会环境和国民素质以及更好的经济条件（见图 16）。2019 年，我国各类艺术表演团体国内演出场次达到 295.6 万场，比 2012 年增长 119.8%；艺术表演场馆观看人次达到 1.3 亿；全国博物馆访问人次达到 10.4 亿，比 2012 年增长 85.1%。在线书籍、软件、在线音乐、视频、短视频等消费快速发展，2020 年网络视频用户规模已达 8.7 亿人。近年来旅游消费中跟团游明显减少，消费者更加倾向于慢节奏、享受式的自由行，热衷于研学、康养、工业、深度等旅游新主题。例如我国研学旅行行业市场规模快速增长，2019 年达到 164 亿元，是 2015 年的 3 倍（见图 17）。

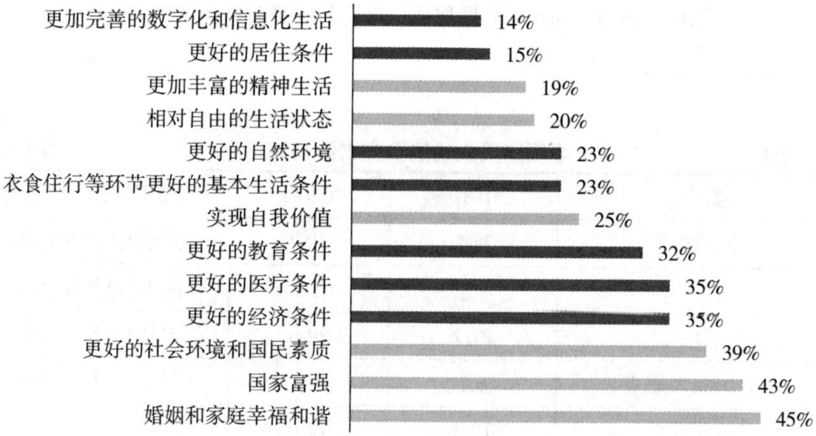

图16　我国居民消费者美好生活诉求关注度

注：深色为物质需求，浅色为精神需求。

资料来源：波士顿咨询公司：《中国居民消费趋势报告》，2021年。

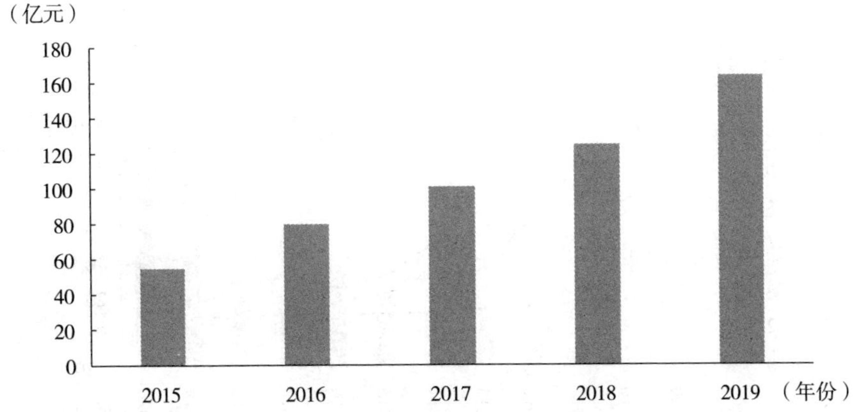

图17 2015—2019年我国研学旅行行业市场规模

资料来源：前瞻产业研究院。

4. 从跟跑向并跑领跑，消费创新不断激发新动能

在消费创新方面，科技赋能作用明显，数字消费发展迅速。以大数据、云计算、人工智能等为代表的新技术，推动我国消费发展进入数字化智能化时代。2008 年以来，移动智能终端、智能机器人、智能家居和智能交通等领域的创新产品不断涌现，成为带动消费增长和结构升级的重要引擎。数字技术与医疗服务结合，推动“5G+ 智慧医疗”、“互联网 + 护理服务”、线上问诊、远程医疗等新型医疗服务消费模式兴起。新技术发展还带动了新型体验、互动型消费模式的出现，如虚拟现实（VR）、增强现实（AR）、全息投影、数字动画等，构造出具备“艺术 + 创意 + 人文 + 自然 + 科技”等众多元素的时尚消费场景。

新技术还促进了平台经济、共享经济、社交和直播电商等新型消费方式发展，深刻改变着人们的消费理念和方式。以网络零售为例，2020 年我国网络零售额已达到 11.8 万亿元，自 2014 年以来年均增速高达 27.7%，明显高于社会消费品零售总额的增速（见图 18），成为全球领先的网络消费大市场。

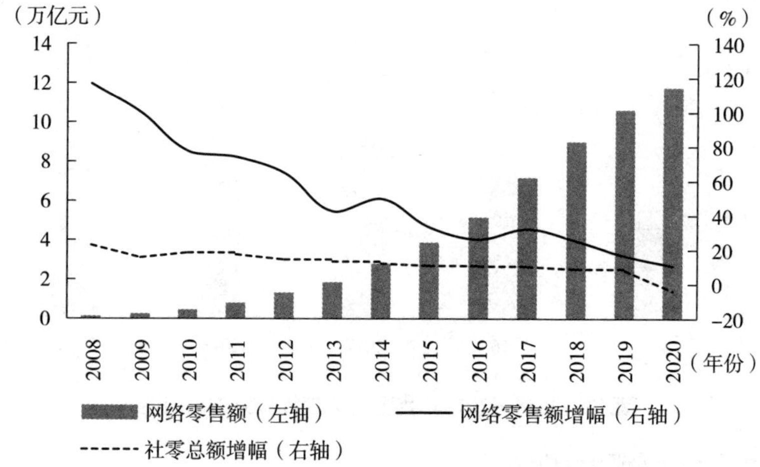

图18　2008—2020年我国网络零售额及增幅

资料来源：国家统计局、商务部。

消费创新催生出诸多具有较强规模效应和引领带动作用的消费经济新形态，网红经济、首发经济、夜间经济、绿色消费等成为消费增长的新热点。例如首店经济已成为大型中心城市推动消费发展的新抓手（见表2），促进首店经济、品牌消费与城市的消费文化相融合，满足城乡居民对国内外中高端品牌商品和服务的新需求。

表2　代表性城市新开首店数量

城市	2021年上半年新开首店数量	与2020年比较
上海	513家	较2020年同期增长60.3%
北京	434家	超2020年全年数量
成都	296家	较2020年同期增长149%

资料来源：《2021年中国首店经济发展报告》，中商数据。

（四）投资结构持续优化为内需增长夯实创新升级基础

党的十八大以来，我国投资总规模持续稳定增长，2020 年全社会固定资产投资达到52.7万亿元，比2011年增长1.2倍，年均增长10.4%。虽然基建、房地产对投资的拉动作用和贡献率依然较大，但投资结构近年来呈现一些新的结构性变化，投资增长的新格局正在形成。

1. 投资总体规模持续增长

全社会固定资产投资由2011年的23.9万亿元上升到2020年的52.7万亿元，增长了1.2倍，年均增速10.4%（见图19）。三次产业固定资产投资额均持续增长，2020年固定资产（不含农户）投资额分别达到1.3万亿元、14.9万亿元和35.6万亿元，比2011年分别增长了258.3%、70.7%和157.2%。

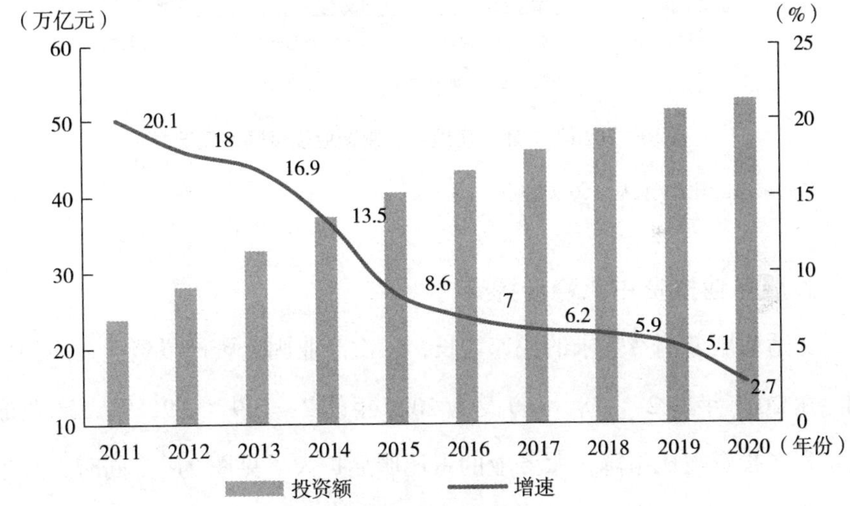

图19　2011—2020年全社会固定资产投资额及增速

资料来源：国家统计局。

基建和房地产对投资的拉动作用和贡献率依然较大。2020年，基建投资占全部固定资本形成总额的比重为22.5%，比2019年增长7.0%，拉动全部固定资本形成总额增长1.6%，贡献率达到30.3%。房地产投资占全部固定资本形成总额的比重为19.0%，同比增长5.8%，拉动全部固定资本形成总额增长 1.1%，贡献率达到 21.6%。制造业投资占全部固定资本形成总额的比重为 36.6%，同比增长 2.0%，拉动全部固定资本形成总额增长 0.8%，贡献率为 14.8%（见图 20）。

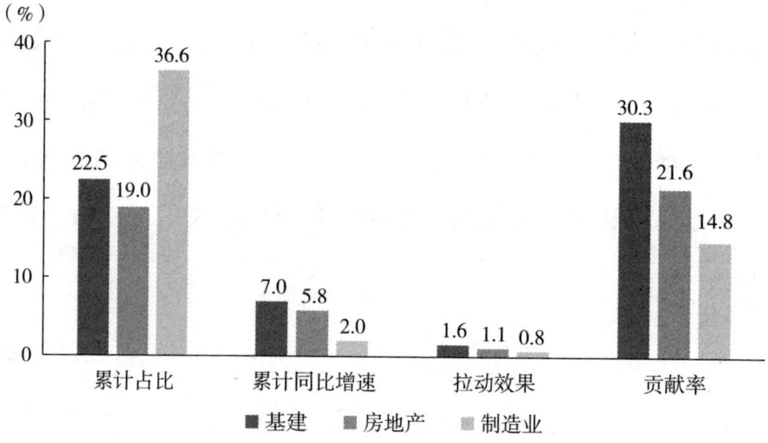

图20　2020年基建、房地乡、制造业投资领域情况

资料来源：国家统计局、腾景数研。

2. 服务业投资占比稳步提升

为适应服务消费需求的快速增长，三次产业固定资产投资额之间的比例，由 2011 年的 2 ∶ 38 ∶ 60 变为 2020 年的 2 ∶ 29 ∶ 69，第二产业的固定资产投资占比下降，服务业的占比明显扩大（见图 21）。同时，服务业的固定资产投资中国家预算资金占比上升。2011 年至 2017 年，服务业固定资产投资（不含农户）中的国家预算资金占比上升了 5.9 个百分点。其中，水利、环境和公共设施管理业，教育上升较为明显，两个服务行业固定资产投资中国家预算资金占比分别上升 7.8 个百分点和 1.4 个百分点；农林牧渔业、制造业、建筑业固定资产投资中的国家预算资金占比分别下降 0.5 个百分点、1.2 个百分点、2.7 个百分点（见表 3）。

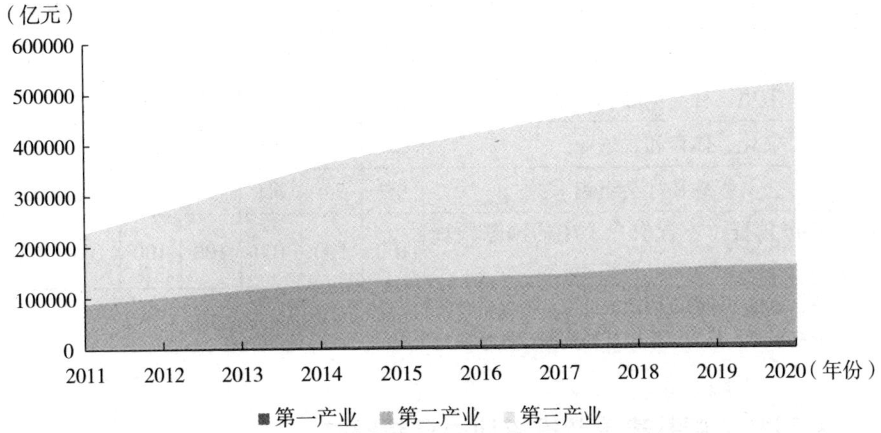

图21　2011—2020年我国三次产业固定资产投资额

资料来源：国家统计局。

表3　2011—2017年国家预算资金固定资产投资构成　单位：%

年份	2011	2012	2013	2014	2015	2016	2017
农林牧渔业	4.9	4.6	5.1	4.7	4.8	4.8	4.4
采矿业	0.8	0.6	0.8	0.5	0.6	0.3	0.5
制造业	3.1	3.0	2.6	2.3	1.7	1.8	1.9
电力燃气水的生产供应业	6.6	5.9	6.3	6.6	6.2	5.4	5.4
建筑业	3.9	3.2	2.8	1.8	2.2	1.9	1.2
服务业	80.7	82.6	82.5	84.1	84.5	85.8	86.6
其中：交通运输、仓储和邮政业	23.0	20.8	20.7	23.7	23.8	22.7	22.6
信息传输、计算机服务和软件业	0.3	0.5	0.4	0.5	0.4	0.4	0.4
批发和零售业	0.5	0.6	0.5	0.4	0.4	0.5	0.4
金融业	0.3	0.2	0.1	0.1	0.1	0.1	0.1
房地产业	7.7	11.1	10.6	9.3	9.2	10.0	9.6
租赁和商务服务业	1.0	0.8	0.8	0.5	0.8	1.1	1.3
科学研究、技术服务和地质勘查业	1.0	1.1	1.0	0.9	0.8	0.9	0.7
水利、环境和公共设施管理业	26.3	28.5	29.8	30.7	31.7	31.6	34.1
居民服务和其他服务业	0.3	0.7	0.8	0.4	0.5	0.5	0.5
教育	5.6	6.1	6.4	6.3	6.3	6.9	7.0

续表

年份	2011	2012	2013	2014	2015	2016	2017
卫生、社会保障和社会福利业	2.6	2.4	2.5	2.3	2.3	2.5	2.7
文化、体育和娱乐业	2.5	2.4	2.5	2.0	1.8	2.1	1.9
公共管理和社会组织	9.2	7.4	6.1	6.8	6.3	6.2	4.9
固定资产投资（不含农户）中的国家预算资金	100	100	100	100	100	100	100

注：表格中的数据因四舍五入，加总略有偏差。

资料来源：根据国家统计局数据计算整理。

3. 科技、新基建等新投资动力日益形成

尽管传统的投资方式对我国经济增长拉动作用明显减弱（见图22），但科技投资、新基建等新型投资呈现较快增长。2017年至2020年，我国高技术制造业投资和高技术服务业投资年均增速超过10%，显著高于全社会固定资产投资增速（见图23）。新型基础设施建设加快推进，高技术产业投资力度明显增强。2018年底中央经济工作会议指出，加快5G商用步伐，加强人工智能、工业互联网、物联网等新型基础设施建设。“十四五”规划提出要推动制造业向绿色、智能、高端升级。

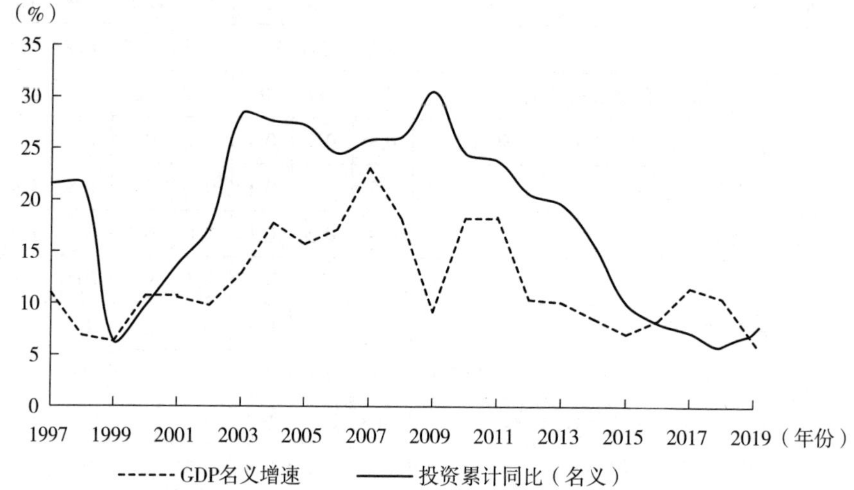

图22　1997—2019年我国投资增长与GDP增速的比较

资料来源：CEIC数据库。

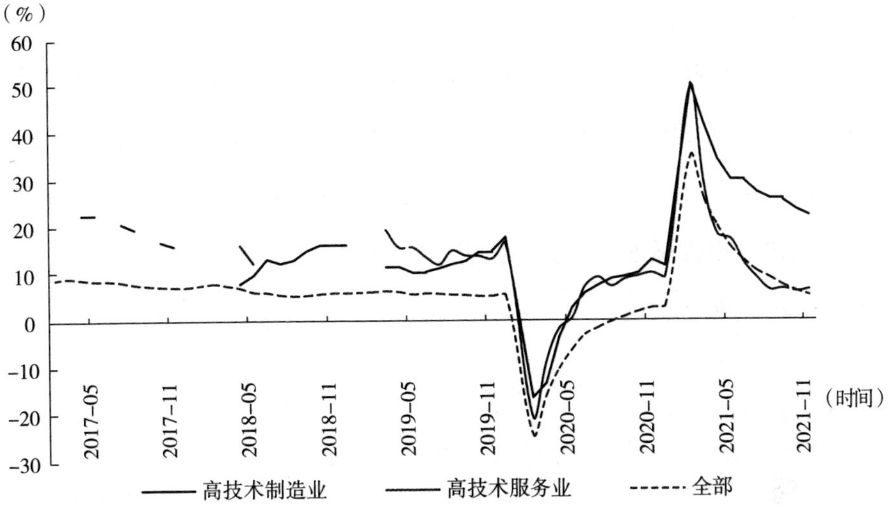

图23　固定资产投资完成额累计同比增速

资料来源：Wind。

4. 基建投资更多向民生领域倾斜

随着基建投资更多转向民生领域，我国长期以来以交通建设为主的基建投资格局发生了变化。电力、热力、水务、燃气等民生相关行业投资同比增速相对较快，拉动投资效果较为明显（见图 24）。

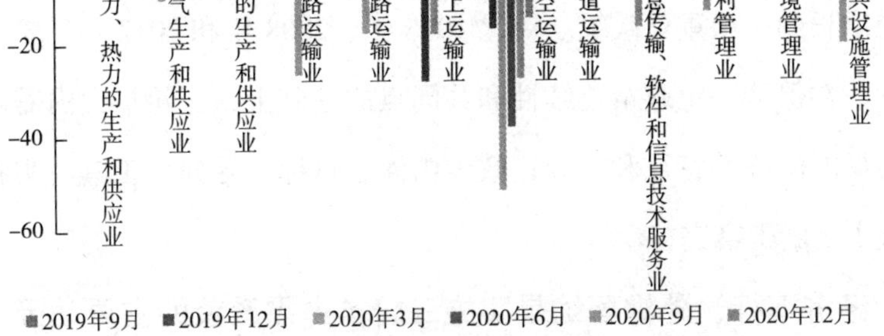

图24　近年来基建细分行业投资累计同比增速变化

资料来源：国家统计局、北京腾景大数据应用科技研究院。

5. 民间投资稳定增长

随着“放管服”改革向纵深推进，市场主体活力日渐增强，民间投资保持稳定增长。2012 年至 2020 年，民间投资额（不含农户）从 15.4 万亿元增至 28.9 万亿元，年均增长 8.2%。2012 年至 2020 年，民间固定资产（不含农户）投资额占固定资产投资（不含农户）比重在 55% ~ 59%，平均为 57.1%（见图 25）。

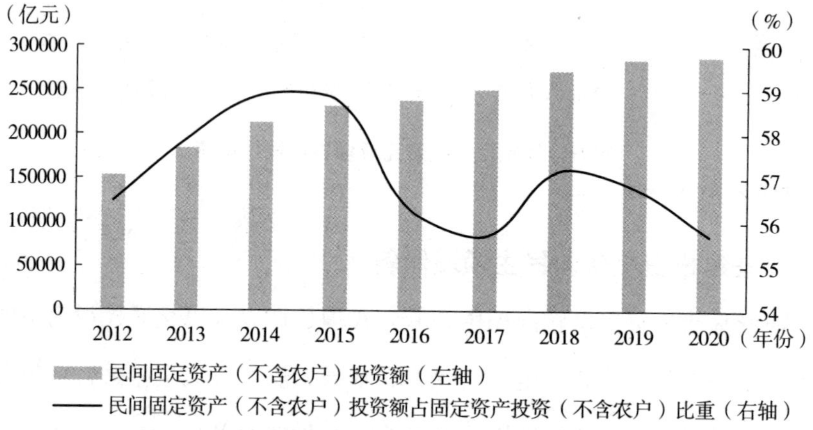

图25　2012—2020年民间固定资产投资额及占比

资料来源：国家统计局。

（五）扩大内需政策取得一定成效

1998 年我国首次提出“扩大内需”的政策措施，之后成为我国宏观调控和稳增长的一项重要政策。对比 1998 年、2008 年和 2012 年三轮扩大内需政策，在保持一定政策连续性和共同点的基础上，三轮扩大内需政策体现出明显的阶段性特征和差异；政策内涵、目标、导向、工具、实施机制在实践中不断丰富完善。

1. 经济下行、外需萎缩是实施三轮扩内需政策的主要动因

三轮扩大内需政策均是在全球经济出现较大波动的背景下提出的。国

际上金融危机引发外部需求萎缩，世界经济衰退，叠加国内经济问题，使得国内经济面临较大的下行压力。

1998 年第一轮扩大内需时，我国面临的是亚洲金融危机爆发、出口贸易和利用外资发展受阻的严峻形势。同时，国内市场供求格局整体从卖方市场开始转向买方市场，商品市场供大于求，特大洪涝灾害发生，国企改革困难重重，下岗职工基本生活保障和社会就业压力较大，经济发展形势十分严峻。1998 年首次在中央文件中明确提出将“扩大内需”作为一项重要的政策，也开启了我国首轮扩大内需。

2008 年第二轮扩大内需时，我国面临国际金融危机爆发、国内经济受到严重冲击，以及“出口导向型”增长模式受阻、国内结构性矛盾突出等严峻形势。在世界主要经济体纷纷采取量化宽松政策的同时，我国于 2008 年 11 月出台扩大内需十项措施，开启了新一轮的扩大内需，出台了积极的财政政策和适度宽松的货币政策，大规模增加政府投资，实施总额 4 万亿元的两年投资计划。在 2009 年，为应对国际金融危机蔓延，我国又制定了十大产业调整振兴规划①，出台了一揽子应对国际金融危机、促进经济平稳快速增长的政策措施。

2012 年第三轮扩大内需时，受欧债危机持续蔓延的影响，发达国家经济增长疲弱，全球经济经历“二次衰退”②，我国外需随着美欧发达国家经济二次探底变得更加严峻，经济发展中不平衡、不协调、不可持续的矛盾日益突出，经济增长下行压力和物价上涨压力并存。在 2011 年中央经济工作会议提出“牢牢把握扩大内需这一战略基点”后，于 2012 年开启了又一轮的扩大内需。

---

① 10个重点产业分别为钢铁、汽车、船舶、石化、纺织、轻工、有色金属、装备制造业、电子信息以及物流业。

② 联合国经济和社会理事会：《2012年世界经济形势与展望》，2011年12月。

2. 政策目标从单一到多元，政策定位从短期刺激转向中长期发展任务

在三轮扩大内需的政策实践中，扩大内需的政策目标和定位不尽相同，经历了一系列转变和调整，实现从稳定和推动经济增长的单一目标，转向兼顾调结构和惠民生的多元目标（见图 26），从短期的权宜之计和重要措施，逐步转向中长期的发展政策和重要任务。

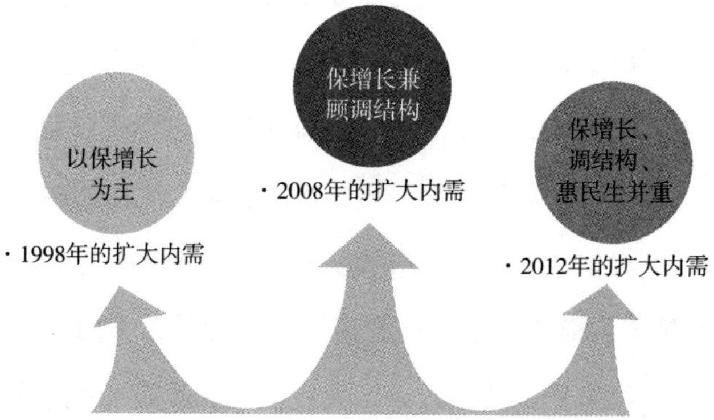

图26　三轮扩大内需政策目标

资料来源：课题组整理。

在政策定位上，三轮扩大内需都比较注重投资拉动，但也越来越注重投资与消费关系的协调，以及提升消费在扩大内需中的作用，从单纯强调投资拉动转向更加重视消费政策和投资政策同时发力，力图实现消费与投资的良性互动。

1998 年的扩大内需从“抑制消费”转向“鼓励消费”，重生产、轻消费的观念开始得到转变，但仍然强调投资对扩大内需的作用。1999 年《政府工作报告》中指出“面临的外部经济环境仍然十分严峻，国内消费需求一时也难以有较大的增长”，更加强调在经济危机时期扩大投资需求对当下拉动经济的效果，提出“在扩大投资需求的同时，要采取有力措施引导和扩大消费需求，形成投资和消费对经济增长的双重拉动”。

2008 年《政府工作报告》中提出“坚持扩大内需方针，调整投资和消费关系，促进经济增长由主要依靠投资、出口拉动向依靠消费、投资、出口协调拉动转变”，更进一步强调消费在经济增长中的作用，并把扩大内需作为转变经济增长方式的重要手段。2012 年《政府工作报告》中提出“扩大内需特别是消费需求是我国经济长期平稳较快发展的根本立足点”，强调“促进投资和消费良性互动”（见图 27）。

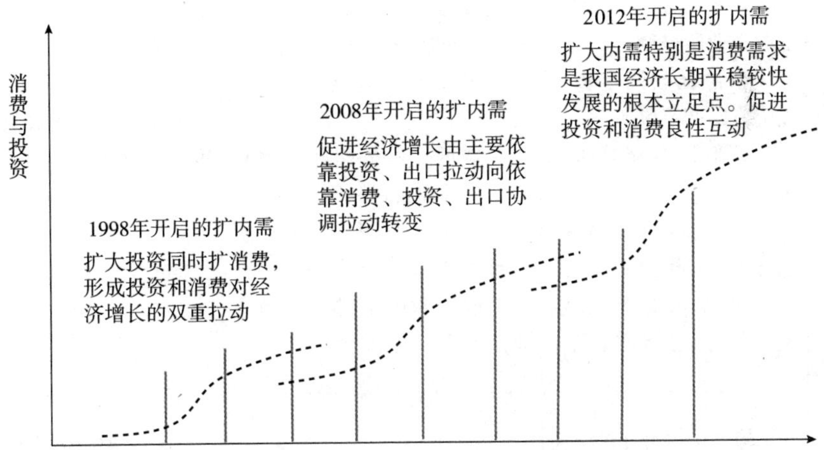

图27 三轮扩大内需中消费与投资的关系

资料来源：相关年份的《政府工作报告》。

3. 政策工具日益丰富多样，改革与创新同步推进

总体上看，三轮扩大内需都使用了丰富多元的政策工具，重视打好财税、货币、投资、社会等政策组合拳，注重创新与改革同步推进，实施了一系列刺激投资和扩大消费的举措，通过采取增加政府投入、加大债务规模、减税降费、增加信贷、调低利率、推动住房制度改革、完善社会保障制度、提高居民收入等政策手段和改革措施（见表 4），取得了不少积极成效，一定程度地扭转了经济下滑趋势，稳定了经济增长，并为后期的经济增长奠定了基础，推动了我国工业化、城镇化进程。

表4　　我国三轮扩大内需政策工具比较

	1998年开启的扩大内需	2008年开启的扩大内需	2012年开启的扩大内需
财税政策	·增发长期国债用于基础设施建设、重点项目改造和企业技术改造 ·提高出口退税率，降低关税 ·对从事能源、交通、港口建设项目的外资企业按15%的优惠税率征收企业所得税 ·暂停征收固定资产投资方向调节税 ·调低证券交易印花税 ·恢复征收储蓄存款利息个人所得税 ·减免房地产营业税、契税、土地增值税	·财政支出用于保障性安居工程、社会事业基础性设施等民生工程、重大基础设施建设、地震灾区重建 ·2009年允许地方政府发债 ·以财政补贴、购置税减半等方式支持城乡居民家电、汽车消费 ·提高出口退税率、降低关税 ·调低住房、汽车消费税费（含燃油收费制度改革） ·提高城镇职工个人所得税起征点 ·取消和停征部分行政事业性收费	·地方政府债券发行方式有所变化，规模不断扩大 ·启动营业税改增值税（“营改增”）试点 ·实施结构性减税政策
货币政策	·从1997年10月到2002年2月，央行五次调低利率，一年期定期存款利率从5.67%降为1.98% ·放开国有银行贷款限额限制 ·建立个人信用制度，建立商业银行消费信贷业务 ·允许农村信用社向农民发放信用贷款 ·扩大再贷款发放范围	·从2007年12月到2008年12月四次调低利率，一年期定期存款利率从4.14%降为2.25% ·取消对商业银行的信贷规模限制 ·增加个人消费信贷	·从2012年6月开始利率进入下行区间，一年期存款利率从2012年6月的3.25%下调为2015年10月的1.5% ·影子银行开始兴起，银行表外和资管业务快速发展，非信贷资金成为重要的社会资金来源 ·消费金融开始加速发展 ·企业、居民都开启了加杠杆进程

续表

	1998年开启的扩大内需	2008年开启的扩大内需	2012年开启的扩大内需
社会政策	·建立城镇职工基本养老保险、职工基本医疗保险等社会保险制度和城市居民最低生活保障制度 ·实行弹性大、灵活性强、多样化的社区就业服务 ·调整收入分配政策，提升城乡居民中低收入者的收入，提高社会保障对象补助标准	·建立新型农村社会养老保险试点、城镇居民医疗保险制度 ·继续提高低收入群体等社保对象待遇水平，增加城乡低保补助，调整企业退休人员基本养老金 ·实施“五缓四减三补两协商”①政策 ·将保障性住房建设列入各级政府工作目标 ·开展对失去工作的农民工和被征地农民的就业服务和职业培训	·建立城乡居民大病保险制度、职业年金制度 ·基本医保总体实现全覆盖 ·提高企业退休人员基本养老金
其他政策	·改革“五一”“十一”和春节的休假制度 ·改革住房制度，完善住房公积金制度，促进住房消费 ·引导集体、私营、个体经济增加投资，改善投资环境，吸引更多的外商直接投资	·出台1.6升及以下小排量车购置税减半、汽车振兴规划等扩大汽车消费的政策 ·支持社会资本投向符合国家产业政策的领域，鼓励企业增加研发和技改投资	·鼓励文化、旅游、健身等消费 ·发展网络购物、绿色消费、信息消费，鼓励电子商务创新发展 ·建立健全消费品质量安全监管、追溯、召回制度 ·深化流通体制改革，促进物流配送、快递业发展 ·更大激发民间投资活力，引导社会资本投向更多领域

资料来源：课题组根据相关年份的《政府工作报告》和政策文件整理。

① 人力资源和社会保障部（以下简称“人社部”）、财政部、国家税务总局联合下发《关于采取积极措施减轻企业负担稳定就业局势有关问题的通知》（人社部发〔2008〕117号），要求采取“五缓四减三补两协商”的应对措施，减轻企业负担，稳定就业局势。

在政策效果上，一是抵御冲击，保持经济较快稳定增长。1998 年的扩大内需政策，抑制了通货紧缩的趋势，抵御了亚洲金融危机的冲击，保障了经济稳定增长。1998—2001 年 GDP 增速在 7% ~ 9% 之间，为 2002 年开启新一轮的经济增长奠定了良好基础。2008 年的扩内需政策及时有效地应对了国际金融危机的冲击，弥补了外需缺口，较短时间内扭转了经济下滑的局面。2008—2011 年经济保持了稳定和高速增长态势，GDP 增速在 9% ~ 11% 之间；2010 年中国跃升为全球第二大经济体，成为全球经济增长的重要引擎。2012 年的扩大内需使 2012—2014 年的 GDP 增速保持在 7% ~ 8%（见图 28）。

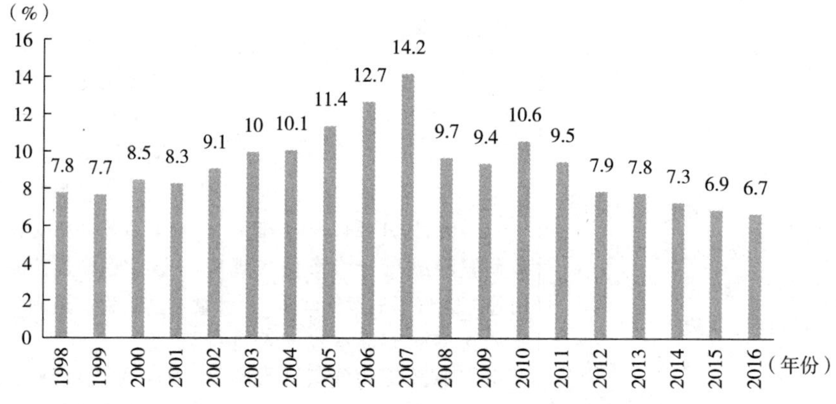

图28　1998—2016年我国GDP名义增速

资料来源：国家统计局。

二是培育消费新增长点，为稳定增长提供新支撑。1998 年的扩大内需政策促进了住房制度改革，确立了社会保障体系基本框架，并通过加大收入分配调节力度，增加了城乡居民收入，由此培育了住房、汽车等消费热点和增长点，促进了冰箱、彩电等耐用消费品大规模进入农村家庭，全社会消费水平明显提升。社会消费品零售总额从 1998 年的 3.33 万亿元增长至 2002 年的 4.81 万亿元，年均增长 9%。2008 年扩大内需采取进一步完善住房制度和房地产调控政策、提高个人所得税起征点、降低汽车消费税费、加大政府保障性住房建设等措施，进一步促进了汽车、住房、家电等大宗消费，2009—2011 年社会消费品零售总额保持了高速增长，年均增速达 17.7%（见图 29）。2012 年的扩大内需主要注重培育和促进消费新增长点，提出建立促进消费的体制机制，推动了城乡居民旅游、网购、信息消费等新型消费快速增长。服务消费占比开始提升，2014 年服务消费占比突破 40%。

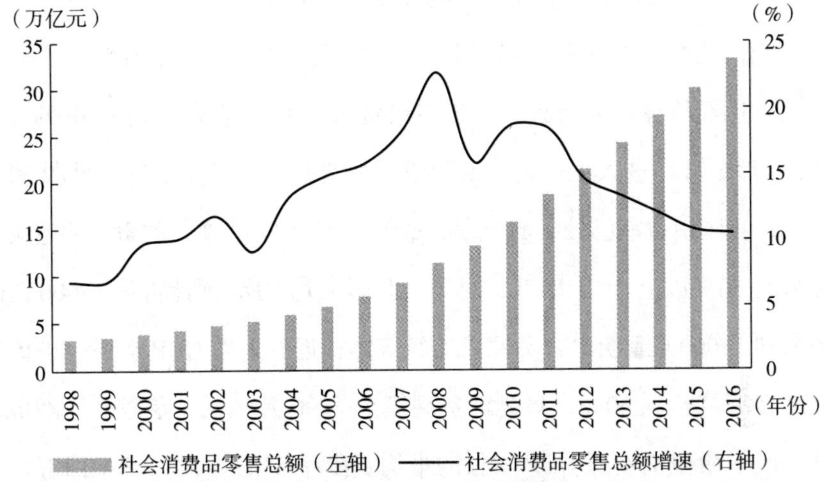

图29　1998—2016年我国社会消费品零售总额及增速

资料来源：国家统计局。

三是加大政府投入力度，扩大有效投资。通过扩大投资政策，完成了一系列民生工程项目，完善了基础设施建设。1998 年的扩大内需借助积极的财政政策，建成了一批多年来想干而没有力量干的重大项目，如南水北调工程开工建设，青藏铁路、西气东输、西电东送等重大民生工程项目顺利建设。2012 年的扩大内需通过扩大有效投资政策，设立专项基金，加强水利、城镇棚户区和农村危房改造、中西部铁路和公路等薄弱环节建设，实现了投资的稳步增长。

三、新发展阶段以消费为主导的内需增长具有强劲动力和广阔空间

展望未来一段时期，我国以消费为主导的内需增长空间广阔，不仅体现在追赶发达经济体的消费梯次升级，还反映在与发达经济体同步甚至领先的消费创新。

（一）以消费为主导的内需增长空间广阔

首先，消费的主导作用日益增强，对经济增长贡献率有较大提升空间。从发达经济体发展历程看，最终消费占 GDP 比重随人均 GDP 的提高呈“U”形走势，进入工业化后期阶段，消费率开始稳步上升（见图 30）。近年来，我国消费率已处于回升期，最终消费对 GDP 增长的贡献率连续多年保持在 50%以上。“十四五”时期，我国人均 GDP 预计将从 14000 国际元提高到 17000 国际元[①]，参照发达经济体相近的人均 GDP 水平，2025 年我国消费率将达到 60%，最终消费规模约为 90 万亿元，参考发达经济体在这一收入阶段消费对 GDP 增长的平均贡献率（见图 31），“十四五”我国消费对 GDP 增长的贡献率有望稳定在 60%以上。

其次，消费结构升级的追赶潜力大，服务消费将成为居民消费的主要增量来源。比较发达经济体相同发展阶段，当人均 GDP 为 14000 国际元左右时，6 个发达经济体的居民服务消费比重平均为 49%，当人均 GDP 达到 17000 国际元时，居民服务消费比重平均上升到 53%（见图 32）。从我国的情况看，2019 年居民服务消费比重为 45.9%，受疫情影响，2020 年回落到 42.6%。预计“十五五”初期，居民服务消费比重有望上升到 50%。

① 英国经济学家安格斯·麦迪森以1990年美元为基准水平，采用购买力平价和国际多边比较的方法，创造了“1990年国际元”的概念作为衡量经济总量和人均收入的单位，简称国际元。

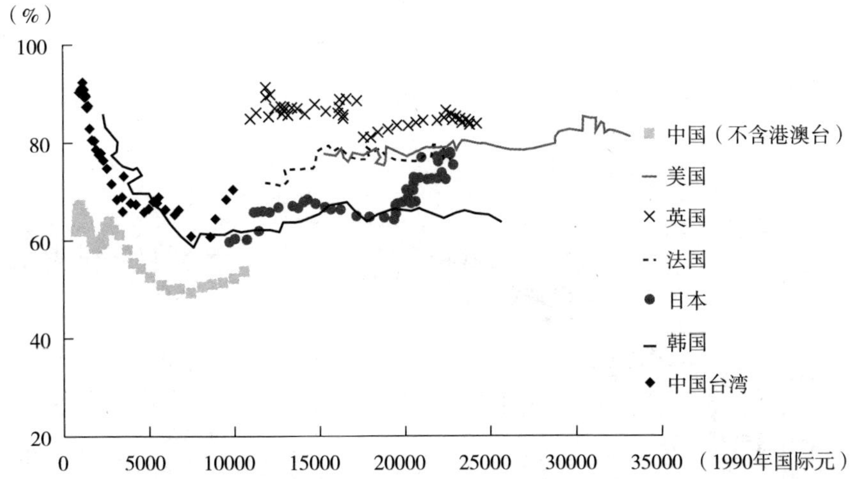

图30　人均GDP与消费率的关系

资料来源：国务院发展研究中心、法国统计局、荷兰格罗宁根大学增长与发展中心、CEIC、Wind。

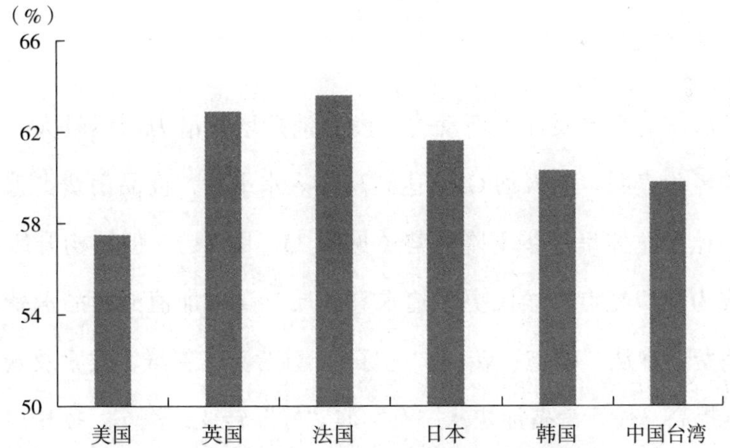

图31　发达经济体消费对经济增长的平均贡献率

注：该图为发达经济体人均GDP在14000~17000国际元时的情况。美国数据为1966—1976年，英国数据为1985—1994年，法国数据为1978—1989年，日本数据为1982—1988年，韩国数据为1999—2003年，中国台湾数据为1996—2002年。

资料来源：国务院发展研究中心、法国统计局、荷兰格罗宁根大学增长与发展中心、CEIC、Wind。

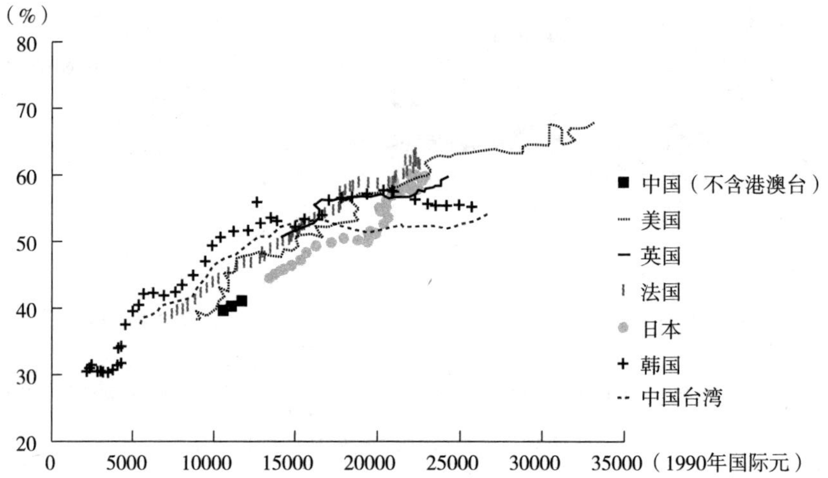

图32 人均GDP与服务消费比重的关系

资料来源：国务院发展研究中心、法国统计局、荷兰格罗宁根大学增长与发展中心、CEIC、Wind。

最后，消费提质成为新动力，商品消费增长潜力依然较大。发达经济体的经验表明，当人均GDP达到高收入水平后，商品消费占整个消费支出的比重总体呈稳步下降态势（见图33、图34），但结构升级和提质更新成为消费亮点，居民更多追求高品质、高附加值的商品消费。居民食品消费逐步从“吃饱”转向“吃好”，对营养、新鲜、健康及安全的重视程度提高，住行消费加快从“有”向“好”转变，汽车、家用电器、数码通信、家具家装的置换升级潜力巨大，显示出商品消费的发展空间依然广阔。

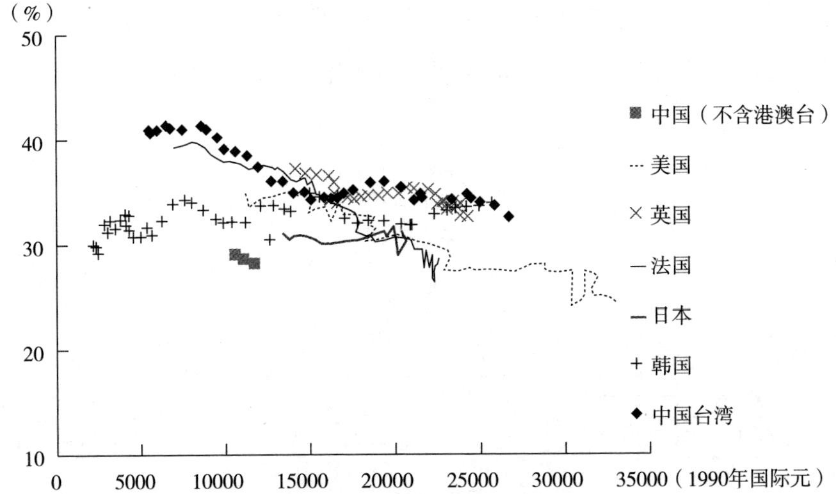

图33　人均GDP与耐用品消费比重的关系

资料来源：国务院发展研究中心、法国统计局、荷兰格罗宁根大学增长与发展中心、CEIC、Wind。

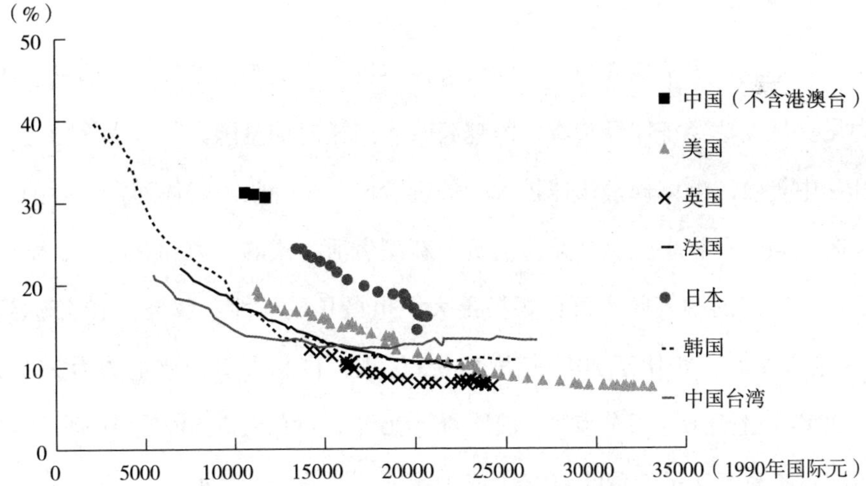

图34　人均GDP与食品消费比重的关系

资料来源：国务院发展研究中心、法国统计局、荷兰格罗宁根大学增长与发展中心、CEIC、Wind。

（二）五大结构性因素将成为以消费为主导的内需增长的主要动力

未来一段时期，我国经济发展将集中出现一些新的结构性变动因素，成为以消费为主导的内需增长的主要动力（见图 35）。

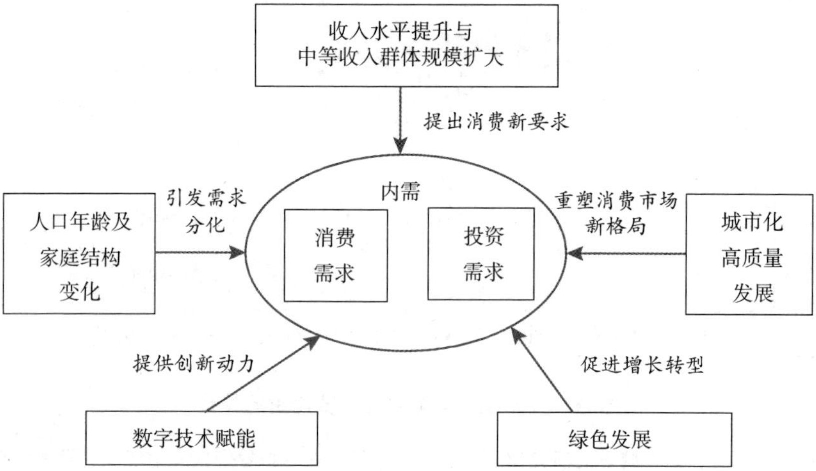

图35　新发展阶段我国内需增长的主要驱动因素

资料来源：课题组整理。

一是收入水平提升与中等收入群体持续扩大成为消费提质扩容的主导力量。从发达经济体经验看，跨越高收入门槛时期是国民收入水平稳定提升和中等收入群体规模快速扩大的关键阶段。中等收入群体通常边际消费倾向较高，具有享受更高品质消费和新型生活方式的能力和意愿。从全球来看，我国的中等收入群体规模最大，也最具成长性，截至 2018 年达到 3.8 亿人左右，相比于 2013 年增加 0.9 亿人，占总人口的比重约为 27%，比 2013 年上升 6 个百分点[①]。预计到 2030 年，占总人口 53%的中等收入群体将贡献整个居民消费的 80%，成为我国消费的“主力军”。

① 采用2018年国家统计局对中等收入群体的划分标准，即典型的三口之家年收入为10万～50万元（2018年价格），10万元以下的家庭为低收入群体，50万元以上的家庭为高收入群体。数据结果来自北京师范大学中国收入分配研究院的“中国家庭收入调查”。

二是人口年龄及家庭结构变化促使消费需求不断细分。2020 年，我国 15 ~ 29 岁的年轻消费群体约 2.39 亿人，占总人口的 16.99%，这些年轻人成长在生活日益富足和互联网快速普及的时代，受教育程度较高，敢于尝新，是最具创新活力的消费“生力军”（见图 36）。预计 2035 年“Z 世代”[①]创造的新兴消费市场规模将达到 16 万亿元。同时，2020 年我国 60 岁及以上老年人超过 2.6 亿人，占总人口的 18.7%，70 岁以下的低龄老年人占全部老年人的 55.8%。这些老年人大多“有闲又有钱”，身体较为健康，在扩大消费中的作用不可忽视。预计 2030 年“银发经济”规模可达 20 万亿元。另外，近年来我国家庭结构呈现多元化特征，小家庭和多子家庭数量明显增加，传统家庭功能不断弱化，对社会服务的需求大幅上升，将促进消费需求不断分化。

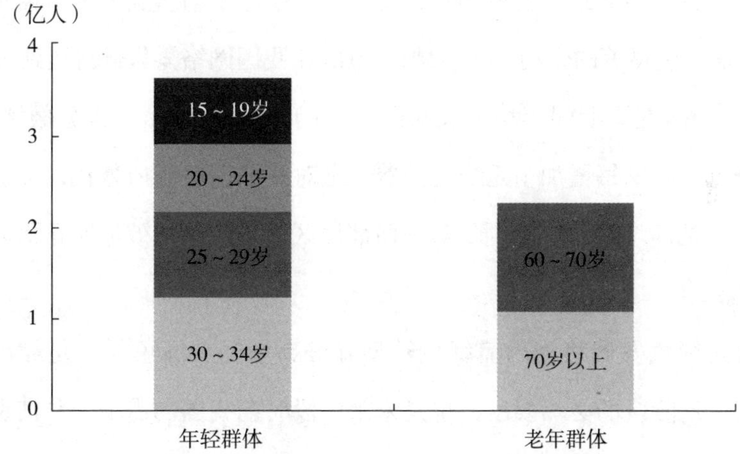

图36 2020年我国年轻群体和老年群体的人数

资料来源：《中国统计年鉴2021》。

三是城市化高质量发展进一步扩大和重塑消费增长空间。近年来，我国城市化持续快速推进，但与发达经济体相比，城市化率仍有 20%左右的

① “Z世代”是指出生于1995—2009年的人口。

提升空间，这将持续带动消费和相关投资需求的增长。特别是在城市化发展进入以城市群、都市圈为主要载体的新阶段，大型中心城市对人口等要素的集聚力不断增强，将使消费资源进一步加快向城市群集聚，推动大型中心城市消费市场迈向中高端，催生新品“首发首秀首展首店”等新消费形态并快速发展，有利于提高大型中心城市的消费能级，有望形成若干有全球影响力的国际消费中心城市。

四是数字技术进步使消费创新发展的动力日益增强。数字技术的蓬勃发展和深度应用涌现出多样化的消费创新，极大改变了人们的消费方式。以网络购物为例，2013 年我国网络零售交易额突破 1.8 万亿元，超过美国成为全球最大的网络零售市场，2020 年进一步增长到 11.8 万亿元。近年来特别是疫情暴发以来，社交电商、直播带货等新模式快速发展，新型线上消费创新更为活跃，消费场景日益丰富，创造了诸多新的消费需求，对扩大内需产生显著的带动作用。预计 2025 年我国网络零售额将达到 18.5 万亿元，“十四五”期间年均增长 9.5%，高于社会消费品零售总额增速 3.5 个百分点。居民每增加 1 元线上消费，虽对线下消费有所替代，但仍可带来 0.36 元的净增消费，特别是对中西部地区消费的新增效应明显更高（见图 37）。

五是绿色发展将为内需绿色转型开辟新空间。绿色低碳是经济社会发展到一定阶段的必然要求，也是未来一段时期我国内需增长和消费升级的重要方向。1992 年，联合国环境与发展大会通过的《21 世纪议程》提出各国应促进形成可持续的消费形态。发达经济体在经历高速增长带来的一系列资源环境问题后，都积极推动生产生活方式绿色转型，强调合理适度消费，谋求可持续发展，培育了以节约资源、保护环境、降低温室气体排放为基本特征的绿色消费，为内需转型和可持续发展开辟了新空间。

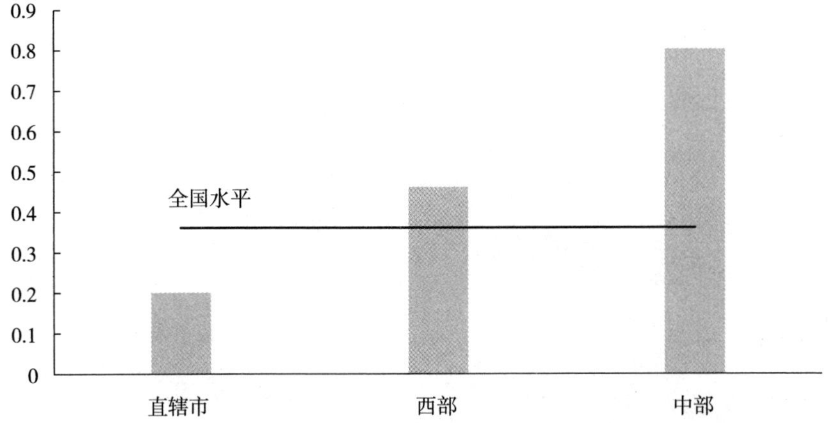

图37　线上消费对不同地域消费的新增效应

资料来源：课题组测算。

在消费升级和创新发展的牵引拉动下，我国的投资需求潜力将被进一步激发和释放。文化娱乐、医疗卫生、健康食品等满足服务消费和升级类商品消费的产业投资空间巨大；改善城市群和都市圈互联互通的交通设施、适应数字经济发展的新型基础设施、提升绿色发展水平的交通能源设施等投资需求旺盛；满足城乡居民教育、养老、托育需求的公共服务领域也将进入新的投资扩张期；在大型城市和都市圈，老旧小区改造、租赁住房、改善性住房依然具有较大投资潜力。

（三）一批万亿元级增长点将成为扩大内需的重要动力源①

未来一段时期，促进内需增长的结构性因素集中显现和持续发力，将推动形成一批具有巨大规模潜能、增长动能、引领效能的消费和投资增长点。

经测算，到 2025 年，五大结构性因素将孕育形成包含 28 个消费增长点和 10 个投资增长点在内的 38 个内需增长点。其中，达到万亿元级规

① 万亿元级增长点的具体内容及测算方法详见本书专题报告一。

模的消费增长点有 14 个，投资增长点有 4 个。在万亿元级消费增长点中，围绕居民“品质提升”“绿色健康”“数字升级”“服务扩容”四方面需求特点，汇集形成四大增长引擎（见图 38）。

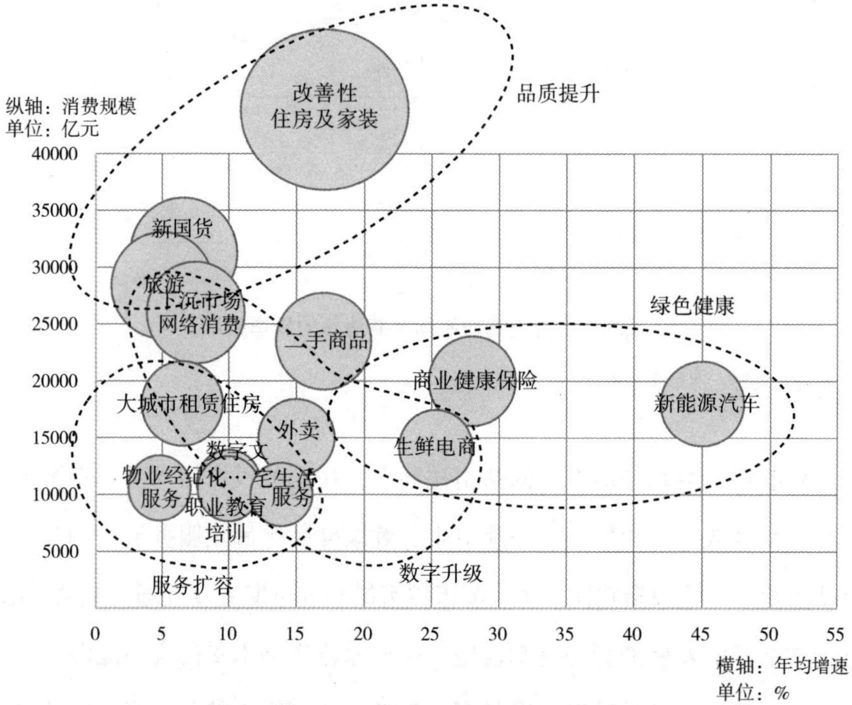

图38　2025年我国万亿元级的主要内需增长点

数据来源：课题组测算。

在“品质提升”方面，增长主要来自改善性住房及家装、新国货消费等。随着我国居民收入水平的提高，城镇居民对改善居住品质的需求日益增长，突出表现在增加面积、提高性能、完善配套的置换需求，以及改善居住环境和生活品质的家装家居需求两个方面。随着城市化进程的推进、中等收入群体的扩大和人口年龄结构的变化，预计改善性需求占比还将持续上升。据测算，到 2025 年我国改善性住房需求及其拉动的家装消费需求合计将达到 12.9 万亿元的市场规模。另外，近年来，新国货品牌呈现多领域并发、高频率新发、短时期爆发的特征。按 2022—2025 年社会消费品零售总额年均增长7%、实物商品网上零售额的占比平均为26%、新国货品牌对新增消费的贡献率平均为48%进行测算，2025年新国货消费规模将达到3.1万亿元。

在“绿色健康”方面，增长主要来自新能源汽车消费、商业健康保险消费。在碳达峰碳中和目标的驱动下，2021年我国新能源汽车市场渗透率快速提高至13.4%，预计2025年将达到30%，新能源汽车销量达到900万辆，市场规模达到1.8万亿元。随着老年人口规模扩大，商业健康险在我国养老保障体系中发挥重要作用，预计2025年商业健康保险消费规模将超过2万亿元。

在“数字升级”方面，增长主要来自下沉市场网络消费、生鲜电商消费。数字技术向我国低线城市和乡村地区的深入拓展，农村数字化流通体系和商业设施的不断完善，将持续释放下沉市场的消费潜能。按“十四五”农村网络零售额年均增长7.5%来测算，2025年下沉市场网络消费规模将达到2.6万亿元。零售业数字化转型步伐加快，形成了生鲜O2O、智慧菜场等新业态，成为居民食品消费提质升级的重要支撑。其中，线上零售业态发展迅猛，预计“十四五”期间生鲜零售消费年均增长6%，生鲜电商市场渗透率升至21%，2025年生鲜电商消费规模将达1.4万亿元。

在“服务扩容”方面，增长主要来自住行、文化娱乐、生活服务等领域涌现的新消费。如大城市租赁住房、物业经纪服务等住房相关服务消费需求较大。据预测，由于城市化持续推进带来的城镇人口增长，到2025年城镇常住居民家庭市场化租赁住房需求约为4830万套，租赁市场规模达到1.8万亿元。另外，物业、经纪等住房相关服务消费也将在“十四五”期间保持年均4.8%的增速，2025年将超过1万亿元。

此外，消费增长将引致绿色建筑、数字新基建、城镇老旧小区改造、循环利用产业投资成为4大万亿元级的投资增长点，到2025年累计投资规模分别达到 15 万亿元、5.2 万亿元、1.8 万亿元和 1 万亿元。

预计“十五五”时期，上述内需增长点的增速总体趋稳，规模将进一步扩大，健康食品消费有望成为新的万亿元级增长点，万亿元级的消费增长点将达到 15 个。同时，“十五五”时期充换电设施投资也将成为新的万亿元级投资增长点，累计投资约为 1.1 万亿元。

四、新发展阶段有效扩大和更好满足内需仍存在难点堵点和体制机制障碍

进入新发展阶段，有效扩大和更好满足内需依然存在难点堵点和体制机制障碍，供求之间的适配和互动互促机制尚未形成，促进消费持续升级的支撑力有待加强，适应内需发展要求的市场环境有待优化。加快破解这些难点堵点和体制机制障碍，是有效扩大和更好满足内需、变内需潜力为发展动力的关键。

（一）供需匹配度不高制约形成高水平动态平衡

供需匹配度不高突出表现为供给与需求、投资与消费、政府投资与民间投资存在结构性矛盾，投资与消费的动态适配性不足，市场机制在配置资源、引领投资适应需求方面的作用尚未充分发挥。

1. 供给与需求的匹配度不高

产业升级与消费升级不同步，消费基础设施不完善，供给难以满足居民消费需要，成为制约居民消费扩大和升级的重要因素。

高品质产品制造能力不强。长期以来，在数量扩张、出口导向等影响下，我国制造业创新升级的动力和能力不足，技术创新能力弱，产品更新换代慢，难以有效满足消费者对高品质、高附加值产品日益增长的需求。

世界经济论坛发布的《2019 全球竞争力报告》显示，我国创新能力排名全球第 24 位，综合竞争力排名全球第 28 位，与全球第一制造业大国的地位不相匹配。尤其是在每百万人专利数等分项指标上，我国与排名靠前的新加坡、日本、美国等有较大差距。以规模经济为基础的工业生产组织方式，已不能完全适应现阶段居民消费需求多层次、个性化、品牌化并不断升级的要求。

服务业供给和创新能力不足。与主要发达经济体相同发展阶段相比，我国服务业特别是与居民消费升级相关的消费性服务业发展较为滞后（见图 39）。面对居民服务消费的巨大需求，教育、医疗、文化、康养、养老、育幼、娱乐等领域还存在政策支持不够、服务供给能力明显不足、专业化水平低、服务质量参差不齐等问题，多元化、多样化、多层次的消费性服务体系有待完善。例如，文娱服务市场准入门槛较高，包容审慎和放宽准入的原则还有待进一步落实；互联网医疗、早教、职业教育等行业享受政策较少，影响新消费创新发展。

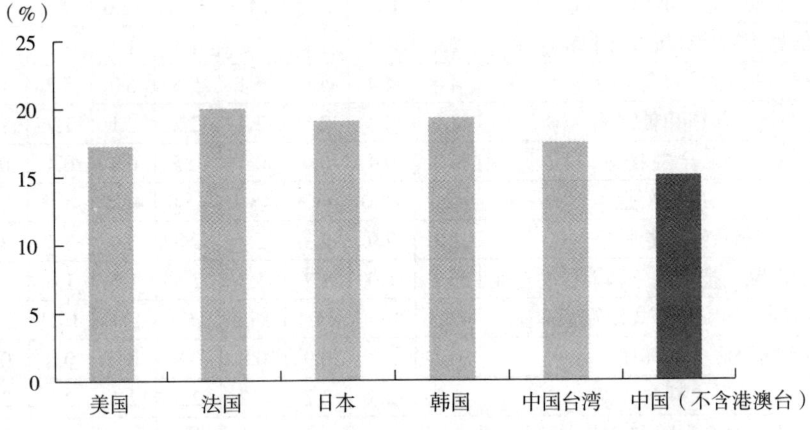

图39 人均GDP达到13000国际元时消费性服务业增加值占GDP比重

注：2019年我国人均GDP约为13000国际元，与主要发达经济体在这一收入水平上进行比较。

资料来源：国务院发展研究中心、法国统计局、荷兰格罗宁根大学增长与发展中心、CEIC、Wind。

消费基础设施供给亟待提升完善。与主要发达经济体相比，我国商业、旅游、文化娱乐、教育医疗等消费基础设施和配套设施仍有短板，无法充分满足城乡居民不断增长的消费需求。

2. 投资与消费的动态适配性不足

一些投资的市场导向不足，无法发挥促进消费升级、加快引导消费创新的功能，甚至出现投资与产业升级方向偏离的情况，造成投资效率低、产能过剩等问题。

促进消费升级、改善民生的投资占比偏低。从服务业投资结构看（见表5），2010—2017年，房地产业，交通运输、仓储和邮政业的固定资产投资占比超过服务业固定资产投资的一半，其中仅房地产业投资就大致占到40%。居民服务和其他服务业，卫生、社会保障和社会福利业，文化、体育和娱乐业等占比明显偏低，不利于改善民生和促进居民消费升级。

表5　我国服务业固定资产投资构成（2010—2017年）　单位：%

行业	2010年	2011年	2012年	2013年	2014年	2015年	2016年	2017年
交通运输、仓储和邮政业	19.8	16.6	15.3	14.9	15.1	15.6	15.4	16.3
信息传输计算机服务和软件业	1.6	1.3	1.3	1.2	1.4	1.7	1.8	1.9
批发和零售业	4.0	4.4	4.8	5.1	5.5	6.0	5.2	4.4
住宿和餐饮业	2.2	2.3	2.5	2.4	2.2	2.1	1.7	1.6
金融业	0.3	0.4	0.4	0.5	0.5	0.4	0.4	0.3
房地产业	42.7	48.0	48.3	48.1	45.8	42.5	40.8	38.7
租赁和商务服务业	1.8	2.0	2.3	2.4	2.8	3.0	3.5	3.5
科学研究、技术服务和地质勘查业	0.9	1.0	1.2	1.3	1.5	1.5	1.6	1.6
水利、环境和公共设施管理业	16.3	14.4	14.4	15.2	16.1	17.6	19.7	21.7
居民服务和其他服务业	0.7	0.8	0.9	0.8	0.8	0.9	0.8	0.7
教育	2.7	2.3	2.2	2.2	2.3	2.4	2.7	2.9
卫生、社会保障和社会福利业	1.4	1.4	1.3	1.3	1.4	1.6	1.8	1.9
文化、体育和娱乐业	1.9	1.9	2.1	2.1	2.2	2.1	2.2	2.3
公共管理和社会组织	3.7	3.3	2.9	2.4	2.5	2.5	2.3	2.1

注：目前最新数据更新到2017年。

资料来源：根据国家统计局数据计算。

促进产业转型升级的投资占比偏低。从表 5 中还可以看出，科学研究、技术服务和地质勘查业，信息传输计算机服务和软件业等现代服务业投资占比分别为 0.5% ~ 2%、1% ~ 2%，其中信息传输计算机服务和软件业投资占比还曾出现小幅下降的情况，不利于发挥产业结构升级对消费升级的促进作用。

3. 政府投资与民间投资的协调性不足

政府投资边界不清，与民间投资尚未完全形成良性互动，引导带动民间资本参与的制度体系尚不健全，不利于形成多层次、多元化的公共产品和服务供给体系。

政府公共投资定位有待进一步厘清，社会资本发展空间仍需拓展。政府公共投资应定位在公共产品和具有公益性的准公共产品领域，优先保障公共服务[①]的基础领域和薄弱环节。但目前部分公办机构定位不清，甚至直接进入竞争性领域。例如，一些公办幼儿园、养老机构提供较高端的服务，公立医院提供特需服务，挤占了社会资本发展的空间。同时，对承担公益性职能的民办机构的政府补贴也远低于公办机构，却往往规定其收费标准不得高于公办机构，影响社会投资积极性和公平竞争环境。

民间投资空间仍然受限，市场活力难以充分激发。2004—2015 年，我国民间投资占全部固定资产投资的比重从 30% 持续提高到超过 60%，但 2016 年以来该比重不断降低，到 2020 年已降到 55.7%。一些领域对民间投资仍然存在显性或隐性壁垒，投资主要集中在制造业，民生服务领域明显不足，2017 年教育领域占比为 24.9%，铁路运输领域占比仅为 2.5%（见图 40）。

---

① 在2017年国务院印发的《“十三五”推进基本公共服务均等化规划》中，对公共教育、劳动就业创业、社会保险、医疗卫生、社会服务、住房保障、公共文化体育、残疾人服务8个领域列出了81个基本公共服务项目。

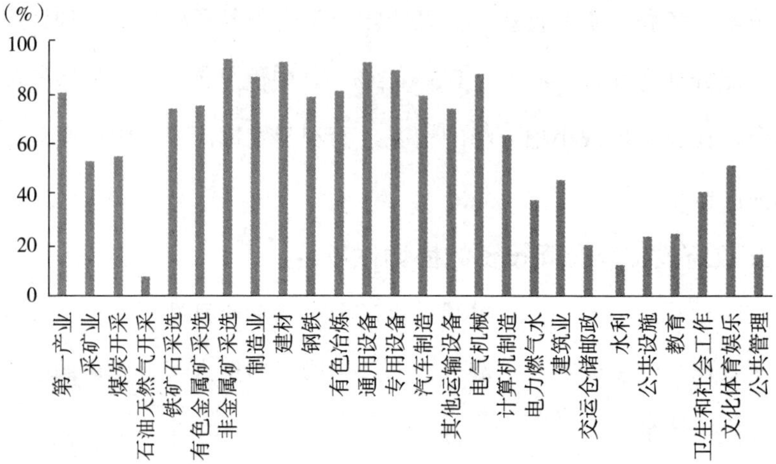

图40　2017年我国各行业民间资本投资占比

资料来源：Wind。

（二）收入分配和社会保障制度不完善降低居民消费能力与意愿

收入是消费的决定性因素，合理的收入分配制度是促进居民收入增长，继而提升消费能力和消费意愿的关键。总体来看，目前我国收入分配结构还不合理、收入差距改善缓慢、社会保障水平有待提高，在相当程度上制约着中等收入群体的持续壮大以及居民消费能力的提升。

1. 居民收入水平不高

与发达国家相比，我国居民人均可支配收入的相对差距明显大于人均GDP的相对差距。2020年，全国居民人均可支配收入32189元，比上年名义增长4.7%，扣除价格因素，实际增长2.1%。其中城镇居民人均可支配收入43834元，农村居民人均可支配收入17131元，在全球人均收入排名中相对靠后。

2. 收入分配结构不合理制约消费能力提升

一是居民收入占比提高不明显，不利于收入水平及消费能力提升。在国民收入初次分配中，2012 年至 2019 年，居民收入占比为 60% ~ 62%，2019 年比 2012 年下降了 0.2 个百分点；再分配中，居民收入占比为 59% ~ 62%，且个别年份占比甚至低于初次分配的比重，而政府收入比重比初次分配高出 3 个至 6 个百分点。2019 年，居民收入占比比 2012 年下降了 1.7 个百分点（见表 6），表明收入再分配调节对有效提高居民收入的作用发挥还不充分。

表6　2012—2019年我国国民收入分配结构　单位：%

年份	国民收入初次分配			国民收入再分配		
	政府占比	企业占比	居民占比	政府占比	企业占比	居民占比
2012	15.6	22.7	61.6	19.5	18.5	62.0
2013	15.2	24.1	60.7	18.9	19.8	61.3
2014	15.2	24.7	60.1	18.9	20.5	60.6
2015	14.9	24.2	60.9	18.5	19.8	61.6
2016	14.5	24.3	61.3	17.9	20.0	62.1
2017	14.0	25.4	60.6	18.0	21.2	60.8
2018	12.8	26.0	61.2	18.7	21.8	59.4
2019	12.7	25.9	61.4	17.8	21.9	60.3

资料来源：根据国家统计局数据计算整理。

二是居民增收渠道狭窄，财产性收入比重偏低。近年来，我国居民财产性收入有所上升，但依然存在比重偏低、渠道单一等问题。从初次分配中居民财产性收入比重看，2012 年至 2017 年居民财产性收入增速呈下降趋势，2018 年才有所回升；居民财产性收入高度依赖利息收入，红利占比基本在 10% 以下（见表 7）。从人均可支配收入结构看，居民财产性收入占比长期低于经营性收入占比和转移净收入占比，特别是农村居民的财产性收入占比始终没有突破 2.5%（见表 8）。

表7　2012—2019年初次分配中居民收入来源结构　单位：%

年份	劳动者报酬占居民初次分配收入比重	财产性收入占居民初次分配收入比重	利息占财产性收入比重	红利占财产性收入比重
2012	80.3	7.6	84.1	7.0
2013	84.5	6.2	84.4	7.9
2014	84.7	6.3	82.6	8.1
2015	85.4	6.0	78.4	9.3
2016	85.2	6.0	72.4	9.3
2017	85.4	6.2	74.2	8.5
2018	85.0	7.1	79.1	7.7
2019	85.0	7.4	79.3	7.8

资料来源：根据国家统计局数据计算整理。

表8　2013—2020年居民人均可支配收入来源结构　单位：%

年份	工资性收入占比		经营性收入占比		财产性收入占比		转移净收入占比	
	城镇	农村	城镇	农村	城镇	农村	城镇	农村
2013	62.8	38.7	11.2	41.7	9.6	2.1	16.3	17.5
2014	62.2	39.6	11.4	40.4	9.7	2.1	16.7	17.9
2015	62.0	40.3	11.1	39.4	9.8	2.2	17.1	18.1
2016	61.5	40.6	11.2	38.3	9.7	2.2	17.6	18.8
2017	61.0	40.9	11.2	37.4	9.9	2.3	17.9	19.4
2018	60.6	41.0	11.3	36.7	10.3	2.3	17.8	20.0
2019	60.4	41.1	11.4	36.0	10.4	2.4	17.9	20.6
2020	60.2	40.7	10.7	35.5	10.6	2.4	18.5	21.4

资料来源：根据国家统计局数据计算整理。

3. 收入差距缩小缓慢不利于释放消费潜力

一是基尼系数有所下降，但收入差距仍然偏大。2008 年，我国基尼系数达到0.491的高点后，2009年以来有所回落，2020年基尼系数为0.468（见图41）。根据世界银行的测算，2016年我国基尼系数处于全球中等偏高水平，低于美国，高于英国、法国、德国、韩国等主要经济体（见图42）。

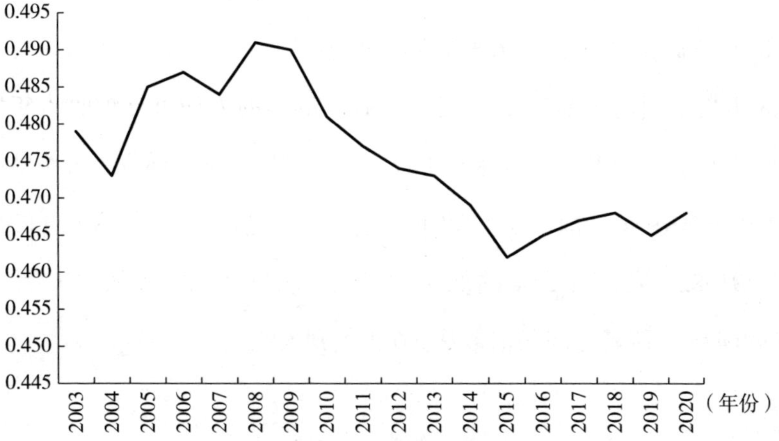

图41　我国基尼系数

资料来源：Wind。

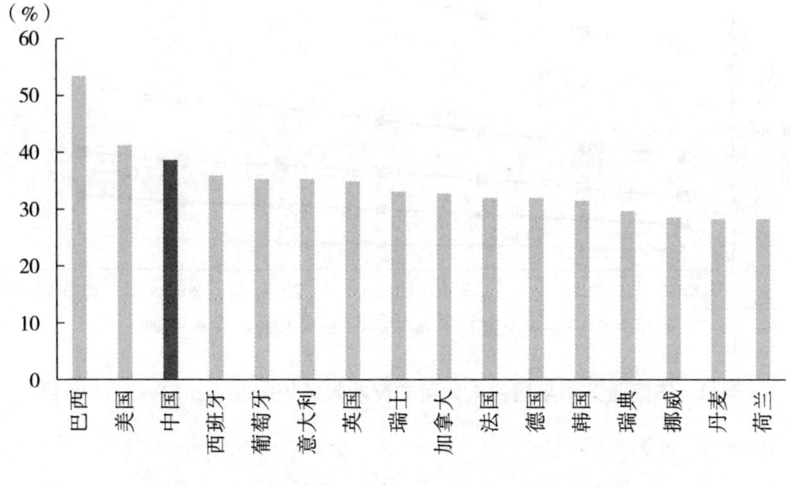

图42　2016年我国与主要国家的基尼系数的比较

资料来源：世界银行。

二是不同群体收入出现分化，中等收入群体收入增速放缓。依照居民收入划分五等分的情况看，我国近年来低收入群体收入明显增长，高收入群体收入增长有所放缓，中等收入群体收入增长相对缓慢。2013—2019年，低收入、中等偏下收入群体的人均可支配收入年均增速分别为9%、8.5%，高于其他收入水平群体，中等偏上、高收入群体的人均可支配收入年均增速均为8.3%，但是中等收入群体的人均可支配收入年均增速仅为8.1%，低于其他收入水平群体（见图43）。从不同收入分组情况来看，2000—2019年，前20%的高收入组家庭人均可支配收入从11299元增加至91682.6元，后20%的低收入家庭人均可支配收入从3132元上升至15549.4元，两者之间的倍数从3.6扩大到5.9。

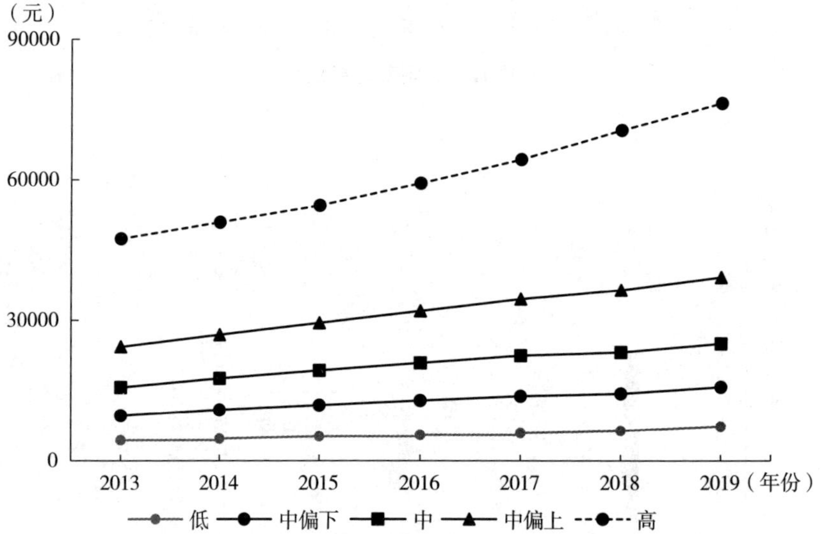

图43　不同收入水平居民人均可支配收入增长情况（2013—2019年）

资料来源：国家统计局。

三是城乡居民收入差距略有缩小，但财富差距有所扩大。近年来，我国农村居民收入增长总体快于城镇居民，2020年城乡居民收入比为2.6，仅比2013年的2.8下降了0.2（见表9）。据2018年的《中国家庭财富调查报告》，2017 年我国城镇家庭人均财富为 27.5 万元，较 2016 年增长了 14.46%；农村家庭人均财富为 8.4 万元，较 2016 年增长了 9.56%。在居民家庭财富构成中，住房是最大资产项，城镇家庭和农村家庭房产净值分别占家庭财富的 69.7% 和 51.3%。城镇商品房价格上涨成为城乡家庭人均财富差距扩大的主要原因。

表9　　2013—2020年城乡居民人均可支配收入

年份	城镇居民人均可支配收入（元）	农村居民人均可支配收入（元）	城镇/农村
2013	26467	9430	2.8
2014	28844	10489	2.7
2015	31195	11422	2.7
2016	33616	12363	2.7
2017	36396	13432	2.7
2018	39251	14617	2.7
2019	42359	16021	2.6
2020	43834	17131	2.6

注：从2013年起，国家统计局开展了城乡一体化住户收支与生活状况调查，2013年及以后数据来源于此项调查。与2013年前的分城镇和农村住户调查的调查范围、调查方法、指标口径有所不同。

资料来源：国家统计局。

四是边际消费倾向总体平稳，但城镇明显低于农村。我国居民边际消费倾向总体不高，2014 年至 2019 年维持在 0.6 ~ 0.8。2018 年，农村居民边际消费倾向达到 0.9，比 2014 年提高 0.1，但城镇居民的边际消费倾向总体低于农村 0.2 ~ 0.4（见图 44）。我国城镇消费占全部消费的 80% 以上，城镇居民家庭边际消费倾向偏低，不利于消费的持续扩大和升级。

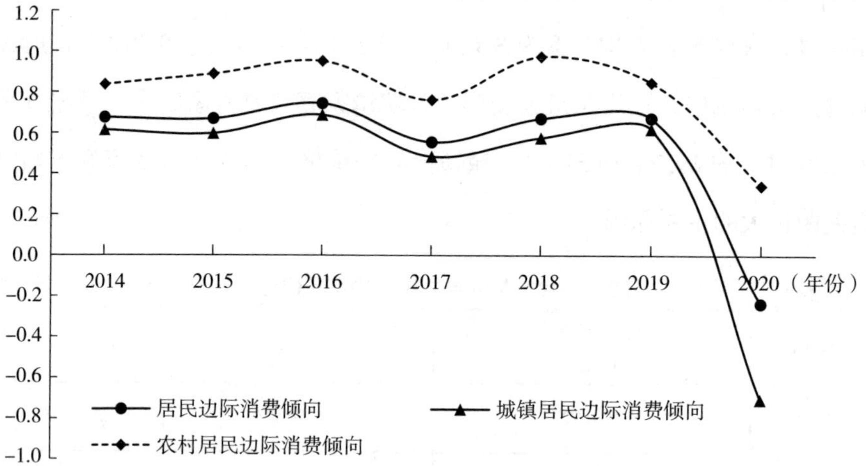

图44 城乡居民边际消费倾向变化情况

资料来源：根据国家统计局相关数据计算整理。

4. 社会保障体系仍不完善影响消费预期

当前，我国社会政策及社会保障制度仍不完善，居民为应对未来不确定性而增加储蓄，预防性储蓄动机仍然强烈，在一定程度上降低了即期消费。

社会保障制度建设滞后于城市化进程。社会福利分配基本以户籍人口为对象，外来人口特别是进城务工人员即便在本地居住、就业多年，也难以享受户籍居民的社会福利待遇，导致其消费行为与城市居民有很大差别，对消费的支撑促进作用很难充分发挥。

社会保障还未实现“全覆盖”。在中小企业工作的、劳动关系不稳定的人员或者流动性较强的农民工多数没有参保。2019 年，我国在职职工参加养老保险和基本医疗保险人数分别为 3.1 亿和 2.4 亿，工伤保险和失业保险参保人数分别为 2.5 亿和 2.1 亿，但是同期我国城镇就业人数为 7.5

亿[①]，大量的劳动者尚未进入社会保障体系。

社会保障体系尚不能完全满足基本公共服务需要，导致消费能力和消费意愿降低。中国人民银行发布的《2021 年第二季度城镇储户问卷调查报告》显示，倾向于“更多储蓄”的居民占 49.4%，近年来不断提升（见图 45）。随着人口老龄化以及生育政策的调整，如果相关公共服务能力和社会保障水平跟不上，那么预防性储蓄整体将继续增加，对消费的抑制作用将更加明显。

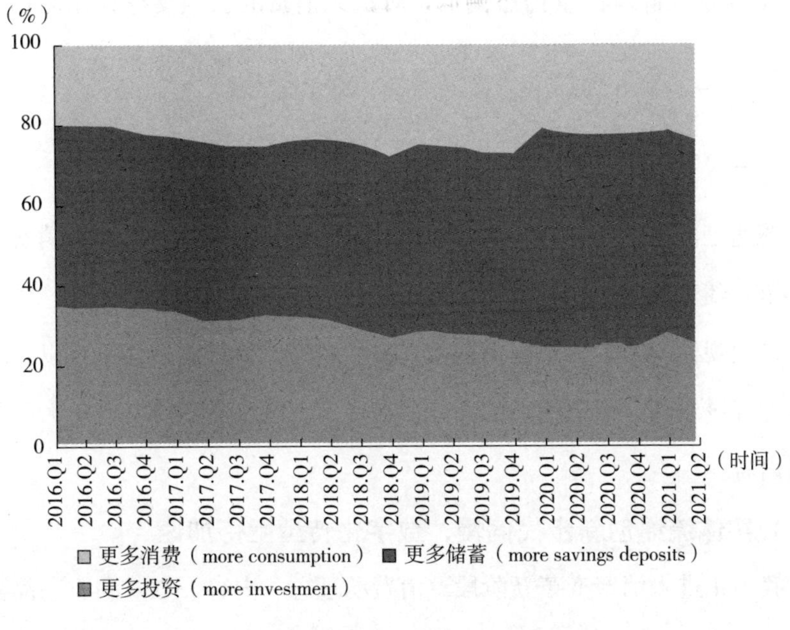

图45　近年来居民消费、储蓄、投资意愿变化

资料来源：中国人民银行调查统计司。

5. 中等收入群体比重偏低影响消费扩大和创新

中等收入群体是消费的主体力量，对改善型耐用品和服务具有旺盛

① 资料来源：国家统计局。

的消费需求，特别是对中高端商品和服务消费创新发挥重要的引领示范作用。

据测算，2018 年我国中等收入群体人数为 3.8 亿人，占总人口的比重为 27%[①②]。而日本和“亚洲四小龙”经济起飞后，中等收入人群比例提升到 60% 甚至更高。我国大约 1/3 的中等收入家庭的消费总额占到全部家庭消费总额的一半；而在美国，年收入在 5 万至 10 万美元的 4800 万个中等收入家庭（大约占家庭总数的 1/3）贡献了 75% 的消费支出[③]。总的来看，我国中等收入群体比重仍然偏低，对扩大消费的引领支撑作用难以充分发挥。

（三）流通体系转型升级滞后不利于畅通国内大循环

流通是国民经济循环畅通的关键环节，也是对接生产、服务消费的重要环节。随着我国进入工业化、城市化后期阶段和数字经济时代，大规模生产、大规模流通、大规模消费模式发生转变，传统流通体系难以在新阶段发挥促进创新、引领消费的功能，在一定程度上制约着有效扩大和更好满足内需。

1. 实体流通创新步伐偏慢，数字化转型亟待加速

我国正进入消费变革新阶段，消费的理念、内容、方式和业态都在发生深刻变化，而实体流通体系转型升级步伐相对滞后，传统场景、设施及服务供给难以匹配新消费需求。一是传统商业自有物业比例偏低、运营成

---

① 刘世锦：《中国经济增长十年展望（2021—2030）：新倍增战略》，中信出版社，2021年。

② 郑永年：《大变局中的机遇——全球新挑战与中国的未来》，中信出版社，2021年。

③ 迈克尔·R. 所罗门、南希·J. 拉博尔特：《消费心理学》（第2版），中国人民大学出版社，2014年。

本较高、专业人才不足，导致创新发展自我调节能力弱化，数字化智能化技术应用能力不强。二是新型流通设施应用不足。智慧物流和无接触配送体系建设、智能快件箱、社区 O2O 等终端设施布局不完善，智慧超市、无人店、可穿戴设备等还处在初期试运营阶段，新型消费体验场景还不够成熟。三是大数据、区块链、人工智能等技术的转化较少，消费新场景的应用和普及还不够。四是城市商业规划前瞻性和系统协调性不足，影响新业态发展。一些城市没有实现对商业规划的“多规合一”整合，土地、交通、商业等规划间缺乏协调，加之新载体新设施规划建设用地指标空间较少，新业态新场景难以实现集群化集聚化发展。

2. 城市引领消费创新功能有待增强，服务体系亟待丰富完善

城市是我国消费发展的主要支撑力量，大型中心城市成为消费创新升级的主引擎。近年来，我国城市消费创新升级步伐不断加快，但城市商业功能、城市商业核心区对消费的引领和承载功能亟待提升。传统商圈发展遇到瓶颈，业态雷同、交通拥堵、设施老化等问题影响城市商圈人气的集聚。大型商业综合体开发建设统一规划不足，具有消费集聚能力和创新引领功能、满足多样化消费需求的标志性商圈不足。大型城市商圈发展能级有待提升，在国内外更大范围的辐射能力还没有充分发挥。多数城市的中高端消费业态集聚度较低，不同业态的聚合联动不足，国际化消费资源不够丰富。

3. 农村流通体系不完善，城乡流通链条亟待打通

农村数字化建设偏慢，商业网点不健全，物流体系建设有待加强，尤其是“最后一公里”配送体系还比较薄弱，农产品进城和工业品下乡的流通渠道仍不畅通。城乡宽带接入用户数差距较大，2019 年农村宽带接入用户数为 13477 万户，仅为城市的 43%（见图 46）；乡镇快递服务的覆盖率是 97.7%，但到行政村一级仅刚超过 50%；农村电商基础设施和配套服务不足，仓储物流短板尤为突出，目前只有 40% 左右的农产品批发市场建有冷库，11% 配备了冷藏车，13% 有陈列冷柜[①]。与居民日常生活息息相关的公益性农产品批发市场、便利店、乡镇商贸中心等商业网点尚存在缺口。

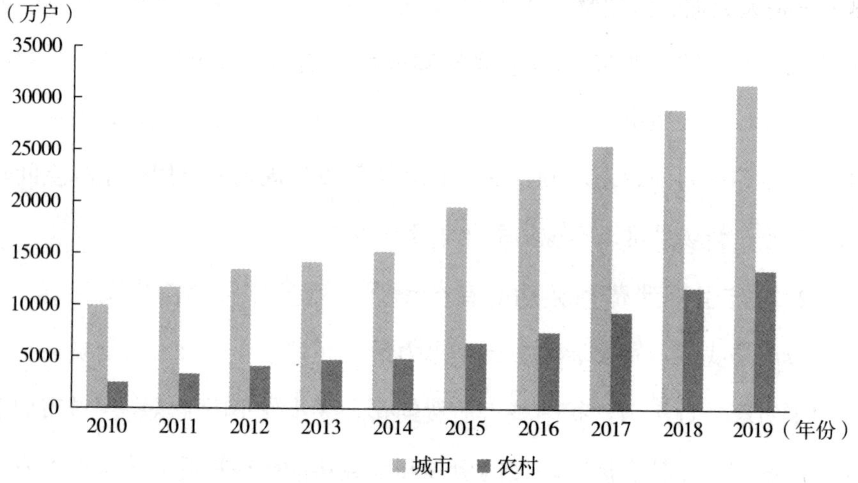

图46　我国城市和农村宽带接入用户数比较

资料来源：国家统计局。

4. 流通企业竞争力不强，对制造业升级支撑不足

工业化不仅是制造业发展升级的过程，同时也是整个经济体系各经济部门之间协调演进的过程。发达国家的工业化往往伴随着流通的发展与进化，形成相互支撑和促进的关系。英国第一次工业革命使其成为全球生产和贸易的枢纽，全球商业和物流体系的构建、功能的发挥，也成为维持工业体系运转和发展的重要支撑。日本的两次流通革命，加快了市场化和工业化的进程，统筹推进流通业与制造业的协调发展，并把“日本制造”推向世界。我国工业化进入中后期，尚缺乏强大的流通体系将不断变化的市场需求及时精

① 马晓河、刘振中：“农村基础设施和公共服务需要明确攻坚方向”，《中国党政干部论坛》，2020年第1期。

准传导到上游制造领域，服务于制造业的转型升级。目前我国90%以上的流通企业是分散的中小商户，2019年中国连锁百强的销售总额不足沃尔玛的70%，大中型流通企业中又多数是商业地产型、物业服务型、仓储运输型，真正具有自有品牌、自主渠道、全球竞争力的现代流通企业较少。

（四）适应内需发展新要求的制度环境有待完善优化

近年来，国家出台了一系列旨在扩大消费的政策措施，加快了相关体制机制改革创新。但适应新阶段现代化建设要求和内需转型创新的制度及体制机制仍有待完善，存在消费环境不健全、扩大内需政策不协调、社会政策不完善等问题，在相当程度上影响消费升级步伐和投资有效扩大。

1. 促进消费的制度环境有待优化

现行法律法规制度不适应消费新业态的发展要求。消费新业态新模式不断涌现，但在社交媒体、直播带货等领域相关法律法规还存在空白点。对于业态融合、产业融合、多元业务和复合场景的消费创新，现行准入和监管政策难以对经营属性、土地用途、归口管理和消防卫生等方面作出明确界定，造成审批难、定性难、经营难、监管难并存的局面。对于夜间经济、电竞游戏等领域，由于商务、交通运输、城管、消防、治安、防疫等部门监管目标相对单一化，部门之间缺乏协调，经常出现政策导向不明确、监管相互掣肘的情况。

相关标准体系和信用监督体系尚不健全，消费者权益难以有效保障。商品质量标准和售后评价体系，以及养老、家政、健康等服务消费领域相关标准的制修订明显滞后，消费维权程序复杂，消费纠纷取证难，消费维权渠道不畅。全民参与的社会监督机制缺失，信用体系未能实现全覆盖，全国性跨区域、跨部门、跨行业的信用信息共享共用机制尚未建立，企业诚信约束力较弱。2019年，全国消协组织受理的消费者投诉82.1万件，比“十二五”末（2015年）增长28.5%。服务投诉量达到41.5万件，已连续3年超过商品投诉量，比2015年增长了1.2倍。

部分消费领域的行政性限制不利于消费潜力释放。汽车、住房等消费领域还存在一些行政性限制，通过配额管理、许可审批、资格约束、监管规制等方式对消费购买行为进行调控和干预，制约了大宗和高端消费。汽车个性化美容及改装等需求十分旺盛，但在现行政策限制下仍处在灰色地带。当前我国汽车改装比例大约为5%，业务规模仅占后市场的3%，与美、日等发达经济体约80%的改装比例、40%的后市场份额相比差距明显①。

税收体系改革滞后于消费升级步伐。随着经济持续发展和消费不断升级，现行消费税税目中的一些高档消费品已日益普及，逐渐成为居民追求高品质美好生活的大众消费品。由于国内高档化妆品、高档手表等商品含税价格较高，造成很多高端消费外流。据统计，2019年我国出境旅游达到1.49亿人次，境外购物消费总额超过1.3万亿元，相当于当年我国社会消费品零售总额的2.6%。我国免税额度低、购物场所少，难以满足消费者的免税购物需求，2019年免税销售规模仅为545亿元②，相当于境外消费额的4.2%。在疫情影响下，中高端及奢侈品消费开始逐步回流，2020年免税销售增长较快，但市场规模也仅增加到670亿元，大量潜在中高端消费尚未被充分释放。

2. 扩大内需部分政策之间不相协调

互联网及平台经济的现代治理体系需加快完善。我国互联网平台企业体量庞大，拥有海量的数据资源，对我国治理体系的精细化、智能化、全域化水平提出了挑战。部分头部互联网平台企业出现垄断行为，损害公平

---

① 李书福：“规范汽车改装市场发展，促进汽车消费优化升级”，搜狐网，2019年3月3日。

② 前瞻产业研究院：《2021年全球免税行业市场现状与竞争格局分析》。

竞争，抑制行业创新。平台企业的数据使用行为、权属认定等问题还存在法律空白，数据作为高流动性、强配置能级的生产要素，无法商业化和资本化，数据市场对于国内市场的引导和服务功能远未显现。平台企业出现“大数据杀熟”、自我优待、泄露消费者个人信息及交易信息等问题，损害消费者利益。对互联网平台的金融业务的穿透性监管和标准化建设滞后，削弱了数字普惠金融的作用。

服务消费市场扩张和创新迫切需要加快制度型开放。以 OECD 开发的服务贸易限制指数（简称 STRI 指数）[①] 来看，2020 年我国除了建筑设计、工程咨询、铁路货运行业开放度略好外，其他服务行业的开放度与 OECD 平均水平相比存在一定差距，与先进国家 [②] 相比，服务业开放度的差距进一步拉大（见图 47）。我国在服务市场的限制性壁垒依然存在，医疗、教育、健康、文化等领域的高品质服务需求旺盛，但外资进入仍然存在限制，服务进口对服务消费需求的响应不足，国内企业对高品质服务的供给能力也跟不上，消费者对国内产品和服务信心不足，导致高端消费外流。

市场准入的隐性壁垒依然存在，区域分割对消费市场一体化发展形成障碍。连锁经营企业跨区域投资普遍面临属地法人注册和纳税的问题，非当地注册的连锁企业在审批立项、供地、环评等环节面临困难。监管规则

---

① 该指数是目前国际上衡量一国服务业开放度的客观评价指标，也是对提高一国服务业开放度的政策措施进行对标比较和情景模拟的有效分析工具。该指数取值为0～1，数值越小表示开放度越高。这些数值是根据最惠国原则（不考虑优惠贸易协定），综合不同国家在外资准入限制、人员流动限制、竞争壁垒、监管透明度、其他歧视性措施5个方面的法律法规信息赋分计算得到，涵盖38个OECD国家以及中国等10个新兴市场和发展中国家，涉及22个主要服务行业。

② 综合考虑OECD的STRI对样本国家服务业开放度的评价情况以及各国服务业竞争优势的差异，确定我国各服务行业扩大开放的标杆国家。具体来看，会计、影视、铁路货运、公路货运4个行业对标的是美国，广播、商业银行、批发零售、法律4个行业对标的是英国，空运、物流货物装卸、物流报关、物流货代4个行业对标的是法国，建筑设计、建筑、工程咨询、录音4个行业对标的是日本，计算机服务、保险、物流仓储3个行业对标的是韩国，邮政快递、电信2个行业对标的是德国，海运对标的是丹麦。

不统一，流通企业跨区域经营制度性成本高。部分监管规则不透明，执法尺度不一致，差异化、选择性执法情况依然存在。

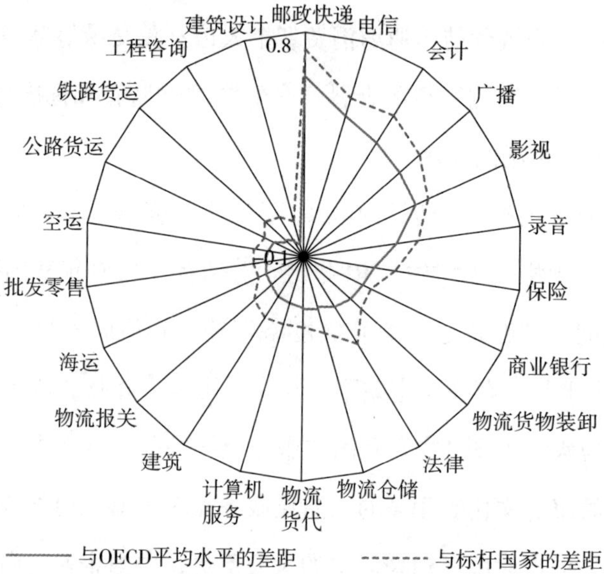

图47　2020年我国服务业开放度的国际比较

资料来源：根据OECD服务贸易限制指数（STRI）数据库计算整理而成。

金融机构促进消费、服务实体经济的功能有待提升。金融资源对居民消费的支持力度不够，消费信贷服务的可及性、普惠性、多样性有待提升，金融创新和金融科技发展中，诱导消费、侵害消费者利益等问题时有发生。金融监管政策的导向性有待增强，我国绿色信贷的资产质量良好，但绿色信贷仍然执行100%的风险权重，不利于降低绿色信贷支持项目的融资成本。金融服务中小企业存在短板，实体经济中的农户和民营的中小微企业，金融需求在国内以商业银行、股票市场、金融债券、风险投资等为主的金融体系中得不到充分满足[①]。服务业领域融资难融资贵问题更加突

① 林毅夫：《论中国经济：挑战、底气与后劲》，中信出版社，2021年。

出。例如，养老、托幼机构在组织形式、资产结构、盈利模式等方面存在的欠缺，很难满足金融机构授信准入的基础条件。

扩大内需政策需进一步加强协调。促进消费创新升级是一项系统工程，涉及面较广，需要有关政府部门协同发力。但从实践看，扩大内需特别是扩大消费往往只是少数牵头部门或试点地区的责任。例如，近期国务院批准的国际消费中心城市建设试点，主要是由商务部负责牵头、11个相关部委支持，具体由城市政府承担试点工作。目前商务部已经出台总体方案，5个试点城市都已经出台试点工作方案。但相关部门的一些支持政策，如签证制度、免退税政策、规划和土地支持政策、生活服务业开放政策等，仍难以落实。在疫情的影响下，实体商业、服务消费等线下聚集消费受到很大冲击。部分地方政府采取了一些过度防疫措施，部门之间也缺乏统筹协同，对商业主体的帮扶纾困政策也不够精准，既影响了实体商业主体的经营预期和信心，也降低了服务质量和消费者体验，对于消费潜力持续释放产生了不利影响。

3. 社会服务相关政策亟须完善

进入社会服务领域的实际门槛偏高。尽管很多政策文件已经明确要求降低社会力量举办养老、托育等社会服务机构的准入门槛，但在具体政策落实过程中，管理部门仍存在偏重事前审批监管、对事中事后监管重视不够的问题，有些部门为规避责任而坚持实施较为严格的准入标准。例如，托幼与养老机构的消防、托幼机构厨房面积等要求偏高，完全达标难度很大，社会资本进入仍然面临不少事实上的准入障碍。

社会服务行业发展不够规范。一些社会力量举办的服务机构运营不规范，难以获得消费者信任，也在相当程度上限制了服务消费增长。一些民营医院及民办托幼、校外培训、康养、家政机构偏重短期经济利益，加之行业标准缺失，存在虚假宣传、违规经营、过度诱导消费等问题，给民营机构造成不良社会影响。行业自律水平较低，政府监管深度不够，也进一步加剧了市场的不规范。

鼓励支持政策落实不到位。如用地保障不足，托育机构、幼儿园、养老机构等社会服务用地用房紧张、房租地租过高，大幅提高了运营成本。税费优惠落地难，比如很多养老服务机构连锁化经营，由于没有独立的法人注册，难以真正享受到税收优惠；水电气热收费等涉及多个收费部门，一些地方的优惠政策很难落实到企业。

公共投入和支出相对不足。义务教育、基本公共卫生和基本医疗等基本公共服务属于人力资本投资，具有较强的外部性，主要依靠公共投入。当前人民群众普遍急需的托育、学前教育定位于普惠性非基本服务，公共投入还比较少，主要由家庭付费。这些服务对于增加人力资本投资、应对劳动力供给下降也具有重要意义，尚需加大公共投入力度。

五、新发展阶段有效扩大和更好满足内需的思路与路径

进入新发展阶段，坚持扩大内需这个战略基点，有效扩大和更好满足内需，事关我国全面建设社会主义现代化国家的全局，是一项必须长期坚持的重大战略。应按照新阶段的发展要求，结合当前及未来以消费为主导的内需增长趋势，加快构建完整内需体系，探索形成内需发展新机制新路径，明确新阶段有效扩大和更好满足内需的战略重点，为加快构建新发展格局和推动高质量发展、扎实推动全体人民共同富裕打牢底座并提供强大内生动力。

（一）总体思路

锚定新时代社会主要矛盾，适应新发展阶段高质量发展新要求，顺应

消费结构升级和新技术革命发展新方向，着力构建全领域覆盖、全周期管理、全环节贯通和全要素支撑的完整内需体系，加快形成高效匹配、强力激发、加速创新和有序转型的内需发展机制，进一步拓展内需发展空间和优化内需结构，强化居民消费的主体地位和主导动力，发挥消费对经济发展的基础性作用，发挥投资对优化供给结构的关键性作用，促进供需更高水平动态平衡、国民经济循环畅通和“双碳”目标实现，为加快构建新发展格局和推动高质量发展、扎实推动全体人民共同富裕打牢底座并提供强大内生动力。

1. 着力构建以“四全”为主要特征的完整内需体系

全领域覆盖的内需体系，即实现对消费和投资、居民和企业、商品和服务、区域和城乡、市场与政府等需求领域的全覆盖，使各类内需成为相互支撑和促进的大系统。

全周期管理的内需体系，即针对消费者生命周期不同阶段、不同层次、不同类型的需求进行管理和调节，培育壮大和释放多样化、多元化、多层次消费，最大限度提升消费对扩大内需的主导作用。

全环节贯通的内需体系，即以消费为牵引和动力，打通生产、分配、流通、消费等环节，形成需求牵引供给、供给创造需求的更高水平动态平衡，实现经济良性循环，持续提升国民经济体系整体效能。

全要素支撑的内需体系，即健全各类生产要素由市场决定报酬的机制，加大人力资本投资，完善资金和数据要素市场功能，持续增强新要素对扩大内需的驱动力。

2. 加快形成“高效匹配、强力激发、加速创新、有序转型”的内需发展新机制

有效扩大和更好满足内需，必须针对新阶段人民群众对美好生活向往所孕育的巨大消费潜能以及出现的升级、提质、分化、创新、转型等新消

费趋势，加快形成“高效匹配、强力激发、加速创新、有序转型”的内需持续发展新机制，推动以消费为主导的内需增长格局更好更快发展。

高效匹配，就是要推动形成投资和消费、供给和需求、市场和政策之间的动态优化适配机制，建立需求牵引供给、供给创造需求的更高水平动态平衡机制，在更大程度上实现有效扩大和更好满足内需。

强力激发，就是要着力破解阻碍消费释放和投资有效扩大的堵点难点问题，建立市场激励与政策支持相结合的需求释放机制，为内需增长注入强大的市场动力和提供完善的政策环境，使潜在需求加快释放、稳步释放，在更高水平上实现有效扩大和更好满足内需。

加速创新，就是要抓住新一轮技术革命的创新机遇，加快形成促进消费创新的体制机制，带动产品创新、服务创新和生产方式创新，不断拓展投资空间，培育壮大新增长点，为有效扩大内需和更好满足内需注入新活力。

有序转型，就是要通过理念倡导、规划引导、构建激励约束机制等，有序促进投资和消费绿色转型，探索形成内需可持续发展的新模式。

（二）主要原则

新发展阶段有效扩大和更好满足内需，宜把握和遵循“四个坚持”。

一是坚持市场主导、政府引导。充分发挥市场在资源配置中的决定性作用，更好发挥政府作用，推动有效市场和有为政府更好结合。强化企业的投资主体地位，加快推进国内统一大市场建设，建立新型市场监管体系。充分调动地方政府积极性，形成中央和地方政策合力。

二是坚持立足当前、着眼长远。面对需求收缩、供给冲击、预期转弱的“三重压力”，进一步提振消费，促进有效投资加快发力，持续增强我国经济发展的内生动力。加快建立扩大内需有效制度，将扩大内需与调整经济结构有机结合。

三是坚持改革引领、创新驱动。形成扩大内需与改善民生、推进新型城镇化、优化产业结构的互动机制，倡导简约适度、绿色低碳的现代生活方式和消费模式，使超大规模国内市场建设成为一个可持续的历史过程。

四是坚持统筹供给侧结构性改革和需求侧管理。以供给侧结构性改革为主线，加快提升供给体系的韧性及对国内需求的适配性，以高质量供给满足不断升级的消费需求，持续释放内需潜力。注重需求侧管理的配套支持，发挥需求对供给的牵引作用，不搞“大水漫灌”，推动供给结构优化与总需求适度扩大的良性循环，提高国民经济体系整体效率。

（三）推进路径

在“十四五”期间，要紧紧围绕构建以“四全”为主要特征的完整内需体系的目标要求，加快探索形成高效匹配、强力激发、加速创新、有序转型的内需发展机制的新路径。

1. 以创新为引领，培育强劲的内需增长新动能

支持各类市场主体加强技术创新、管理创新和商业模式创新，提高投资和创新有效性，培育形成更多新产业、新业态、新模式，以品种丰富、品质提升、品牌培育为导向，增加优质中高端商品和服务有效供给，满足和创造不同群体不断升级的多样化、多层次消费需求。

有效扩大服务消费。进一步扩大文化、旅游、健康、医美、娱乐服务消费。提升养老育幼服务消费品质，推动家政服务数字化信息化智能化提质扩容，提高社区公共服务水平。提供多层次医疗健康服务，积极发展互联网健康医疗服务，大力推进分时段预约诊疗、互联网诊疗、电子处方流转、药品网络销售等服务。提升教育服务质量，有序发展公益性在线教

育，推动各类数字教育资源共建共享。引导实体经济开发数字化产品和服务，鼓励实体商业拓展电子商务、社交营销等新模式；建立健全“互联网+服务”及电子商务公共服务平台，消除弱势群体参与障碍，加快提升对接网络化数字化能力水平。

加快发展壮大新兴消费。推动线上线下融合消费双向提速，引导电商平台数据赋能，促进个性化设计和柔性化生产，培育定制消费、智能消费、信息消费、时尚消费等商业新模式。推动“单身消费”“陪伴经济”“首店经济”“绿色消费”等新兴消费。引导社区团购、直播电商等新服务新业态有序发展。鼓励地方创新夜间经济服务机制，加强夜间经济集聚区规划管理，增加夜游文化旅游项目供给。

大力培育发展“银发消费”。通过租赁试点、补贴、示范应用等方式促进老年辅具消费。扩大针对老年群体的服装、家电、智能穿戴等商品供给以及餐饮、旅游、健身、医疗、康养、出行、棋牌等服务供给，培育摄影、舞蹈、垂钓、书画、乐器、体育等培训服务，不断满足城乡老年群体的精神文化需求。

2. 以数字化转型为途径，为实现供需更高水平动态平衡提供新抓手

抓住新一轮科技革命和产业变革机遇，着力推进数字化从消费端向供给端延伸，从单点突破向全链条扩散覆盖，用好数据新生产要素，感应需求变化，弥补质量短板，突破标准瓶颈，建立产能灵活转换和快速响应机制，提升供给体系的适应性和创新力，以高质量供给满足和创造新需求，推动形成供需互促、产销并进的良性循环。

以国货消费为契机形成供求匹配新动力新途径。针对新能源汽车、消费电子、服装服饰、食品饮料、美妆个护等新国货新国牌热点领域，推进

"三品"（增品种、提品质、创品牌）升级战略，特别是提升国货品质、加强品牌建设。增强"中国品牌日"影响力，开展新国货专场购物节，增强国货消费舆论引导。支持企业以参股、换股、并购等形式与国际品牌企业合作，提高国货品牌的国际化运营能力。

打造数字化、智慧化、绿色化的现代流通体系。加强对港口、机场、铁路、公路等交通基础设施的现代化改造提升。加强电力、煤炭、液化天然气等能源基础设施建设。加快多式联运、冷链、城乡智能物流配送体系、智慧零售、社区商业、跨境电商海外仓等新型流通设施建设。构建"枢纽＋通道＋网络"的现代物流体系，完善国际航空货运网络，推动中欧班列从"点对点"向"枢纽对枢纽"转变，推动跨境公路运输发展，增强全球集货能力，优化海外仓布局。

以制造业提质升级提升投资效率和质量。依托我国超大规模市场和完备产业体系两大优势，加强自主创新产品应用。加快计算机、芯片的核心技术、材料和生产设备突破，提升产品的技术含量和附加值。积极发展工业互联网，加快推动数字产业化和产业数字化。提升大型企业工业互联网创新和应用水平，实施底层网络化、智能化改造，加快构建工业互联网平台，打造互联工厂和全透明数字车间。发展服务型制造，拓展研发设计、供应链金融、柔性化定制等增值服务。

提升农产品供给质量和水平。加快建立现代农业产业体系，推动发展数字农业和智慧农业，提高农业机械化智能化程度。加大对农产品产地分拣、加工、包装、预冷等一体化集配设施建设支持力度，加快公益性农产品批发市场、区域性物流配送中心、智慧菜市场、智能化配送终端等建设。引导和增强绿色、有机农产品种植，完善农产品生产流通诚信体系和可追溯体系，扩大绿色农产品市场供给。

3. 以中等收入群体为主力，夯实以消费为主导的内需持续增长基本盘

持续扩大中等收入群体规模，提高低收入群体人力资本，推动更多技术工人、高校毕业生、进城农民工等群体进入中等收入行列，托住中等收入群体中的脆弱人群。健全工资合理增长机制，进一步完善个人所得税制度。

全面深化户籍制度改革。完善城区常住人口500万以上的超大、特大城市积分落户政策，精简积分项目，确保社会保险缴纳年限和居住年限分数占主要比例。推动具备条件的地区在城市群或都市圈内开展户籍准入年限或积分同城化累计互认、居住证互通互认，试行以经常居住地登记户口制度。对暂不具备落户条件的农民工，依托居住证制度梯度赋权，依据居住证连续持有时间，逐步扩大公共服务项目。

加快推进基本公共服务均等化。明确常住人口享有城市教育、就业创业、社会保险、医疗卫生等基本公共服务。健全财政转移支付同农业转移人口市民化挂钩机制，继续推进并扩展义务教育等基本公共服务随人员流动可携带的政策，推动农村社保、医保和城镇居民社保、医保相互衔接。建立健全与地区常住人口规模相适应的财政转移支付、住房供应、教师医生编制等保障机制。

加大政府就业服务力度。对有劳动能力和就业需求的劳动力，持居住证可在常住地公共就业服务机构享受就业基本公共服务。全面加强劳动力职业教育培训，逐步将职业教育培训作为一项基本公共服务。

为更多低收入群体成为中等收入群体创造条件。继续推进城乡义务教育一体化发展，实现县域内校舍建设、师资配备、生均公用经费基准定额等标准统一。落实国家学生资助政策，保障家庭经济困难学生、残疾学生等的受教育权利。提高技术工人福利待遇和社会地位，让技术工人能够通

过自身的人力资本获得体面的薪酬待遇，破除身份差别，让技术工人能够享受同等的职业发展权利和发展机会。

4. 以青年群体为重点，培育壮大消费活力持续释放的“生力军”

发挥“90后”“00后”年轻群体的消费引领示范作用，为消费市场创新发展注入活力动力，培育更加丰富的青年消费细分市场体系，带动全社会消费的创新、升级和扩大。着力推动基于互联网平台的新型消费、升级消费发展，构建线上线下融合协同的消费生态。

进一步放大年轻群体对消费创新的引领作用。以年轻群体为目标客群，重点在新消费领域，加快产品服务、场景业态、消费模式以及供应链创新，放大新消费市场创新策源效应。通过消费创新，带动牵引相关领域投资，优化供给结构。加快大城市流通创新和新商业地标建设，使其成为提升城市商业创新力的核心内容。

合理释放年轻群体的信贷消费潜力。在规范消费信贷监管的基础上，进一步推动和鼓励消费信贷产品创新。针对年轻群体消费重点热点，支持金融机构和互联网平台企业依据消费者信用状况和消费内容，提供差异化的信贷产品，提高消费信贷精准性高效性，降低信贷违约风险。充分保护年轻群体合法权益，加强对年轻群体特别是大学生群体的信贷产品和信用风险培训，倡导理性、适度信贷消费。

促进小型家庭消费持续增长。面对家庭户持续小型化的发展趋势，围绕独居和小型家庭社会化、外部化、便利化的消费要求，促进网购、拼团购、外卖、“陪伴”、“夜间”等市场规模扩张，促进托育、家政、租赁等服务市场发展，提升对接“小而美”生活需要的供给能力和水平。

5. 以大型中心城市为核心，打造引领和扩大消费的重要增长极

加快推进以人为核心的新型城镇化。发展壮大城市群和都市圈，分类引导大中小城市发展建设，形成疏密有致、分工协作、功能完善的城镇化空间格局，着力推进基础设施建设互联互通，增强中心城市和城市群等发展优势区域的经济活力和人口承载能力。统筹生产、生活、生态三大空间布局，统筹城市布局的经济需要、生活需要、生态需要、安全需要，加快建设人与自然和谐相处、共生共荣的宜居城市。

加快培育国际消费中心城市。适应都市圈和城市群高质量发展的要求，强化区域内优势互补、协调联动，推动大型中心城市集聚更多中高端消费资源，为都市圈和城市群广大居民提供高品质的消费选择，使大型中心城市成为推动消费扩大和创新的主引擎。以大型中心城市为依托，加快打造对接国际消费市场的开放平台，增强对全球消费的集聚辐射力和资源配置力，提升我国在全球消费市场中的竞争优势。

构建城乡一体的消费体系。树立大消费观念，探索乡村消费的多功能性，打通形成城乡一体的消费体系。深化农村人居环境整治，营造消费新场景。在有条件的村庄特别是城市郊区，引入“乡创”“科创”和“文创”等，推进田园变花园、农区变景区、农房变民俗，为扩大乡村消费赋能提质。

6. 以绿色发展为契机，推动形成内需可持续发展新模式

落实2030年前碳达峰行动方案，增强全民节约意识，倡导简约适度、绿色低碳的生活方式和消费模式。完善绿色产品多元化供给体系，健全绿色产品认证与标识制度，建立消费领域多样化低碳场景和相关激励机制，促进形成绿色可持续的内需发展模式。通过体制机制和政策创新，加快促进共享及循环经济发展。

加快培育绿色低碳消费市场。在需求侧通过经济激励、法律规范、宣传引导等方式，引导居民消费行为绿色化；在供给侧加快产业转型，提升绿色产品服务供给水平和质量，在产品全生命周期协同推进绿色消费。

全链条打造绿色供求体系。鼓励绿色产品研发，完善绿色产品标准体系，丰富绿色产品和服务供给，降低绿色生产成本，提高绿色产品供给质量，为居民绿色消费提供更好体验和更多选择；扩大生产者责任延伸制度实施范围，加快出台标准以规范发展资源回收产业，提高资源利用效率。

六、新发展阶段有效扩大和更好满足内需的政策建议

围绕新发展阶段构建完整内需体系、有效扩大和更好满足内需的新要求新任务，需要深化供给侧结构性改革，强化消费促进政策和制度改革创新，做到供需双侧发力，进一步夯实扩大内需的制度基础，为稳定经济大盘和实现高质量发展提供坚实的内需支撑。

（一）深化供给侧结构性改革，加快形成有效市场供给

1. 进一步放宽市场准入

破除地方保护和市场分割，破除妨碍生产要素市场化配置和商品服务流通的体制机制障碍。简化企业生产经营审批和条件，以权利公平、机会公平、规则公平强化市场准入机制的公平性。进一步提升市场准入规则的透明度。完善市场准入负面清单动态调整机制和第三方评估机制，定期评估、排查、清理各类显性和隐性壁垒，推动“非禁即入”原则普遍落实。推进能源、铁路、电信等行业竞争性环节市场化改革。有序放开营利性的社会服务机构准入与运营限制，促进个性化、多样化服务提供，增加消费者的可选择性。

2. 促进各类市场主体公平竞争

加快建设全国统一大市场，破除市场分割，全面清理废除妨碍全国统一市场和公平竞争的存量政策，建立违反公平竞争问题反映和举报绿色

通道。消除市场主体歧视，保障企业充分参与竞争，完善市场主体退出机制。健全现代产权制度，加强数据、知识、环境等领域产权制度建设。加强反垄断和反不正当竞争执法，建立公平竞争审查抽查、考核、公示制度，建立健全第三方审查和评估机制。公办托幼、教育、养老等机构坚持公益性定位，强化保基本、兜底线职能，推广全成本核算，合理制定收费标准。承担公益性职能的民营普惠性机构，在支持政策上应与公办机构一视同仁；营利性的社会服务机构，应放开准入与运营限制，促进提供多层次、多样化服务。

3. 完善要素市场和深化价格形成机制改革

进一步理顺资源、要素和服务领域价格形成机制，充分反映市场供求实际情况。加强法治和社会监督，使各类所有制市场主体依法平等获取人力资源、资金、土地等生产要素和自然资源，着力破除阻碍要素自由有序流动的体制机制障碍，全面提高要素协同配置效率，构建更加完善的要素市场化配置体制机制。

探索完善数据要素市场体系，搭建全国统一的数据要素交易平台。完善公共数据开放共享机制，建立健全高效的公共数据共享协调机制，推进公共数据归集整合、有序流通和共享，形成公共数据共享、开放、运营服务、安全保障的管理体制，探索开展政府数据授权运营。建立健全数据流通交易规则，形成“原始数据不出域、数据可用不可见”的交易范式。规范培育数据交易市场主体，发展数据资产评估、登记结算、交易撮合、争议仲裁等市场运营体系，开展数据资产化服务。拓展规范化数据开发利用场景，推动人工智能、区块链、车联网、物联网等领域数据采集标准化。在金融、卫生健康、电力、物流等重点领域，探索以数据为核心的产品和服务创新，支持打造统一的技术标准和开放的创新生态，促进商业数据流通、跨区域数据互联、政企数据融合应用。加强数据安全保护，强化网络安全等级保护要求，推动完善数据分级分类安全保护制度，运用技术手段构建数据安全风险防控体系。

4. 以创新为导向促进增加高水平供给

完善与创新相适应的包容审慎监管机制，尽快明确资本“红绿灯”管理制度，科学界定互联网平台的主体责任和经营边界，降低政策模糊性，防止强监管政策效应叠加出现“合成谬误”，稳定市场预期和信心，促进资本作为生产要素的积极作用更好发挥。聚焦居民消费提质升级的新需求和针对“急难愁盼”问题，加快促进制造业向产业链中高端升级和服务业加快发展，有效利用政府购买服务等方式，拓展多样化供给渠道，支持社会力量增加教育、文体、医疗、养老、托育等有效供给。研究推进服务业质量立法，加快企业标准“领跑者”制度实施，培育特色鲜明的消费和服务品牌，不断提升供给品质。

（二）加快收入分配制度改革和优化社会政策，提升居民消费保障能力和水平

1. 提升就业质量，增加劳动者收入

把增加就业作为扩大内需的优先政策，实现扩大内需与增加就业的良性循环。建立就业影响评估机制，在调整实施重大政策、项目、工程时，对就业影响进行评估，制定涉及劳动者的分流安置方案。打破城乡劳动力市场分割，建立统一规范的人力资源市场。健全公共就业服务和终身职业技能培训制度，完善重点群体就业支持体系。建立促进创业带动就业、多渠道灵活就业机制，对就业困难人员实行托底帮扶。坚决防止和纠正就业歧视，营造公平就业制度环境。积极促进农民工就业，增加农村居民工资性收入。

2. 提高居民收入在国民收入分配中的比重

健全劳动者工资合理增长和支付保障机制，健全最低工资标准调整机制。改革完善公务员工资、事业单位工资、国有企业工资分配等制度，建立工资收入与当地经济发展、物价水平及社会平均工资水平等因素相适应的工资正常增长机制和动态调整制度。更大范围推进公务员聘任制试点，探索建立聘任制公务员工资制度。构建知识、技术、数据等创新要素参与收益分配的机制，发挥工资激励保障作用。完善股份制企业特别是上市公司分红制度。探索通过土地、资本等要素使用权、收益权增加中低收入群体要素收入。完善资本市场制度，稳定资本市场财产性收入预期，完善分红激励制度，建立健康透明的二级市场，切实维护中小投资人的利益。增加财富管理工具，拓展公募、保险等机构的投资途径，增加投资比例。形成完善的中介体系，提升商业银行、证券、保险、公募私募等金融中介机构服务能力，建立专业的居民金融服务体系。发挥慈善事业的有益补充作用，鼓励引导企业和高收入群体积极参与社会公益事业。

3. 完善多层次社会保障体系

坚持应保尽保，健全统筹城乡、可持续的基本养老保险和基本医疗保险制度，稳步提高保障水平。加快建立基本养老保险全国统筹制度。逐步扩大城镇职工养老保险对农民工和个体工商户群体的覆盖面，提高养老保障的整体水平。

综合参考社会平均工资增速、投资收益率以及期望寿命、老龄化速度等人口参数，按照精算平衡原则，定期调整缴费率和待遇给付，实现养老保险的长期可持续。根据资本市场的发育程度和发展水平，探索基金型商业养老保险的政策框架、产品开发、监管制度等，引导大型支柱企业、行业领先企业发展企业年金。

支持商业健康保险发展，加强核心数据平台与标准的建设，推动商业保险与医疗服务体系、基本医疗保险等数据共享与合作，开发适应市场需求的产品，提升服务水平。加快发展商业养老保险和健康保险，满足公众的多样化需求。

加快落实社保转移接续、异地就医结算制度，规范社保基金管理。进一步扩大城镇职工养老保险覆盖面，促进养老保险可持续。统筹完善社会救助、社会福利、慈善事业、优抚安置等制度。健全退役军人工作体系和保障制度。

4. 加快农民工市民化进程

推行农民工新型工匠培训计划。鼓励各类技工院校、职业学校、就业实训中心等开展农民工职业技能培训，给予其一定的财政补贴。对吸收农民工就业、安居较多的城市给予财政补助、基础设施投资等方面支持。落实以居住证为主要依据的随迁子女义务教育入学政策，确保居住证持有人在居住地依法享受义务教育。继续实施支援中西部地区招生协作计划、重点高校招收农村和贫困地区学生专项计划，增加农村地区、贫困地区、贫困家庭学生接受优质高等教育的机会。建设一批面向新市民的安居房工程。对于在城市稳定就业达到一定年限的农民工，在保障性住房上给予市民待遇。鼓励建设适合农民工租赁的住房，并逐步将公积金制度覆盖范围扩大到在城市中有稳定职业的农民工群体。

（三）完善消费促进政策，夯实扩大内需的制度基础

1. 大力提升消费平台支撑能力和水平

加强商业设施统一规划，精简流通创新项目行政审批程序，实施城市土地规划和使用属性动态管理，增加城市商业创新项目土地供应。严格执行小区初始规划，将房地产开发企业和物业企业占用并改变使用性质后经营获利的公共设施转用于社区商业、养老设施建设。支持各地在站址资源

获取、资金补贴等方面加大对5G网络的建设支持力度。

深入推进国企改革三年行动方案，积极引入民营资本参与城市更新和旅游设施建设，促进“商旅文娱会”融合集聚发展。支持各类市场主体进入养老服务市场，大力增加民办养老机构养老服务供给。

支持保险企业、物业服务企业等参与养老服务业发展。鼓励商贸企业面向社区老人开展形式多样的养老服务项目。鼓励商业银行探索向产权明晰的民办养老和托幼机构发放资产（设施）抵押贷款和应收账款质押贷款。更好发挥创业担保贷款政策作用，对从事养老和托幼行业并符合条件的个人和小微企业给予贷款支持。

将新国货品牌纳入“首发首秀首展首店”支持范围，提高品牌引进奖励，补贴、税收返还等政策向新国货品牌倾斜，鼓励引导线上新国货品牌拓展线下实体经营和业务布局，给予一定补贴或奖励。

2. 探索完善扩大消费的相关税收制度

在逐步提高直接税比重的情况下，从个人所得税、财产税、消费税等重要税种入手，完善相关制度设计，促进建立“低中收入者低税负、高收入者高税负”的格局。通过建立综合与分类相结合的征税模式、完善累进税率设计等一系列举措，增强个人所得税对居民收入分配的调节功能。探索以家庭为单位的个人所得税征收体系，适当加大税前抵扣力度，可考虑根据家庭实际支出情况，适当上调房贷利息、子女教育、健康医疗等专项附加抵扣标准，特别是加大房租房贷支出的税前抵扣力度，降低居民实际税收负担。

适时调整消费税征收范围和税率，将已成为大众化消费的商品从现行征收范围中调出或予以减税，缩小国内外价差，扩大税基，更好满足人民对高品质美好生活的需要，将高污染、高耗能商品和部分高档服务消费纳入征税范围，促进绿色、健康、理性消费。

在征管可控的前提下，将部分在生产（进口）环节征收的现行消费税品目逐步后移至批发或零售环节征收，拓展地方收入来源，引导地方改善消费环境。进一步落实跨区域经营商业连锁企业合并纳税政策，为促进连锁商业和服务企业拓展全国业务、提升盈利能力和竞争力创造良好条件。

3. 有序取消行政性限制消费购买规定

按照中央提出的“有序取消一些行政性限制消费购买的规定”要求，分步骤取消汽车限购，引导从购买管理转向使用管理；在完善法律法规、标准规范的基础上，进一步放宽汽车改装相关限制；逐步取消皮卡、自行式房车在进城、通行和露营等方面的限制。坚持“房住不炒”定位，平稳释放年轻消费群体自住型、改善性住房需求，进一步拉动装修、家电等消费需求。

4. 加快住房公积金制度改革

提高沉淀资金使用效率，释放新的居住消费需求。以租房、装修、加装电梯、节能环保改造等住房消费为优先切入点，以提取和支出环节为改革重点，加快推动公积金制度改革，拓展消费范围，提高提取和支付便利性。择机推广北京等城市租房消费试点经验，研究探索在有条件的城市试点公积金支持托育、大病医疗等类消费，加强公积金对养老支出的支持力度。

5. 强化消费者权益保护

建立健全适应消费新模式新业态发展的监管机制，监管规范平台垄断行为。完善多元化消费维权机制和纠纷解决机制。健全消费者公益诉讼制度，建立消费者集体诉讼制度，在诉讼程序、庭审过程、举证责任等方面加强对消费者的司法保护。完善小额消费纠纷司法程序，鼓励小额消费纠纷案件通过进入小额诉讼程序实现快速处理。完善消费纠纷在线解决机制，建立维权处理结果消费者反馈评价机制。强化民生商品和服务领域价格监管，维护市场价格秩序。强化消费信用体系建设，依法依规加强信用信息归集、共享、开放，健全守信联合激励和失信联合惩戒机制。加强利用数字化信息化技术，动态监控消费金融创新中的违规行为，有效维护消费者合法权益。

（四）加快制造业转型升级，促进投资和消费形成良性循环

1. 着力加强制造业企业创新转型能力建设

以满足居民消费升级需求为导向，出台优惠政策鼓励和支持中小企业加强技术研发、产业升级和进行数字化改造。成立产学研联合攻关联盟，给予研发资金补贴和人才引进财税优惠，加快突破核心技术、材料和设备短板。通过税费减免优惠和低息贷款等方式支持设立专业的科技服务型企业，缩短中小企业的研发周期，提升科技创新的效率。

2. 加快形成促进制造业企业优胜劣汰的市场机制

强化质量检验检测认证，严厉打击假冒伪劣产品，促进形成企业“优胜劣汰”的导向。加大对“僵尸企业”的处置力度，引导低效率企业逐步退出市场，引导资金和人才向优质企业流动。强化知识产权保护，营造各类所有制企业竞相发展的良好环境。强化契约精神，有效治理恶意拖欠账款和逃废债行为。

3. 通过进一步深化改革拓展有效投资空间

加大体制改革力度，合理扩大公共投资规模，增加公共投资前瞻布局和前期投入，创造消费市场，为社会资本投资消除制度性障碍和技术性壁垒，吸引私营企业增加投资。加强对投资权益的保护，进一步增强社会资本投资信心。

（五）扩大服务业制度型开放，强化国内国际双循环相互促进机制

1. 加快推进制度型开放

推动由商品和要素流动型开放向制度型开放转变，促进国内外要素资源的自由流动和高效配置。推动规则、规制、管理、标准与国际高标准规则和制度相衔接。推动更高层次的人才开放、基础研究开放、应用基础研究开放、共性技术开放、开发试验研究开放，推动金融创新和高端服务创新。完善涉外经贸法律和规则体系，健全外商投资国家安全审查、反垄断审查等制度。

2. 进一步扩大社会服务领域的对外开放

放宽投资准入限制，引进国外优质教育、医疗和养老服务资源，特别是职业教育、康复医疗、医疗美容等国外有优势，而我国又有较大需求缺口或供给瓶颈的服务领域。加大金融开放力度，丰富国内居民投资产品，拓宽投资渠道，提升行业竞争水平。

3. 打造开放平台和扩大优质特色商品进口

扩大与人民美好生活需要密切相关的优质商品进口。抓住世纪疫情吸引海外消费回流的机遇和窗口期，通过完善税收及消费环境配套体系，使部分回流消费稳定在国内实现。丰富免税零售场景，加强免税零售与城市规划、旅游产业发展规划、交通规划、内贸规划的统筹衔接。结合国际消费中心城市、自由贸易试验区以及海南自由贸易港等开放平台建设等，扩大与人民美好生活需要密切相关的中高端商品进口，大力发展免税零售业态，完善税收及消费环境配套体系，新设市内免税店。开发邮轮等巡游场景下的免税零售。分类降低免税购物限制，实现由“品类＋数额”转向以消费额为主的管理方式。增加全球优质商品供给，形成符合我国实际的免税消费品类清单。鼓励有零售经验或有国际品牌渠道的企业申请免税牌照，完善免税牌照管理准入和退出制度。

（六）加快补齐基础设施短板，促进内需潜力加快释放

1. 以数字化为导向加快建设新型基础设施

加快推进5G网络基站建设，促进物联网、人工智能、区块链、大数据、绿色环保等技术深度应用。构建全国消费大数据平台和监测体系，布局建设大数据中心国家枢纽。进一步增加城市充电站（桩）建设并优化布局，打造灵活多样的充电场景。加快推进下沉市场电力电信、充电加油、维修养护、物流配送快递等基础设施和配套体系建设。

2. 以城市化高质量发展为导向加快推动城市商业基础设施升级

以大型中心城市特别是国际消费中心城市为重点，加快传统商圈、商业街提档升级，建设具有全球影响力的标志性、智慧型商圈。结合城市更新，完善城市休闲空间、综合交通枢纽商业设施，开放城市地下空间。

3. 以县城为核心着力提升农村地区消费供给能力和水平

适应农村市场发展的新要求，打造形成以县城为核心，以城带镇、以镇连村、县乡联动的新型农村消费格局。重点完善县域商业设施布局，改造提升农贸市场、增设便利店网点，促进县乡村商业网络连锁化发展。采取梯次推进的方式，完善农村物流基础设施体系，构建县、乡、村三级网络体系，尤其要完善农村“最后一公里”物流网络，健全连接县城和村镇的主干道路和物流网络，保障县城到农村的流通渠道畅通。加快布局配置前置仓、共同配送中心、冷链设施，满足县城居民即时性的消费需求。

4. 以促进服务消费为重点，加快补齐民生基础设施短板

研究取消养老机构设立许可，完善养老设施和服务监督管理办法。鼓励嵌入社区的养老机构为居家养老者提供在宅专业护理、紧急救援等服务。同时积极探索家庭养老床位，延伸养老机构的专业服务。加大居家适老化改造力度，通过政府购买、补贴等方式，为经济困难的失能、高龄和独居老人配置适老化设施和用品。将PPP（Public-Private Partnership，政

府和社会资本合作）模式引入小区改造，增加社区文化、健身、商业设施供给。加快落实支持城镇老旧小区居民提取住房公积金用于加装电梯等自住住房改造政策。加强普惠性、兜底性、基础性民生设施建设，为无力进城、留守农村、能力较弱、收入较低的人口，特别是老人、儿童等提供社会服务保障。

（七）完善绿色消费制度，推动形成绿色健康消费风尚

1. 为绿色低碳生产消费提供制度保障

将绿色生产消费重要领域和环节纳入法律法规，明确违法行为及违法惩罚条款，为绿色消费提供法治保障。进一步完善绿色标签制度，加快探索构建碳足迹核算体系，建立碳足迹标签，为家电、汽车等工业品提供绿色标签，引导消费者更方便选择绿色产品。探索碳核算和交易逐步从生产领域向消费领域延伸，建立个人碳账户，将商品消费及出行等服务消费纳入个人账户，其积分可用于税收抵扣、个人征信以及评价参考等用途。

2. 增加对绿色产品服务消费的补贴和激励

重点强化对绿色家电、绿色住宅和新能源汽车消费的补贴。鼓励相关社会团体制定家电安全使用和更新换代的团体标准，促进相关标准有效实施，推动超龄大家电绿色化智能化更新换代。在购买环节根据产品标准进行补贴，或将其以年度为周期纳入个人所得税抵扣项目。通过换购新能源汽车补贴、信贷贴息、电费奖励等方式，引导新能源汽车加快普及；依据节能家电的环境效益，各地政府对购买节能家电适当给予一定补贴；适当提高绿色消费信贷额度，鼓励购买绿色产品；倡导可循环重复利用、再制造、闲置物品流通交易和消费，规范二手市场秩序和信用体系建设，鼓励互联网平台企业发展二手商品交易业务；在规范发展的基础上，进一步推进共享经济发展。

3. 明确政府绿色采购义务

借鉴发达国家鼓励或强制推行的绿色产品采购政策，明确各级政府及央企国企的绿色采购义务，通过增加对新能源汽车、零碳供应链及绿色商品和服务的政府采购，加强审计监督和第三方评估，形成社会引导示范效应。

（八）加快新技术应用推广，打造消费数字化创新转型新动能

1. 加快推动新一代信息技术在消费中的创新应用

加快数字技术应用与推广，打造5G技术应用示范商圈、智慧街区和企业，以科技赋能引领新型消费发展，丰富“互联网+”消费新体验，利用大数据、VR等技术加速数字消费场景落地。

2. 推动数字消费新业态新模式持续健康发展

推动商贸、餐饮、住宿、交通等传统行业数字化运营管理，强化线上线下融合，着力发展商旅文体融合的服务业态，打造多样化场景，以技术优势促进效率提升。发挥平台及第三方专业运营机构作用，开展整体智能化升级和长期运营管理。进一步促进电子商务网络下沉，以新业态、新模式、新场景发展激活农村消费市场。鼓励互联网电商平台与国际免税龙头企业合作，抢占全球免税零售市场。

3. 加强从业人员技能培训

畅通培训补贴直达企业和培训者渠道，完善人才培养激励机制，将动态发布的新职业及时纳入职业培训补贴范围。完善灵活就业人员社会保障，不断提高各类消费产业发展能力。

（九）健全完善统计体系，客观准确反映内需发展新特点新动向

1. 探索建立适应内需发展新要求的统计体系

建立健全涵盖商品消费和服务消费、限上企业和限下企业、线上消费

和线下消费的统计体系，减少缺失、漏统、重复等情况，为宏观决策和市场分析提供客观、及时、准确的数据支撑。

2. 加快试点采用市场租金对住房消费进行核算

率先在租赁市场发达的人口净流入城市试点采用市场租金方法核算自住房的住房消费，完善住房服务业增加值核算，提高其国际可比性。

3. 积极利用大数据推进消费统计创新

利用各类消费互联网平台大数据，丰富和完善消费统计数据来源，构建新型监测指标，及时准确反映消费及内需发展新趋势新特征。

参考文献

[1] 习近平. 论把握新发展阶段、贯彻新发展理念、构建新发展格局[M]. 北京：中央文献出版社，2021.

[2] 刘鹤. 加快构建以国内大循环为主体、国内国际双循环相互促进的新发展格局[N]. 人民日报，2020–11–25（06）.

[3] 马建堂. 奋力迈上共同富裕之路[M]. 北京：中信出版社，2022.

[4] 马建堂. 新发展理念是做好新时代经济工作的根本指针[M]. 北京：人民出版社，2022.

[5] 马建堂. 党领导我们奋进在伟大复兴道路上[M]. 北京：中国发展出版社，2021.

[6] 谢伏瞻. 论新工业革命加速拓展与全球治理变革方向[J]. 经济研究，2019（07）：4–13.

[7] 韩文秀. 加快构建新发展格局[N]. 人民日报，2021–12–10（09）.

[8] 江小涓，孟丽君. 内循环为主、外循环赋能与更高水平双循环——国际经验与中国实践[J]. 管理世界，2021（01）：1–19.

[9] 王一鸣. 中国城镇化进程、挑战与转型[J]. 中国金融，2010（4）：32–34.

[10] 王微. 新消费：为新发展格局注入强大新动能[R]. 中国发展高层论坛2021年年会背景报告.

[11] 王微. 坚持扩大内需这个战略基点，促进中国经济行稳致远[J]. 清华金融评论，2021（04）：30–33.

[12] 王微，邓郁松等. 大型城市群住房体系与政策[M]. 北京：中国发展出版社，2021.

[13] 王微，王青，刘涛等. 国际消费中心城市：理论、政策与实践[M]. 北京：中国发展出版社，2021.

[14] 王微，王青，刘涛等. 消费性服务业新阶段：发展实践与改革创新[M]. 北京：中国发展出版社，2017.
[15] 邓郁松等. 中国住房市场趋势与政策研究2020—2050[M]. 北京：科学出版社，2019.
[16] 王青，刘涛. 科学把握消费领域的深刻变革[N]. 经济日报，2019-05-22（12）.
[17] 王青. 建立扩大内需有效制度的导向与思路[N]. 经济日报，2021-02-08（10）.
[18] 任兴洲，王微，王青等. 新时期我国消费新增长点研究[M]. 北京：中国发展出版社，2014.
[19] 李建伟，周灵灵. 中国人口政策与人口结构及其未来发展趋势[J]. 经济学动态，2018（12）：17-36.
[20] 金三林. 内需增长的支撑：农业转移人口消费特点及发展趋势[M]. 北京：中国发展出版社，2014.
[21] 国务院发展研究中心课题组. 农民工市民化对扩大内需和经济增长的影响[J]. 经济研究，2010（06）.
[22] 国务院发展研究中心市场经济研究所课题组. 北京市服务业及服务贸易开放度评价研究（工作报告）[R]，2020.
[23] 国务院发展研究中心社会发展研究部课题组. 健康老龄化：政策与产业双轮驱动[M]. 北京：中国发展出版社，2019.
[24] 国务院发展研究中心课题组. 民生为本：中国基本公共服务改善路径[M]. 北京：中国发展出版社，2012.
[25] 国务院发展研究中心课题组. 中国民生调查2020[M]. 北京：中国发展出版社，2021.
[26] 诺克斯等. 城市化：城市地理学导论[M]. 北京：电子工业出版社，2016.
[27] 高培勇，袁富华，胡怀国等. 高质量发展的动力、机制与治理[J]. 经济研究参考，2020（12）：4-19.
[28] 李扬，殷剑锋. 中国高储蓄率问题研究——1992—2003年中国资金流量表的分析[J]. 经济研究，2007（06）：14-26.
[29] 樊潇彦，袁志刚. 我国宏观投资效率的定义与衡量：一个文献综述[J]. 南开经济研究，2006（01）：44-59.
[30] W.W. 罗斯托，王松茂译. 经济增长的阶段[M]. 北京：中国社会科学出版社，2012.
[31] 第一财经商业数据中心. 全国小家电线上市场发展报告[R]. 2018.
[32] 美团研究院. 2019年及2020年上半年中国外卖产业发展报告[R]. 2020.
[33] 艾瑞咨询. 2021年中国宠物消费趋势白皮书[R]. 2021.
[34] 艾瑞咨询. 2021年中国生鲜电商行业研究报告[R]. 2021.
[35] 阿里研究院. 2020中国消费品牌发展报告[R]. 2021.
[36] 王美艳. 新生代农民工的消费水平与消费结构：与上一代农民工的比较[J]. 劳动经济研究，2017（05）：107-126.
[37] 杨汝岱，周靖祥. 户籍转变与身份融合：来自CFPS的证据[J]. 消费经济，2017，33

（1）：18–30.

[38] 陈斌开等. 理解中国消费不足：基于文献的评述[J]. 世界经济，2014，37（7）：3–22.

[39] 高尚. 我国制造业中长期融资约束分析与对策研究[J]. 现代金融导刊，2020（5）：4.

[40] 胡君，郭平. 融资异质性如何影响中国制造业企业创新模式选择[J]. 商业研究，2019（01）：10.

[41] 梁红，张宇. 房地产金融发展的困境与破解[J]. 新金融评论，2020（03）：16.

[42] 马骏. 降低绿色资产风险权重[J]. 中国金融，2018（20）：2.

[43] 戚义明. 改革开放以来扩大内需战略方针的形成和发展[J]. 党的文献，2009（04）：34–41.

[44] 易纲. 再论中国金融资产结构及政策含义[J]. 经济研究，2020（03）：14.

[45] 中国人民银行调查统计司课题组. 2019年中国城镇居民家庭资产负债情况调查[J]. 中国金融，2020（09）.

[46] 中国人民银行调查统计司课题组. 我国金融业增加值规模较大的原因和效果[N/OL]. 金融时报，2019–02–22.

[47] 中国人民银行太原中心支行课题组. 对我国金融业增加值占GDP比重的判断与思考[J]. 华北金融，2017（4）：34–38.

[48] 中金公司研究部，中金研究院. 碳中和经济学[M]. 北京：中信出版社，2021.

[49] 国家发展和改革委员会. 2017年中国居民消费发展报告[M]. 北京：人民出版社，2018.

[50] 中国环卫在线新闻组. 2019年中国垃圾分类发展状况：中转站、回收网点建设的市场规模将超200亿元[R]. 2019.

[51] 国家信息中心分享经济研究中心. 中国共享经济发展年度报告（2021）[R]. 2021.

[52] AECOM. 2020中国医疗旅游前瞻报告[R]. 2020.

[53] 北京大学中国教育财政科学研究所. 2017年中国教育财政家庭调查[R]. 2017.

[54] 陈卫民，施美程. 人口老龄化促进服务业发展的需求效应[J]. 人口研究，2014，38（05）：3–16.

[55] 丁文珺，张铮. 消费升级下服务业发展的趋势、挑战与转型路径[J]. 学习论坛，2020（05）：32–40.

[56] 郭清. 中国健康服务业发展报告2019[M]. 北京：人民卫生出版社，2019.

[57] 姜长云. 生活性服务业现状、问题与“十四五”时期发展对策[J]. 经济纵横，2020（05）：87–99+2.

[58] 厉亚，潘红玉. 改革开放以来消费升级与进一步促进消费的对策[J]. 财经理论与实践，2019，40（03）：101–106.

[59] 前瞻产业研究院. 2021—2026年中国康复医疗行业发展前景与投资预测分析报告

[R]. 2020.

[60] 王蓉. 中国教育新业态发展报告（2017）：基础教育[M]. 北京：社会科学文献出版社，2018.

[61] 辛本禄，刘燕琪. 服务消费与中国经济高质量发展的内在机理与路径探索[J]. 南京社会科学，2020（11）：16–23+48.

[62] 中国药品监督管理研究会. 医疗器械蓝皮书：中国医疗器械行业发展报告2021[M]. 北京：社会科学文献出版社，2021.

[63] 中国银行课题组. 国内国际双循环大格局下居民消费研究及扩大居民消费的政策建议[J]. 国际金融，2020（10）：3–32.

[64] OECD，Expenditure by disease，age and gender under the System of Health Accounts (SHA) Framework: Current health spending by age.

[65] Garnaut et al., The Emerging Private Enterprise in China，The National University of Australia Press，2001.

[66] Kellerman A.，U.S. Nationwide trends in metropolitan retail trade: A perspective of the mid 1980s，1988.

执笔人：王微　王青　刘涛　王念　陈丽芬

专题报告一

新发展阶段内需增长的主要动力来源和前景

改革开放以来特别是党的十八大以来，我国内需规模持续扩大，已成为稳定经济大盘和拉动增长的主动力，14 亿多人口形成的超大规模市场优势凸显，以消费为主导的发展格局基本形成，创新驱动发展的内生动力明显增强，对经济增长的支撑促进作用日益强劲。进入新发展阶段，我国以消费为主导的内需增长空间广阔，不仅体现在追赶发达经济体的消费梯次升级上，还反映在与发达经济体同步甚至领先的消费创新上。其中，收入水平提升与中等收入群体规模扩大、人口年龄及家庭结构变化、城市化高质量发展、数字技术赋能、绿色发展将成为主要驱动因素。总体上看，新发展阶段消费升级和创新的动力强劲，促进内需增长的关键在于以消费牵引和拉动投资，通过有效投资满足和创造消费需求，实现消费和投资的良性互促。

一、以消费为主导的内需增长空间广阔

与主要发达经济体相比，我国消费仍有很大的追赶和提升潜力，特别是服务消费将成为居民消费的主要增量来源。同时，我国在消费内容、消费人群、消费方式、消费市场格局等方面呈现出不同以往的深刻变革，一系列结构性因素将推动消费加快创新升级，由此带来可观的投资需求潜力。

（一）消费率及对经济增长贡献率有较大提升空间

从发达经济体发展历程看，最终消费占 GDP 比重随人均 GDP 的提高呈现“U”形走势，进入工业化后期阶段，消费率开始稳步上升（见图 48）。近年来，我国消费率已处于回升期，2020 年达到 54.7%，比 2010 年最低点提高 5.4 个百分点，最终消费对经济增长的贡献率连续多年保持在 50%以上。“十四五”时期，我国人均 GDP 预计将从 14000 国际元[①]提高到 17000 国际元，参照发达经济体相近的人均 GDP 水平，2025 年我国消费率将达到 60%左右，最终消费规模约为 90 万亿元。参考发达经济体在这一收入阶段消费对经济增长的平均贡献率（见图 49），“十四五”我国消费对经济增长的贡献率有望稳定在 60%以上。

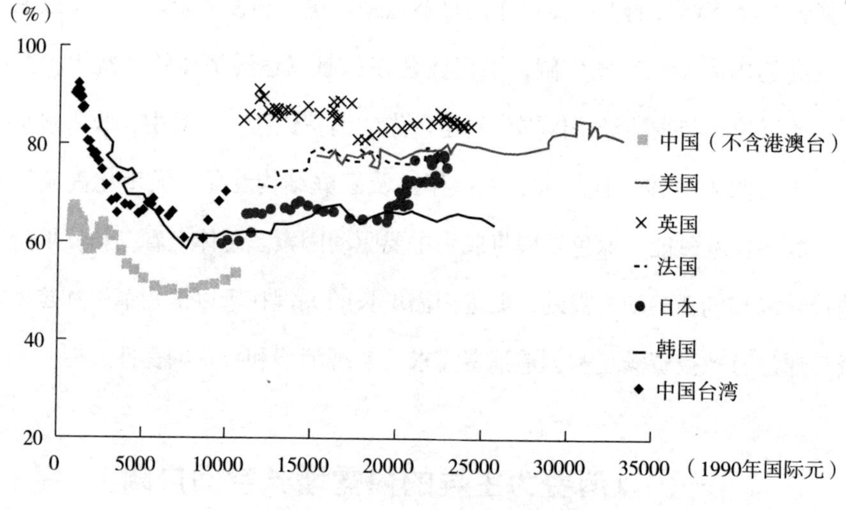

图48　人均GDP与消费率的关系

资料来源：国务院发展研究中心、法国统计局、荷兰格罗宁根大学增长与发展中心、CEIC、Wind。

① 英国经济学家安格斯·麦迪森以1990年美元为基准水平，采用购买力平价和国际多边比较的方法，创造了“1990年国际元”的概念作为衡量经济总量和人均收入的单位，简称国际元。

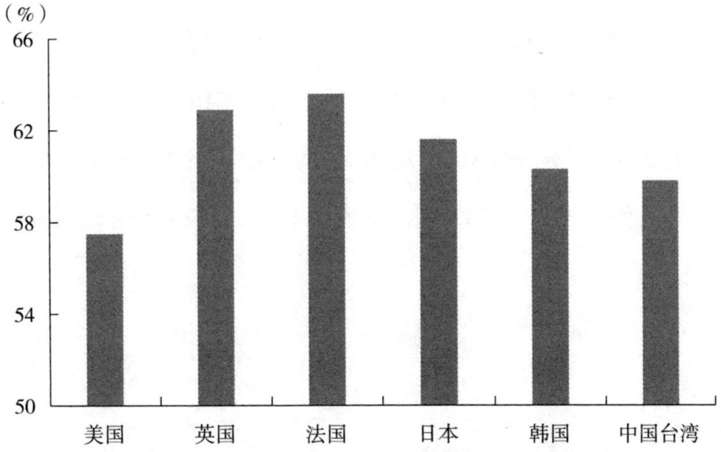

图49　发达经济体消费对经济增长的平均贡献率

注：该图为发达经济体人均GDP在14000~17000国际元时的情况。美国数据为1966—1976年，英国数据为1985—1994年，法国数据为1978—1989年，日本数据为1982—1988年，韩国数据为1999—2003年，中国台湾数据为1996—2002年。

资料来源：国务院发展研究中心、法国统计局、荷兰格罗宁根大学增长与发展中心、CEIC、Wind。

（二）消费提质升级的追赶潜力大

一是服务消费将成为居民消费的主要增量来源。从发达经济体发展历程看，居民服务消费占整个消费支出的比重呈逐步上升趋势（见图50）。

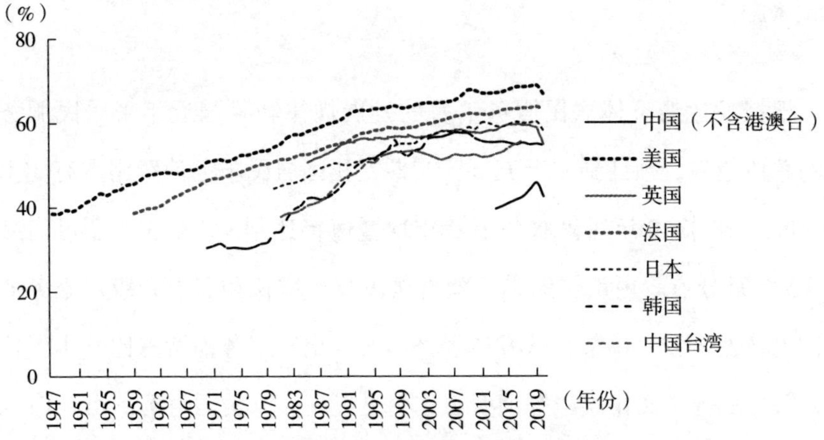

图50　典型经济体服务消费比重的变化

资料来源：国务院发展研究中心、法国统计局、荷兰格罗宁根大学增长与发展中心、CEIC、Wind。

比较不同发展阶段，当人均 GDP 为 14000 国际元左右时，6 个发达经济体的居民服务消费比重平均为 49%；当人均 GDP 达到 17000 国际元时，居民服务消费比重明显提高，平均为 53%（见图 51）。对比来看，2019 年我国居民服务消费比重为 45.9%，受疫情影响，2020 年居民服务消费比重回落到 42.6%。

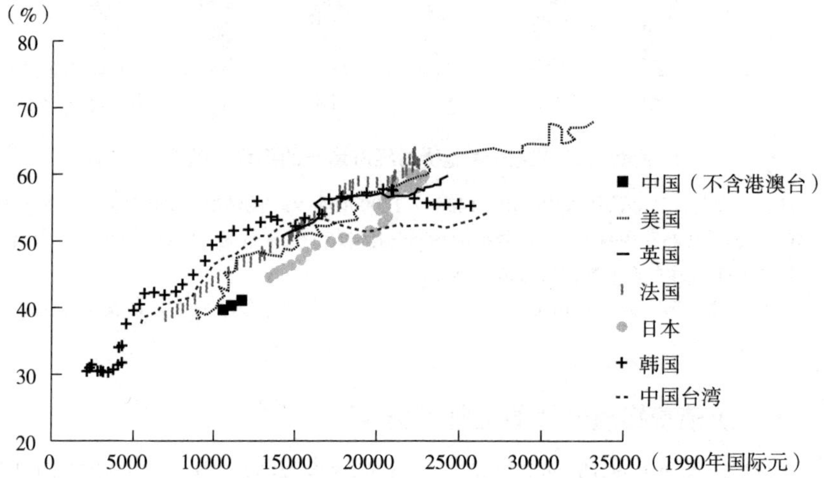

图51　人均GDP与服务消费比重的关系

资料来源：国务院发展研究中心、法国统计局、荷兰格罗宁根大学增长与发展中心、CEIC、Wind。

根据发达经济体居民服务消费的发展规律和我国近年来居民服务消费的总体趋势，预计到“十五五”初期，我国居民服务消费比重有望上升到 50%，未来 10 年居民服务消费年均增速将达到 9%左右，超过商品消费 2.5 个百分点。更重要的是，随着居民收入增长和需求升级，服务消费结构也将发生较大调整。从发达经济体看，出行服务消费占比基本保持稳定，医疗保健、文化娱乐等消费占比明显提高。以美国为例，当人均 GDP 为 14000 国际元时（1966 年），居民出行服务消费占整个消费支出的比重为 2.7%，2020 年为 2.6%，变化很小，医疗保健消费的占比从 6%大幅攀升到2020年的16.4%，文化娱乐消费的占比从2%提高到2020年的3%。可以预见，未来我国居民消费中医疗保健、文化娱乐的占比将进一步提升，成为服务消费的主要增长点。

二是耐用品消费结构升级带动增长的潜力可观。从发达经济体发展历程看，居民耐用品消费占整个消费支出的比重总体呈逐步下降的态势（见图52）。当人均GDP达到较高水平时，耐用品消费需求增长主要体现在结构变化上，由增量扩张驱动转为存量调整驱动。特别是在汽车、住房等消费方面，居民更多选择高品质、高附加值的商品以满足置换升级需求。以汽车为例，目前我国居民购车开始从增量消费转向存量消费，置换价格上涨明显，但置换率只有10%～20%，与美国43.7%的置换率[①]相比还有很大提升潜力。

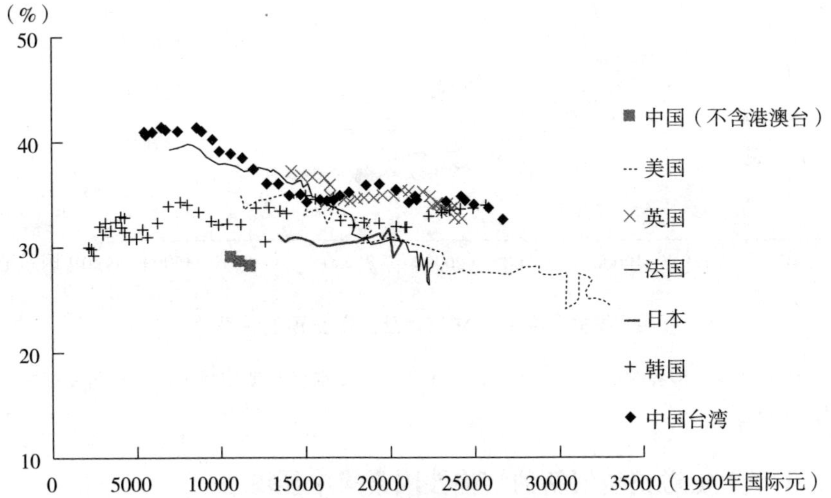

图52　人均GDP与耐用品消费比重的关系

资料来源：国务院发展研究中心、法国统计局、荷兰格罗宁根大学增长与发展中心、CEIC、Wind。

① 58同城汽车研究院：《汽车存量市场消费趋势洞察报告》，2020年。

三是健康食品消费升级空间较大。进入高收入阶段，发达经济体居民食品消费占全部消费支出的比重下降趋势放缓，并呈现逐步趋稳的特征（见图 53）。但在食品消费结构中，居民对高品质健康食品的需求增长明显。20 世纪 70 年代以来，美国提出“适度饮食”理念，倡导总体上的均衡营养，优先选择高营养密度的食物和饮料，在达到膳食营养素参考摄入量的同时保证总能量摄入适宜。从我国来看，居民食品消费逐步从“吃饱”转向“吃好”，随着人均 GDP 水平的提高，未来将更加注重吃得营养、新鲜、安全，满足营养均衡的健康食品将是消费升级的重点领域。

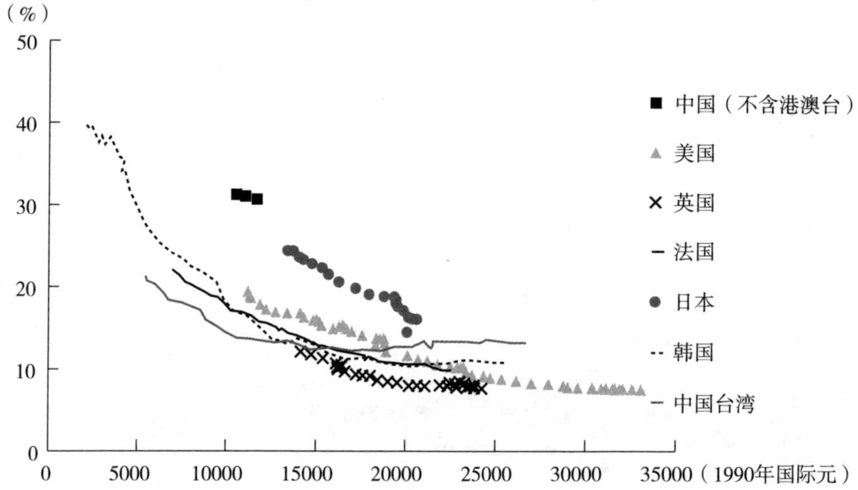

图53 人均GDP与食品消费比重的关系

资料来源：国务院发展研究中心、法国统计局、荷兰格罗宁根大学增长与发展中心、CEIC、Wind。

（三）促进消费创新的结构性因素集中显现

进入新发展阶段，我国经济发展将集中出现一些新的结构性变动因素，特别是收入水平提升与中等收入群体规模扩大、人口年龄及家庭结构变化、城市化高质量发展、数字技术赋能和绿色发展将成为推动消费创新发展的主要动力（见图 54）。

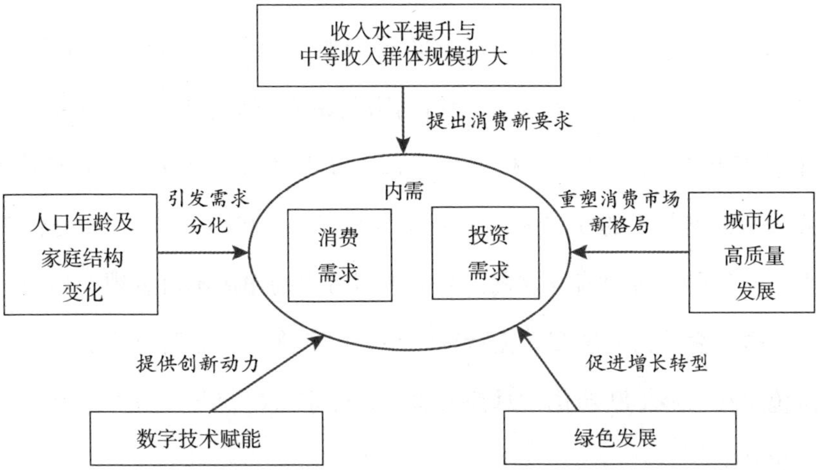

图54　新发展阶段我国内需增长的主要驱动因素

第一，收入水平提高与中等收入群体持续扩大对消费升级提出新要求。从发达经济体的经验看，跨越高收入门槛时期是国民收入水平稳定提升和中等收入群体规模扩大的关键阶段。以日本、韩国和中国台湾为例，当人均 GDP 处于 10000 ~ 17000 国际元时，进入中等收入群体的人数保持相对较高的年均增长率，此后年均增长率整体回落并基本稳定。中等收入群体通常具有较好的教育背景，收入水平、边际消费倾向较高，具有享受更高品质消费和新型生活方式的能力和意愿，是迈向高收入阶段扩大消费的主力，也是消费升级和创新的引领者。从全球来看，我国的中等收入群体规模最大，也最具成长性，截至 2018 年已达到 3.8 亿人，相比 2013 年增长 9200 多万人，占总人口的比重为 27%，比 2013 年上升 6 个百分点[①]。

第二，人口年龄及家庭结构变化使消费需求日益分化。2020 年，我国

① 采用2018年国家统计局对中等收入群体的划分标准，即典型三口之家年收入为10万 ~ 50万元（2018年价格），10万元以下的家庭为低收入群体，50万元以上的家庭为高收入群体。数据结果来自北京师范大学中国收入分配研究院的“中国家庭收入调查”。

15 ~ 29 岁的年轻消费群体约 2.39 亿人，占总人口的 16.99%（见图 55），该群体成长在生活日益富足和互联网快速普及的时代，受教育程度较高，更加自信，敢于尝新，是最具创新活力的消费群体。同时，2020 年我国 60 岁及以上老年人超过 2.6 亿人，占总人口的 18.7%，70 岁以下的低龄老年人占全部老年人的 55.8%。这些老年人大多“有闲又有钱”，身体较为健康，易于接受新的消费方式，在扩大消费中的作用不可忽视。另外，近年来我国家庭结构呈现多元化特征，小家庭和多子家庭数量明显增加，使得传统家庭功能不断弱化，对社会服务的需求大幅上升，将促进消费需求的不断分化。

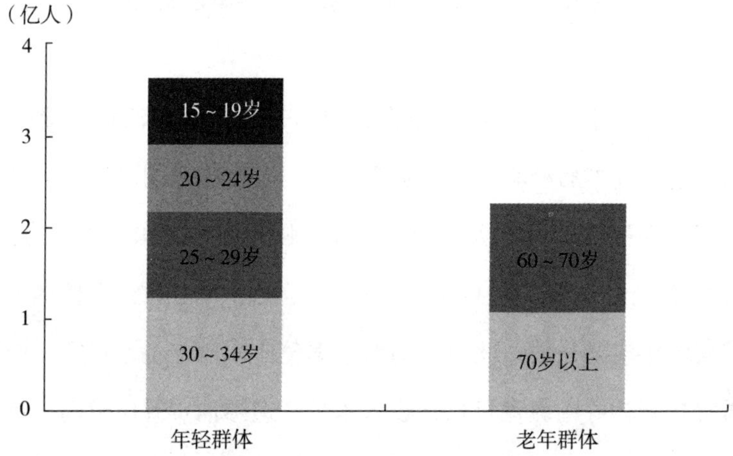

图55　2020年我国年轻群体和老年群体的人数

资料来源：《中国统计年鉴2021》。

第三，以城市群、都市圈为主要载体和核心动力的城市化高质量发展将重塑消费市场新格局。近年来，我国城市化进程持续快速推进，2020 年城市化率达到 63.9%。与发达经济体相比，我国城市化率仍有 20%左右的提升空间，这将持续带动消费和相关投资需求的增长。特别是我国城市化发展已进入以城市群、都市圈为主要载体的新阶段，大型中心城市对人口等要素的集聚力不断增强，将使消费资源进一步向城市群集聚。城市群内部消费市场一体化加快发展，供给创新不断涌现，也将推动大型中心城市的消费市场迈向中高端，促进多样化服务消费加快聚集以及新品“首发首秀首展首店”等新消费形态快速发展，有利于提高大型中心城市的消费能级，有望形成若干有全球影响力的国际消费中心城市。

第四，数字技术进步成为促进消费创新的主要驱动力量。以大数据、云计算、人工智能等为代表的数字技术蓬勃发展和深度应用，涌现出多样化的消费创新，极大改变了人们的消费方式。以网络购物为例，2013 年我国网络零售交易额突破 1.8 万亿元，超过美国成为全球最大的网络零售市场，2020 年进一步增长到 11.8 万亿元。近年来特别是新冠疫情期间，社交电商、直播带货等新模式迅猛发展，新型线上消费创新更为活跃，消费场景日益丰富，创造了诸多新的消费需求，也对扩大内需产生显著的带动作用。

第五，绿色发展将促进消费绿色转型和开辟新的增长空间。绿色低碳是经济社会发展到一定阶段的必然要求，也是新发展阶段我国内需增长特别是消费升级的重要方向。1992 年，联合国环境与发展大会通过的《21 世纪议程》提出各国应促进形成可持续的消费形态。发达经济体在经历高速增长带来的一系列资源环境问题后，大多积极推动生活方式绿色转型，强调合理适度消费，谋求可持续发展，培育了以节约资源、保护环境、降低温室气体排放为基本特征的绿色消费，并对形成绿色生产方式发挥了引领带动作用，也为内需转型和可持续发展开辟了新空间。

（四）消费升级和创新所带动的投资需求潜力可观

在新发展阶段，消费升级和创新发展对投资需求具有重要的牵引作用，将带动相关投资需求潜力释放。

第一，满足服务消费和升级类商品消费的产业投资空间巨大。从发达经济体的经验看，消费升级的重点领域与相关行业的投资增长具有很强的关联性。居民服务消费的快速增长及占整个消费支出的比重不断上升，要求以消费性服务业投资跟进作为支撑。特别是医疗保健、文化休闲消费的增长，需要增加医疗卫生、体育健康、文化娱乐、教育培训等行业的投资，改善原有供给结构，扩大有效供给，更好满足消费升级的新要求。同时，消费者更加注重食品和耐用品消费品质，也将促使食品加工、消费品制造业增加技术改造投资和品牌建设投入，提高产品质量和知名度，促进潜在需求向现实消费有效转化。

第二，支撑消费升级和创新的相关基础设施特别是新型基础设施投资需求旺盛。适应城市化高质量发展阶段区域消费市场一体化发展的趋势，城市群、都市圈交通基础设施互联互通仍有相当规模的投资需求。更重要的是，新型基础设施是适应和满足数字消费的基础，未来在 5G 网络、数据中心、智慧城市等方面的投资需求还有很大增长空间。满足绿色发展要求的低碳环保、循环利用方面的交通能源基础设施投资潜力也会不断释放。

第三，公共服务投资需求具有较大增长空间。教育、健康等服务消费既可满足居民生活质量改善的需求，也是重要的人力资本投资。在现阶段消费需求不断增长和消费层次分化的背景下，这些领域的公共服务投入还存在较多短板，需要多渠道扩大有效投资。同时，在城市化发展质量不断提升的情况下，新进入城市的居民也对相关公共服务投入提出新需求。

第四，住房相关投资仍有一定的增长空间。总体上看，我国房地产投资已过需求峰值，但未来随着城市化进入高质量发展阶段以及中等收入群体规模持续扩大，城镇老旧小区改造、租赁住房、改善性住房需求还将继续带来一定的投资增长空间。

二、中等收入群体规模扩大促进品质消费需求快速扩张

随着经济社会发展，预计未来10年我国中等收入群体人数将有明显增长，成为扩大内需特别是品质消费的主力。据测算，2025年我国中等收入群体人数将增加到5.5亿人左右，占总人口的38%，2030年将进一步增加到7.5亿人左右，约占总人口的53%。与此相应，中等收入群体消费占整个居民消费的比重也将持续提升。2018年，占总人口27%的中等收入群体贡献了42%的居民消费支出，72.5%的低收入群体贡献了57%的居民消费支出（见图56）。假设未来10年中等收入群体消费增速高于全体居民消费的趋势保持不变，预计2025年中等收入群体消费占整个居民消费的比重将达到59%，2030年将进一步上升到80%以上。

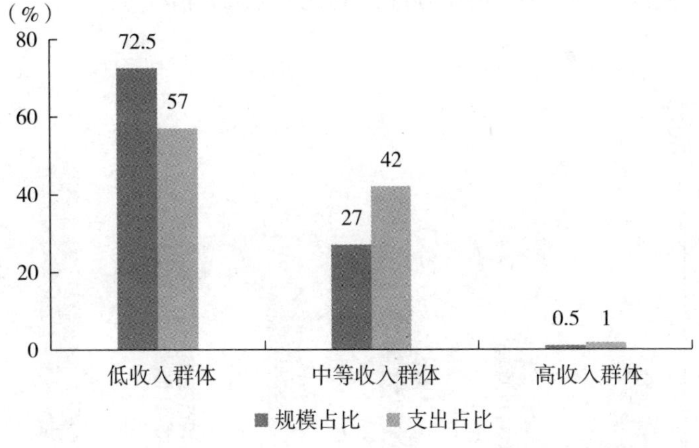

图56 2018年我国不同收入群体的规模占比和消费支出占比

资料来源：刘世锦：《新倍增战略：中国经济增长十年展望（2021—2030）》，中信出版社，2021年。

（一）中高端品牌消费增长潜力大

近年来，全球中高端品牌消费已成为我国中等收入群体商品消费提质升级的重要内容，突出表现在消费品进口免税市场和跨境消费等领域。其中，免除了进口环节关税、增值税和消费税的免税品，具有一定的价格、场景和渠道优势。特别是消费税税率较高的高档化妆品、香水、手表、珠宝等，成为中等收入群体的重要消费内容。

“十三五”时期，我国免税品消费规模快速增长，从2015年的242亿元增加到2019年的545亿元。2020年由于疫情影响，跨境旅行基本停滞，境外消费回流明显，免税品消费规模增长到670亿元，比2015年增长1.8倍，“十三五”期间年均增速为23%（见图57）。特别是海南自由贸易港离岛免税购物政策的出台和持续创新，有力促进了我国免税品消费潜力的释放。据统计，2020年海南离岛免税总销售额达到274.8亿元，同比增长103.7%，免税购物件数3410万件，同比增长87.4%。①

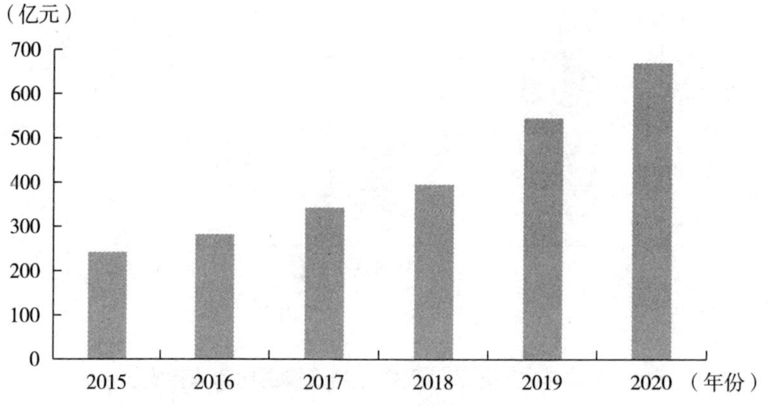

图57　2015—2020年我国免税品消费的增长

资料来源：前瞻产业研究院：《2021年全球免税行业市场现状与竞争格局分析》。

① 见2021年2月4日商务部例行新闻发布会上的通报。

随着我国中等收入群体规模的不断扩大和购买力的持续提升，预计未来 10 年免税品消费有望继续保持 23%左右的年均增速，到 2025 年消费规模约为 1890 亿元，2030 年达到 5310 亿元。

（二）改善性住房及其拉动的相关家装需求旺盛

中等收入群体是改善性住房的主力消费人群。随着收入水平不断提高，我国城镇中等收入群体对改善居住品质的需求日益增长，突出表现在由小到大、更多套间、环境改善的住房置换需求，以及完善居住功能和提升生活品质的家装需求两个方面。当前，我国改善性住房交易占比约为 60%，市场规模约为 12.4 万亿元。随着新型城镇化的不断推进、中等收入群体的扩大和人口年龄结构的变化，预计改善性需求占比还将持续上升。据测算，到 2025 年和 2030 年我国改善性住房需求及其拉动的家装消费需求合计将分别达到 12.9 万亿元和 14.8 万亿元的市场规模。

（三）旅游消费恢复性增长空间大

总体上看，中等收入群体就业和收入较为稳定，更加重视生活品质，旅游出行成为重要的消费选择。近年来，我国中等收入群体对旅游休闲个性化、体验感的要求逐步提升，促进了自驾游、亲子游等多样化旅游消费场景的不断创新。2015—2019 年，国内旅游收入从 34195 亿元增加到 57251 亿元，年均增长 13.8%。2020 年以来，受疫情冲击，国内旅游收入大幅回落到 22286 亿元。随着疫情消退，中等收入群体出游热情逐渐恢复，预计 2023—2025 年国内旅游市场将逐步复苏，“十四五”期间旅游消费有望实现 5%的年均增速，“十五五”年均增速将提升到 10%左右。到 2025 年、2030 年我国旅游消费规模将分别达到 28400 亿元和 45800 亿元。

（四）文化娱乐消费具有较大增长空间

中等收入群体一般拥有较好的教育背景，更加偏好多元化的文化娱乐消费。近年来，我国文化娱乐市场规模保持了较快增长态势，从 2015 年的 959.5 亿元增长到 2019 年的 1525.1 亿元，年均增长 12.3%（见图 58）。在中等收入群体人数不断增长、需求持续释放的作用下，我国文化娱乐消费将继续保持较快增长，预计未来 10 年文化娱乐市场规模的年均增速将保持在 12%左右，2025 年、2030 年将分别达到 3050 亿元和 5460 亿元。

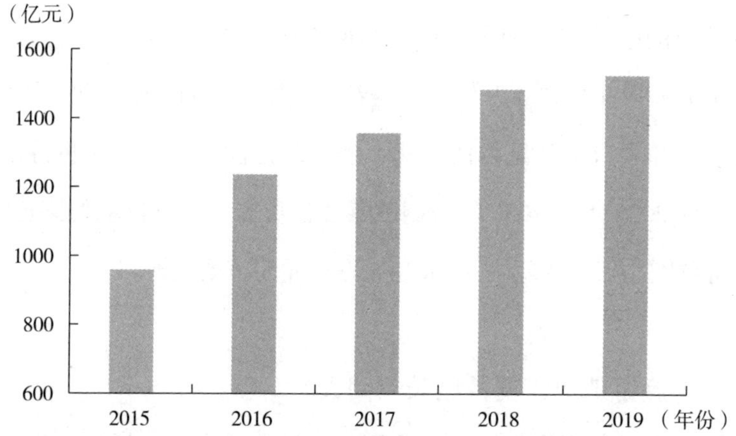

图58　2015—2019年我国文化娱乐市场规模的增长

资料来源：联合资信：《文化娱乐行业研究报告2020》。

（五）健康食品消费保持平稳增长

中等收入群体普遍追求食品安全营养健康，而且随着收入增长对品质也更加重视，健康食品的购买频率明显更高。“十三五”期间，我国健康食品消费规模持续扩张，年均增速为 4.2%，2020 年市场规模突破 8000 亿元（见图 59）。预计未来随着中等收入群体数量的不断增长，健康食品消费规模有望保持“十三五”时期的较快增速，预计 2025 年健康食品消费规模将接近 1 万亿元，2030 年可达 1.22 万亿元。

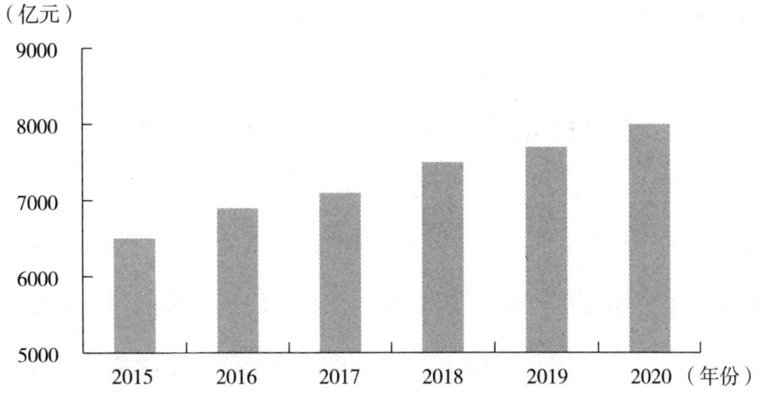

图59　2015—2020年我国健康食品消费的增长

资料来源：观研天下：《2021年中国健康食品市场分析报告》。

中等收入群体规模扩大带来的内需主要增长点见表10。

表10　中等收入群体规模扩大带来的内需主要增长点

	2025年规模（亿元）	"十四五"年均增速（%）	2030年规模（亿元）	"十五五"年均增速（%）
免税品消费	1890	23	5310	23
改善性住房及家装消费	129100	1	148300	3
旅游消费	28400	5	45800	10
文化娱乐消费	3050	12	5460	12
健康食品消费	9950	4	12200	4

资料来源：课题组测算。

三、人口年龄及家庭结构变化促进消费需求更加细分

人口规模和结构是影响内需的基础性因素。随着出生人口规模下降，预计我国人口将在2022年达到峰值[①]。人口年龄及家庭结构的加速调整，将凸显不同代际、不同性别、不同类型家庭之间的消费需求差异，有利于

① 根据国务院发展研究中心社会和文化发展研究部人口迭代宏观仿真模型的测算结果。

孕育和创造新需求，形成更加多元、更加细分的新型消费。

（一）年轻消费群体是引领消费创新和升级的生力军

总体来看，以“Z世代”为代表的我国年轻群体规模大、活力足，消费具有明显的个性化、时尚化特征，消费意识超前，是引领消费创新升级的生力军，也是引领新产品、新服务、新业态快速发展的最主要群体。据测算，2020年“Z世代”创造了4万亿元的新兴消费市场规模，相当于社会消费品零售总额的10.2%，预计2035年将增长到16万亿元[①]。随着年轻消费群体收入的不断增长，文化娱乐消费、时尚消费、职业教育等将成为未来最具增长潜力的消费领域。

文化娱乐消费增长强劲。在年轻消费群体的拉动下，近年来各类实景游戏、沉浸式演艺展览、VR主题公园等消费快速增长。2015—2019年，我国沉浸式体验文化娱乐消费规模从2亿多元增加到48.2亿元，年均增长89%[②]。总体上看，沉浸式体验文化娱乐消费正处于起步阶段，增长潜力巨大，预计“十四五”将保持50%左右的年均增速，2025年消费规模约为540亿元，预计“十五五”年均增速可达20%，2030年消费规模为1300亿元左右。同时，数字影音、图书、游戏动漫等消费也呈快速增长态势。2015—2020年，我国数字文化娱乐市场规模从3100亿元增加到6894亿元，年均增长17%[③]。随着移动互联网的普及渗透以及“元宇宙”[④]的兴起，预计未来10年数字文化娱乐消费年均增长10%左右，2025年数字文娱消费有望达到11000亿元，2030年可达18000亿元。

---

① 华兴资本：《中国创新经济报告2021》。

② 观研天下：《2020年中国沉浸式体验娱乐行业分析报告》。

③ 易观分析：《中国数字文化娱乐产业年度综合分析2021》。

④ 元宇宙（Metaverse）是利用科技手段进行链接与创造的，与现实世界映射与交互的虚拟世界，是具备新型社会体系的数字生活空间。本质上看，元宇宙是对现实世界的虚拟化和数字化过程。

时尚消费成为热点。年轻人消费更注重“悦己”，促进了时尚消费市场的快速成长。例如，近年来在本土快时尚品牌持续崛起的带动下，我国快时尚消费市场规模在2019年达到2735.4亿元，是2015年的近1.6倍，年均增长12.2%[①]。预计未来10年，我国快时尚消费市场有望保持12%左右的增速，预计到2025年消费规模将达到5400亿元，2030年约为9500亿元。医疗美容也逐渐受到年轻消费群体的青睐。2020年，我国医疗美容行业市场规模为1518亿元（见图60），“十三五”时期年均增长15.9%。据测算，未来10年我国医疗美容消费还将保持15%左右的较快增长，到2025年消费规模将达3050亿元，2030年约为6140亿元。

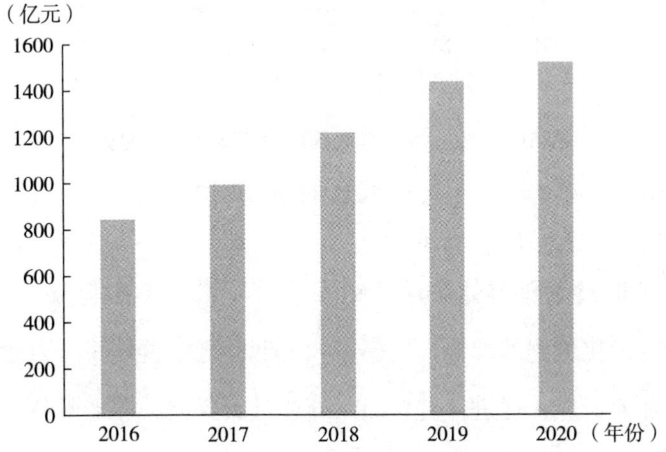

图60 2016—2020年我国正规医疗美容消费的增长

资料来源：中信证券：《医疗美容行业产业链专题报告2021》。

以职业教育培训为主的人力资本投资成为新趋势。职业教育分为学历导向和非学历导向两类，消费群体主要是在校大学生和年轻职场白领。2015—2019年，我国学历职业教育市场规模从1408亿元增长到2110亿

① 智研咨询：《2019年中国快时尚行业市场规模及发展趋势分析》。

元，年均增长8.4%，非学历教育从2120亿元增长到3650亿元，年均增长11.5%（见图61）。预计未来10年职业教育消费仍将保持10%左右的年均增速，到2025年学历职业教育、非学历职业教育的市场规模将分别达3900亿元和6600亿元，2030年分别可达6200亿元和11000亿元。

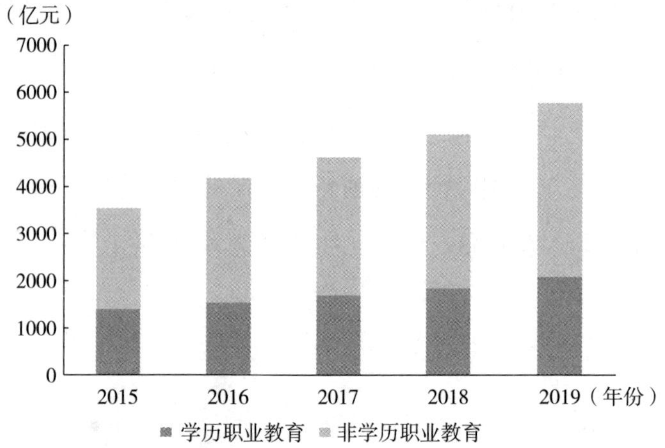

图61　2015—2019年我国职业教育消费的增长

资料来源：Mob研究院：《2020中国职业教育行业白皮书》。

（二）低龄老年群体带动“银发经济”潜力不断释放

随着老龄化进程的加快，规模庞大的低龄老年群体将有力地推动“银发经济”加速形成，促进保健食品、商业健康保险、养老服务、智慧健康养老等成为重要增长点。据测算，2019年我国“银发经济”规模约为4.3万亿元，2015—2019年年均增长15.2%[①]。预计未来10年仍将保持较快增长，按“十三五”的年均增速推算，2025年“银发经济”规模将达到10万亿元，2030年可达20万亿元。

第一，保健食品、商业健康保险消费的增长潜力大。2013—2020年，我国保健食品市场规模从993亿元增长到2503亿元，年均增长14%（见

① 头豹研究院：《2020年中国银发经济市场分析概览》。

图 62)。随着低龄老年群体对健康的日益重视，预计未来 10 年保健食品消费年均增长 10%左右，2025 年消费规模将达到 4200 亿元，2030 年可达 6300 亿元。另外，老年群体的商业保险渗透率不断提升。2021 年全国约有 1.1 亿的老年人持有商业保险保单，渗透率为 41%[①]，预计到 2025 年商业健康保险消费规模将超过 2 万亿元[②]，"十五五"将保持 9%左右的年均增速，到 2030 年市场规模可达 3 万亿元。

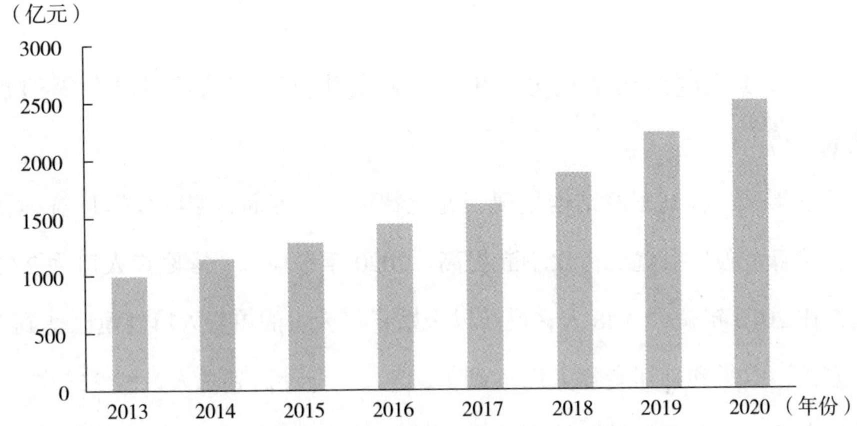

图62　2013—2020年我国保健食品消费的增长

资料来源：《羊城晚报》大健康研究院与艾媒咨询：《2021新时代大健康消费洞察报告》。

第二，养老服务和智能养老终端产品需求潜力大。按一般的"9073"养老模式[③]，预计 2025 年我国约有 900 万老年人入住养老机构。按 3.6 万元 / 年的费用测算，日常养老服务需求达到 3240 亿元。同时，基本养老服务还将带来可观的投资需求。2020 年，我国养老服务床位数为 745 万张，

① 中国经济网："银保监会：全国有1.07亿60岁及以上老年人持有商业保险保单"，2021年。

② 第一财经："银保监会：力争到2025年商业健康保险市场规模超过2万亿元"，2020年。

③ "9073"养老模式是指90%的老年人居家养老，7%左右依托社区支持养老，3%入住养老机构养老。

按每千名老人拥有40张养老床位的投资需求测算，“十四五”为弥补养老床位缺口，需新建453万张床位，保守估计需投资3600亿元，“十五五”期间累计需新增256万张床位，预计需投资2000亿元。随着新兴技术的不断进步，具备健康养老服务功能的智能终端产品也将成为老年群体的消费热点。据测算，2020年我国智能养老设备的市场规模为536亿元，“十三五”期间年均增长25%[①]。预计未来10年将保持20%～25%的年均增速，2025年消费规模将达到1600亿元，2030年可达4070亿元。

（三）家庭结构多元化催生“小而美生活”“陪伴经济”等消费增长

近年来，我国家庭结构呈现多元化特征。一方面，家庭规模日益小型化，单身、独居家庭的占比不断提高。2020年平均每个家庭户人口为2.62人，比2010年减少0.48人；目前以未婚青年为主的单身人口规模已达到2亿多人，空巢和独居老年人已达到1.2亿人，合计占到总人口的22.5%[②]。另一方面，随着“三胎”政策放开，部分家庭生育意愿提高，多子家庭数量会有所增加。这些都催生了不同以往的新消费需求。

第一，支撑“小而美生活”的消费增长潜力较大。家庭的小型化不仅带来家居生活用品方面的变化，也会激发更多服务消费的增长。例如，餐饮外卖可以为小家庭提供便捷化、品质化的新型餐饮消费选择，正成为“小而美生活”的代表性内容。据调查，“95后”“00后”当中一人点外卖的占比达到33%[③]。2019年，我国外卖市场规模为6536亿元，市场渗透率达到14%[④]。根据同期日本外卖渗透率基本稳定在22%的水平进行推算，

---

① 前瞻产业研究院：《2021年中国智能养老设备行业市场规模及发展前景分析》，2021年。
② 穆光宗：“当前中国家庭户小型化的社会意涵”，《人民论坛》，2021年第21期。
③ 阿里研究院：《2亿单身人背后的孤独经济，你贡献了多少？》，2019年。
④ 美团研究院：《2019年及2020年上半年中国外卖产业发展报告》，2020年。

预计“十四五”期间我国外卖渗透率快速提升，外卖消费年均增长15%左右，2025年消费规模将达到15000亿元。“十五五”期间外卖市场渗透率仍有一定提升空间，预计将保持8%的年均增速，2030年消费规模可达22000亿元。

家庭小型化还直接推动了“一人份”等小家电消费热潮。据调查，在厨卫、家居等小家电消费群体中，近50%的用户年龄为19～30岁①。2019年，我国小家电市场规模为4020亿元，2016—2019年年均增速为12.6%，增速稳中趋缓，2021年有望达到4868亿元②。预计“十四五”期间将保持11%左右的年均增速，2025年消费规模将达到7270亿元；“十五五”期间年均增速可达6%，到2030年消费规模约为9730亿元。

第二，满足独居人群精神需求的“陪伴经济”增长动力较强。据调查，有57.7%的独居者会为排解孤独而消费，其中宠物是主要内容③。围绕宠物的食品、美容等“陪伴经济”增长较快。2020年，我国宠物市场消费约3000亿元；预计“十四五”期间将保持14%的年均增速④，2025年消费规模将达到5800亿元；预计“十五五”期间年均增速为10%，2030年消费规模可达9300亿元。

第三，减轻多子家庭负担的托育服务投资需求旺盛。随着多子家庭的增加，在女性继续参加工作的情况下，这些家庭对婴幼儿托育服务等社会需求将明显增长。当前，无论是由政府提供的公共服务供给，还是由市场提供的社会化服务供给，都与消费需求之间存在较大缺口，导致3岁以下婴幼儿总体入托率偏低，亟须通过扩大投资，补齐以增加托位为主的托育服务设施短板。据测算，2025年全国托位数将达到627.5万个，2030年

---

① 第一财经商业数据中心：《全国小家电线上市场发展报告》，2018年。
② 中商产业研究院：《2021年中国小家电市场规模及行业发展趋势》，2020年。
③ 脉脉数据研究院、小猪短租：《2017年度职业数据白皮书：孤独经济》，2018年。
④ 艾瑞咨询：《2021年中国宠物消费趋势白皮书》，2021年。

可达 1136.6 万个。考虑到 2020 年的托位数只有 139.5 万个，预计到 2030 年，在托育机构和托位设施建设、配套装修和维护、运营和人员经费等相关建设方面，累计需要投资 4630 亿 ~ 4700 亿元。

人口年龄及家庭结构变化带来的内需主要增长点见表 11。

表11　人口年龄及家庭结构变化带来的内需主要增长点

	2025年规模（亿元）	“十四五”年均增速（%）	2030年规模（亿元）	“十五五”年均增速（%）
沉浸式体验文娱消费	540	50	1300	20
数字文化娱乐消费	11000	10	18000	10
时尚消费	5400	12	9500	12
医疗美容消费	3050	15	6140	15
职业教育培训消费	10500	10	17200	10
保健食品消费	4200	10	6300	10
商业健康保险消费	20000	—	30000	9
养老服务消费	3240	—	3888	—
智慧养老设备消费	1600	25	4070	20
基本养老服务累计投资	3600	—	2000	—
外卖消费	15000	15	22000	8
小家电消费	7270	11	9730	6
宠物陪伴消费	5800	14	9300	10
托育服务累计投资	4630亿元 ~ 4700亿元			

资料来源：课题组测算。

四、城市化高质量发展进一步扩大和重塑内需增长空间

内需增长与城市化率之间具有较强的正相关性（见图 63）。从各国人均最终消费、人均资本形成与城市化率的截面数据推断，以 2025 年、2030 年我国城市化率分别达到 68% 和 72% 作为基本情景，预计未来 10 年我国人均最终消费的年均实际增速可达到 3.6%，人均资本形成的年均实际增

速可达到3.7%。随着城市化质量的不断提升，进入城市的新市民收入水平、消费方式将发生变化，有利于促进消费和有效投资的扩大。同时，城市更新、城市群和都市圈交通基础设施建设、新型数字基础设施建设等也将持续释放内需增长潜力。

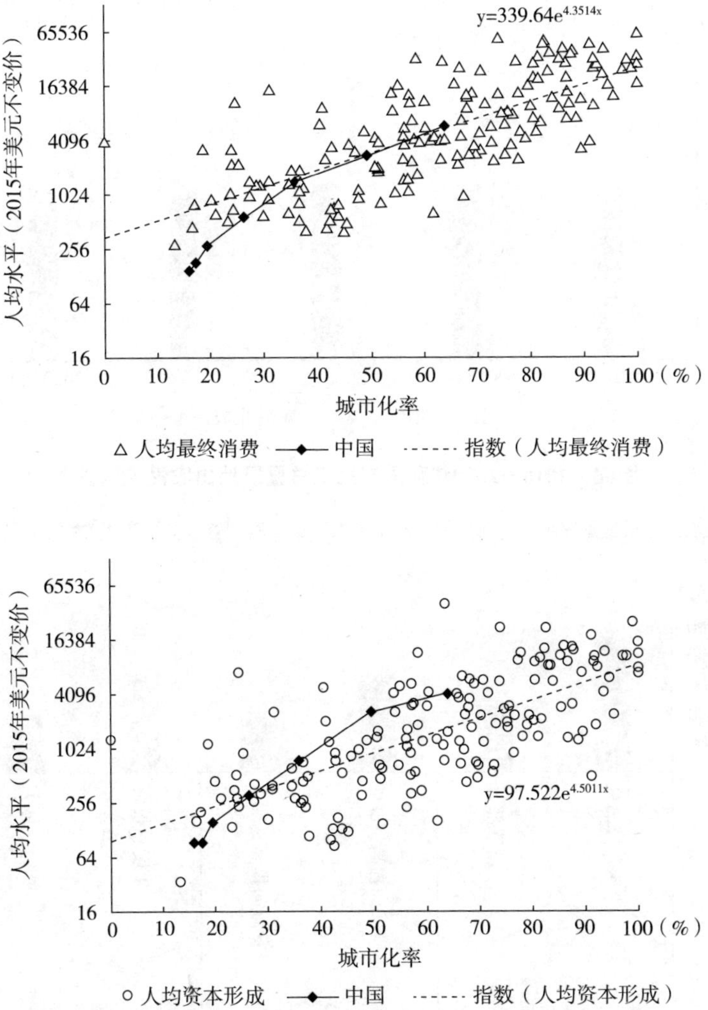

图63　城市化率与人均最终消费、人均资本形成的关系

资料来源：世界银行，课题组计算。

（一）农民工市民化拉动内需的效应明显

2020年，我国外出农民工总量达到1.7亿人（见图64）。推动存量进城农民工的市民化，既能释放该群体受抑制的消费潜力，又能拉动公共服务投资的增长。据初步测算，进城农民工市民化在住房、消费、公共投资方面将至少带来每年3万亿元的内需增量（见图65）。

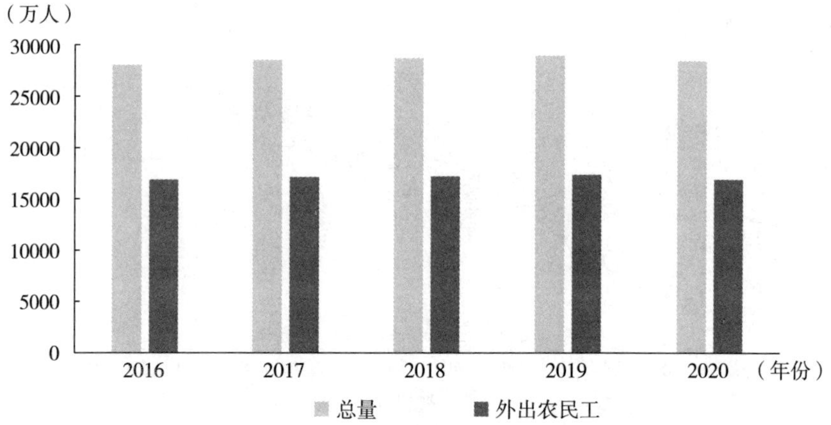

图64　2016—2020年我国农民工总量及外出农民工数量

资料来源：根据国家统计局2016—2020年《农民工监测调查报告》和相关数据计算。

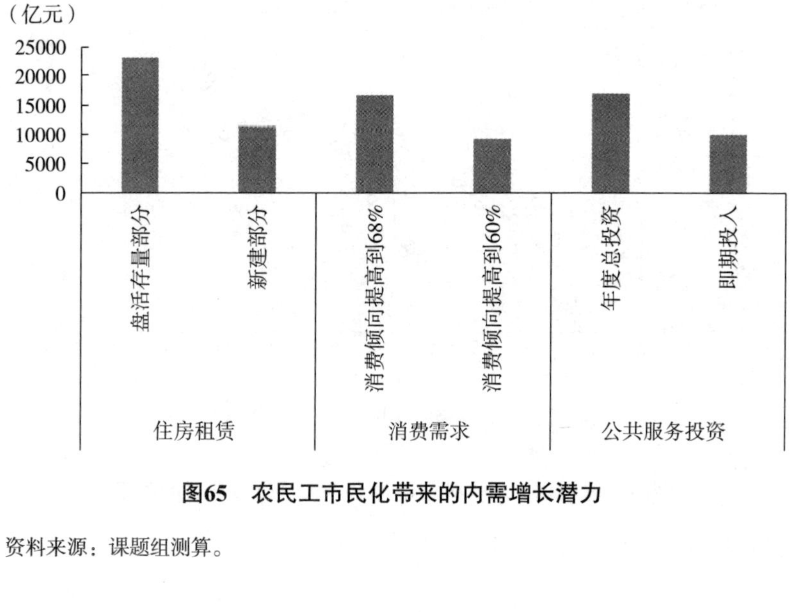

图65　农民工市民化带来的内需增长潜力

资料来源：课题组测算。

第一，农民工市民化住房需求潜力巨大。据调查，2020 年进城农民工人均居住面积只有 21.5 平方米，是城镇人均居住面积（39.8 平方米）的 54%[①]。进城农民工居住条件的梯度改善，将有效拉动城市住房需求。从短期来看，可通过租赁方式改善居住条件。假设租赁住房 80%靠盘活存量、20%靠新建、人均居住面积达到 30 平方米，则新建面积约为 2.88 亿平方米，按建安成本 4000 元 / 平方米测算，将拉动 11530 亿元投资；80%的盘活存量面积为 11.536 亿平方米，按改造成本 2000 元 / 平方米测算，将拉动住房投资 23070 亿元。两者合计将拉动住房投资 34600 亿元。若上述目标在“十四五”期末实现，每年可带动住房投资 1 万亿元以上。从中长期看，进城农民工群体由租转购将带来更大的内需潜力。即使按 2020 年全国商品房均价 9287 元 / 平方米计算，若每年 5% 的进城农民工通过购买商品房达到人均 30 平方米的居住面积，那么每年将带动 23264 亿元的住房消费。此外，购买商品房后相应的家装消费等也将有效提振内需。

第二，进城农民工消费潜力可观。进城农民工是潜在的中等收入群体，但其消费倾向仅为 50%，而同等收入水平的城镇居民则为 68%，消费潜力释放空间巨大。假设农民工市民化后，消费倾向与同等收入水平的城镇居民持平，即从 50%提升到 68%，按 2020 年进城农民工月收入 4549 元计算，每月将增加消费 819 元，每年将增加消费 9826 元，1.7 亿的进城农民工新增消费需求将达到 16700 亿元。考虑到消费倾向的提高难以一步到位，即使短期内进城农民工的边际消费倾向仅提高到 60%，每月也将增加消费 455 元，每年将增加 5460 元，进城农民工新增消费需求也将达到 9260 亿元。

---

① 国家统计局：《2020年农民工监测调查报告》。

第三，农民工市民化配套公共服务投入的增长空间较大。进城农民工市民化需要城市政府提供配套的公共服务，既可以视为政府公共支出，也可以视为政府对高质量城市化的有效投资。根据对重庆等 4 个城市调研的测算①，采用义务教育、居民合作医疗保险、基本养老保险、民政部门的其他社会保障、城市管理费用和住房 6 个项目，以 2010 年价格为基准，考虑到过去 10 年通货膨胀的影响，以 CPI 对上述投入进行修正（2010 年的 1 元相当于 2020 年的 1.28 元），2020 年进城农民工市民化的公共投入为 10.2 万元 / 人，即期投入为 5.9 万元 / 人。1.7 亿的进城农民工市民化将带动 17.4 万亿元政府投资，即期投资达到 10 万亿元。即使分 10 年完成这一进程，每年也将带动政府有效投资 17000 亿元，即期投资将达到 10000 亿元。

（二）城镇居民住房及相关服务消费仍有较大增长空间

人口净流入的大城市租赁住房消费还有提升潜力。人口净流入的大城市新市民住房需求较为旺盛，特别是进城农民工、新就业大学生等群体的住房租赁需求较大。2020 年，我国城镇租赁住房市场规模约为 13000 亿元②。据预测，由于城市化持续推进带来的城镇人口增长，到 2025 年和 2030 年，城镇常住居民家庭市场化租赁住房需求分别为 4829.6 万套和 5227.1 万套，租赁市场规模分别为 18000 亿元和 24000 亿元③，“十四五”和“十五五”期间租赁市场规模年均增速分别为 6.5% 和 5.6%。

提升居住品质的老旧小区改造投资需求旺盛。据统计，全国 2000 年以前建成的老旧小区共有近 17 万个，涉及居民超过 4200 万户，建筑面积

① 2010年，农民工市民化的政府公共成本平均约为8万元/人。剔除养老保险的远期支出后，即期平均成本为4.6万元/人左右。

② 根据贝壳找房数据，2020年我国城镇户均月租金约为1781元。

③ 2021年，住建部发布《关于在实施城市更新行动中防止大拆大建问题的通知（征求意见稿）》，要求住房租金年度涨幅不超过5%，因此课题组假设租金涨幅按每年5%计算。

约 40 亿平方米。根据相关技术标准，若进行节能、粉刷、门窗、电、水、暖 6 项基础类改造，单位面积投资约 300 元 / 平方米，如“十四五”期间基本完成 17 万个老旧小区改造任务，投资需求约为 12000 亿元。到 2030 年，我国城镇房龄 20 年以上的住房将比 2020 年增加约 73.4 亿平方米，若在“十五五”期间改造完毕，仅进行基础类改造[①]预计将带动约 22000 亿元的投资。老旧小区加装电梯也将积极拉动投资。据调查，北京老旧小区中约 41.2%的小区没有电梯[②]。按此比例估计，以每部电梯 60 万元、总高 6 层、一层 3 户[③]计算，如“十四五”期间全国城镇老旧小区加装电梯改造投资全部完成，将带来约 5800 亿元的投资需求。

住房相关服务消费增长还有空间。随着城市化进程中大规模房地产开发的结束，住房消费重点开始转向住房相关的物业、经纪、维修、法律、评估、租赁等专业服务。从国际经验看，美国等发达国家在居民住房短缺问题解决后，房地产业增加值占 GDP 比重仍在相关专业服务带动下持续增长。2020 年，我国物业管理、存量住房经纪的市场规模分别约为 7229 亿元和 1130 亿元[④]。据测算，2025 年、2030 年物业管理行业市场规模将分别达到 9390 亿元和 10000 亿元[⑤]，存量住房交易经纪规模有望分别达到 1180 亿元和 1300 亿元[⑥]。综合来看，“十四五”和“十五五”期间，住房相关服务消费市场规模年均增速分别为 4.8%和 1.3%。

---

① 假设住房市场化改革后，2000年以后的小区普遍有电梯和物业。

② 贝壳研究院：《新万亿蓝海，或掀起住房领域的二次革命》，2020年。

③ 电梯造价数据来自愿景集团。按建筑相关规范，我国6层及以下的多层建筑可以不安装电梯，因此按层高6层进行保守估计。“一层3户”指一个单元每层有3户居民。

④ 数据由贝壳研究院提供。

⑤ 2020年，北京、湖北、黑龙江城镇住宅物业服务覆盖率分别达到93.7%、92.5%和86.6%，假设到2025年实现物业管理“全覆盖”；物业管理费按2.4元/月/平方米计算。参见华金证券《房地产服务行业年度策略：物业管理，星辰大海，砥砺前行》。

⑥ 根据贝壳找房招股书，我国存量房换手率约为2%，经纪费率约为2%，假设到2035年存量房经纪业务渗透率从当前的88.1%提升到美国目前90%的水平。

（三）大型城市群及中心城市消费集聚和带动作用凸显

城市是我国消费提质扩容和创新升级的最大潜力和动力来源。2019 年，我国城市社会消费品零售总额占全国的比重超过 85%，前 20 位的中心城市社会消费品零售总额占比达到 34%，比 2015 年提高 3 个百分点。特别是京津冀协同发展、长三角一体化、粤港澳大湾区以及成渝地区双城经济圈等一批区域发展战略加快推进，促进了消费资源进一步向都市圈和城市群汇聚，以中心城市为核心的大型城市群将进一步成为我国消费市场的发展主导。2019 年，京津冀、长三角、粤港澳大湾区、川渝四大城市群的社会消费品零售总额占全国的比重分别为 7.9%、24.2%、10.5%、8.1%，合计超过 50%（见表 12）。另外，北京、上海、天津、重庆、广州作为国家率先培育建设的国际消费中心城市，有望成为全球领先的消费中心城市和消费创新增长极，在汇聚和配置全球消费资源要素、对接全球消费市场、引领世界中高端消费创新等方面将发挥日益重要的作用。

表12　2019年我国主要城市群和都市圈的消费市场规模及占比

		社会消费品零售总额（亿元）	占全国的比重（%）
京津冀	北京	15063.7	3.7
	天津	4218.2	1.0
	河北	12985.5	3.2
长三角	上海	15847.6	3.9
	江苏	37672.5	9.2
	浙江	27343.8	6.7
	安徽	17862.1	4.4
粤港澳大湾区	广东	42951.8	10.5
川渝	四川	21343.0	5.2
	重庆	11631.7	2.9
合计			50.7

注：为统一口径和便于计算，粤港澳大湾区仅列出广东数据，如加上香港和澳门，则我国都市圈和城市群合计占消费市场的比重将会更高。

资料来源：国家统计局。

（四）城市群和都市圈高效联通的交通投资需求较大

当前，我国进入了以城市群、都市圈为主体的城市化发展阶段。核心城市的经济结构从工业主导向服务业主导转型，部分产业、就业将加快向周边地区转移，使得核心城市与周边地区的交通联系需求明显增长。城市群内部、城市群之间、城乡之间互联互通程度的提升，将为以大型城市群、都市圈为主导的城市化高质量发展提供有力支撑。2019 年，我国城市轨道交通投资额接近 6000 亿元，考虑到既有路网建设强度，交通投资增速将有所放缓。根据“十三五”交通基础设施建设强度和各地“十四五”交通规划估算，预计“十四五”交通投资年均增速约为 5%、“十五五”年均增速约为 4%，2025 年、2030 年城际和城市内部轨道交通投资将分别达到 7600 亿元和 8800 亿元。

（五）城市化质量提升促进新型数字基础设施投资增长

随着城市化质量不断提高，智慧城市建设日益迫切，“城市大脑”等新型基础设施建设将成为未来城市发展的重要支撑。“城市大脑”通过大数据监测分析，可以优化水、电、道路等公共资源的配置，实现城市资源配置效率的提升。新技术赋能城市治理，需要通过信息的及时捕获和数据要素的有效流通实现，需要对城市基础设施进行数字化改造，实现协同化一体化运行管理。城市“智慧化”投入具有长期性、阶梯性，随着技术的不断更新迭代，需要持续投入，不同地区发展阶段的差异性也使投入呈现阶梯性。根据发达地区历史投资情况和相关规划，预计未来 10 年智慧城市设施将保持 7%左右的增速，到 2025 年和 2030 年，由“城市大脑”建设带动的新型数字基础设施投资需求将分别达到 2800 亿元和 3900 亿元。

城市化高质量发展带来的内需主要增长点见表 13。

表13　城市化高质量发展带来的内需主要增长点

	2025年规模（亿元）	"十四五"年均增速（%）	2030年规模（亿元）	"十五五"年均增速（%）
大城市租赁住房消费	18000	6.5	24000	5.6
城镇老旧小区改造累计投资	17800	—	22000	—
物业、经纪等住房相关服务消费	10570	4.8	11300	1.3
城际和城市内部轨道交通累计投资	7600	5	8800	4
城市智能化基础设施累计投资	2800	7	3900	7

资料来源：课题组测算。

五、数字技术赋能内需创新发展

近年来，数字技术的蓬勃发展极大拓宽了我国线上消费的增长空间和创新潜力。总体来看，线上消费对消费既有正向的促进作用（新增效应），也对传统线下消费产生一定的替代（替代效应）。通过大数据分析测算，2020年我国居民每增加1元线上消费，替代线下消费0.64元，新增消费0.36元①，线上消费对中西部地区扩大消费的新增效应明显更大（见图66）。数字技术的普及应用将进一步促进消费创新，丰富消费场景，优化消费体验，弱化城乡消费落差，不断拓展新国货品牌、生鲜电商、智能设备、宅生活服务、下沉市场等消费增长的新空间。

① 综合2015—2020年全国和各省区市统计数据、电商平台大数据，利用固定效应面板回归模型、门槛效应回归模型、时变函数模型定量测算线上消费对总消费的影响。

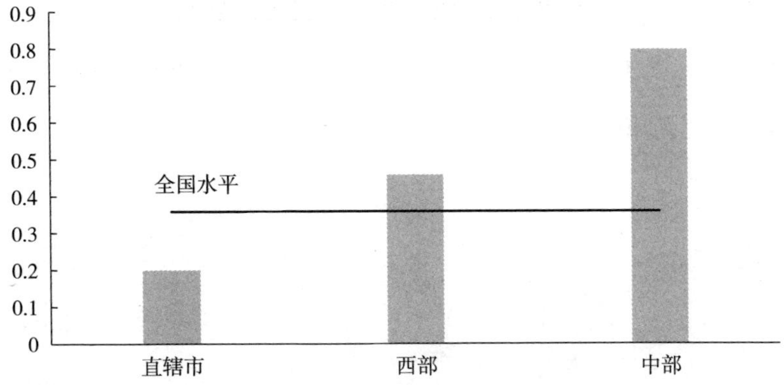

图66　线上消费对不同地域消费的新增效应

资料来源：课题组测算。

（一）以品牌创新为主的新国货成为消费新风尚

近年来，我国依托电商、社交媒体、网络社群、直播等平台培育形成了一批新国货品牌。新国货品牌以满足居民消费提质升级为目标，呈现多领域并发、高频率新发、短时期爆发的特征。据统计，2020 年排名前 100 的新国货品牌成立时间平均为 6 年，平均销售额为 54 亿元，排名前 20 的新国货品牌平均销售额达到 222 亿元（见图 67）。新国货品牌迅猛发展的背后，是我国消费品制造企业、电商平台等互动对接，运用数字技术对生产、流通、消费环节进行重构，构建精准识别需求、高效组织生产、快速对接市场的新发展模式，探索了适应数字经济时代供需匹配的新路径。

据测算，2019 年新国货品牌对代表性电商平台销售额增量的贡献率为 44.8%[①]。按 2022—2025 年社会消费品零售总额年均增长 7%、实物商品网上零售额的占比平均为 26%、新国货品牌对新增消费的贡献率平均为 48%进行测算，2025 年新国货消费规模将达到 31200 亿元。预计“十五五”

① 阿里研究院：《2020中国消费品牌发展报告》。

期间社会消费品零售总额年均增长 6.5%，实物商品网上零售额的占比平均达到 28%，新国货品牌对新增消费的贡献率达到 50%，2030 年新国货消费规模将达到 40700 亿元。

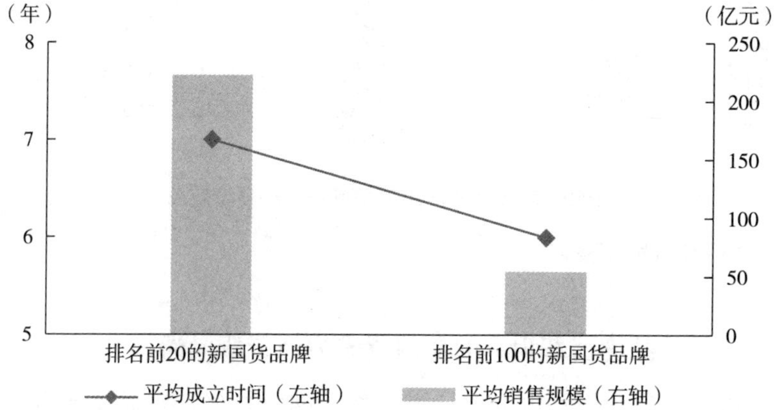

图67　2020年排名前100位和前20位新国货品牌平均成立时间和销售规模

资料来源：《海豚社·2021中国新消费新国货品牌TOP100排行榜》。

（二）生鲜电商成为食品消费提质升级的重点

在市场竞争和疫情冲击的影响下，传统线下消费渠道的数字化转型步伐明显加快，形成了生鲜 O2O、智慧菜场、社区团购等新业态，成为居民食品消费提质升级的重要支撑。据测算，2020 年我国生鲜零售消费规模为 50395 亿元，近 3 年年均增长 6.2%。其中，线上零售业态发展迅猛，特别是生鲜电商保持两位数增长。2020 年，我国生鲜电商消费规模为 4585 亿元，市场渗透率提高到 8.7%。综合测算，预计“十四五”期间生鲜零售消费年均增长 6%，生鲜电商市场渗透率升至 21%，2025 年生鲜电商消费规模将达 14160 亿元；预计“十五五”期间生鲜零售消费年均增长 5.5%，生鲜电商市场渗透率进一步提升至 30%，2030 年生鲜电商消费规模将达 26440 亿元。

（三）智能设备为便捷数字消费体验提供重要支撑

2020 年，我国居民每百户移动电话拥有量为 253.8 部，比上年增长 0.2%。虽然手机市场总的消费规模趋于饱和，但 5G 手机等升级类商品消费较快增长。据测算，2021 年我国智能手机出货量约为 3 亿台①，按均价 2500 元 / 台计算②，消费规模可达 7500 亿元。预计未来 10 年，我国智能手机市场出货量增速将有所放缓，但单价会继续提升，消费规模总体将保持稳定。如果在可穿戴设备等领域出现技术突破创新、带来颠覆性的新电子消费品，还将创造更大规模的新增市场需求。综合考虑，未来 10 年智能电子设备的消费规模有望达到 7000 亿元至 10000 亿元。

（四）"宅经济"带动服务消费加快创新

疫情对服务消费数字化进程产生深刻影响。由于线下渠道受限，线上成为很多服务消费供给的新途径。数字化展现出强大韧性，围绕远程医疗、在线健身、线上娱乐、云上旅游等形成大量新业态新模式。"宅经济"涵盖的范围非常广，正处于快速创新变化中，还没有明确的边界界定和消费规模统计。目前来看，发展潜力较大的领域主要有在线问诊、在线教育、在线办公、电子竞技等。2019 年，我国在线问诊市场规模为 90 亿元，预计 2020 年可达 220 亿元③。2019 年，我国在线教育、云办公市场规模分别为 4041 亿元和 200 亿元，预计 2020 年可分别达到 4538 亿元④和 450 亿元⑤。2020 年，我国电子竞技市场规模为 1365.6 亿元，比上年增长

---

① 据工业和信息化部数据，2020年我国手机出货量为3.08亿台，2021年1—10月累计2.82亿台。

② Counterpoint Research、课题组测算。

③ Frost & Sullivan咨询公司、中商产业研究院："2020年中国在线问诊市场规模将达220亿呈现三大发展趋势"，中商情报网，2020年9月28日。

④ 艾媒咨询：《2019—2020中国在线教育行业发展研究报告》，2020年。

⑤ Global Workplace Analytics、中商产业研究院：《2020年云办公行业市场前景及投资研究报告》，2020年。

44.2%[①]。综合以上领域的增速情况进行测算，2025年宅生活服务的消费规模将达到10000亿元，2030年将增长到18000亿元。

（五）下沉市场网络消费仍有增长潜力

数字技术向三线以下城市和乡村地区的深入拓展，将持续释放下沉市场的消费潜能。近年来，我国农村居民家庭人均收入的增速持续高于城镇居民，数字化消费的普及率和可及性也有明显提高。随着未来农村数字化流通体系和商业设施的不断完善，城乡双向流通体系将进一步畅通，消费内容和场景更加丰富，下沉市场网络消费仍有一定的增长潜力。

据测算，2020年我国农村网络零售额已达17900亿元，近年来增速呈回落趋稳态势，2020年比上年增长5.3%，增速降幅较大，主要是受疫情影响，预计“十四五”期间将稳步回升[②]。按“十四五”期间农村网络零售额年均增长7.5%来测算，2025年下沉市场网络消费规模将达到26000亿元。预计“十五五”期间农村网络零售额年均增长6.5%，2030年消费规模可达35000亿元。

（六）数字消费快速增长带来大量新型基础设施投资需求

5G网络、数据中心是支撑数字经济发展的主要新型基础设施，也是投资带动能力较强的领域。目前，5G网络市场需求正处于快速增长阶段，2021年三大基础电信运营商计划5G投资支出比上年增加5.1%，5G专网服务收入快速增长，5G应用场景比2020年增加1倍。同时，5G网络的建设投资还将带动通信设备产业投资和其他行业增加5G及相关信息通信技

① 艾媒咨询：《2021年中国电子竞技产业运行监测报告》，2021年。
② 人民网：《中国移动互联网发展报告（2021）》，2021年。

术（ICT）投资[①]。预计到2030年我国5G基站数量约为1500万个，5G基础设施累计直接投资将达到40000亿元。

数据中心也将成为支撑创新发展的重点公共计算设施。据预测，2021年我国人均移动数据流量比2015年增长18倍，海量数据将促进数据中心加快建设步伐[②]。2019年，我国数据中心建设相关投资达到3698亿元，2015—2019年年均增长15.7%，2020年投资规模预计约为4167亿元[③]。按“十四五”年均增长15%、“十五五”年均增长10%进行测算，2025年数据中心的投资累计将达32000亿元，2030年可达53000亿元。综合来看，2025年数据中心和5G网络的新基建投资规模约为52000亿元，2030年为73000亿元。

数字技术发展带来的内需主要增长点见表14。

表14　　　　数字技术发展带来的内需主要增长点

	2025年规模（亿元）	“十四五”年均增速（%）	2030年规模（亿元）	“十五五”年均增速（%）
新国货消费	31200	6.6	40700	5.5
生鲜电商消费	14160	25.3	26440	13.3
智能设备消费	7000亿元~10000亿元			
宅生活服务消费	10000	13.9	18000	12.5
下沉市场网络消费	26000	7.5	35000	6.5
数字新基建累计投资	52000	—	73000	—

资料来源：课题组测算。

① 引自中国电信、中国移动、中国联通相关财报。

② 中国信通院：《“新基建”浪潮下的数据中心规划布局》，2020年。

③ 前瞻产业研究院：《2021年中国数据中心建设数量、投资规模与市场需求规模分析 市场供需高速增长》，2021年。

六、绿色发展促进内需转型和可持续发展

绿色发展注重以更少资源、更小污染满足合理需求，有利于优化内需结构，促进内需可持续发展。一方面，绿色消费规模将持续扩大。绿色发展理念引领消费者更加绿色地选择、使用和处置商品，有利于促进消费全生命周期绿色转型，增加绿色消费，既包括新能源汽车、节能节水产品、二手商品等绿色商品，也包括实现循环型、共享式等绿色生活方式所需的服务。需要明确的是，绿色消费增长会替代部分传统消费，如新能源汽车将替代燃油车；还会减少不必要、不合理消费，如食物浪费、一次性用品等，从而推动消费可持续发展。另一方面，绿色消费相关投资潜力巨大。为满足持续扩大的绿色消费需求，需加快新能源汽车、资源循环利用等相关产业发展，并完善充换电设施、建设绿色建筑等，将引致大量投资，形成新的投资增长点。

（一）以新能源汽车为代表的绿色出行消费和投资潜力大

2021 年我国千人汽车拥有量约为 208 辆，与发达国家相比仍有一定差距，未来 10 年我国新车销售规模将保持年均 1.5% ~ 2%的潜在增长率，预计 2025 年、2030 年汽车销量均在 3000 万辆左右。在碳达峰碳中和目标的驱动下，2021 年新能源汽车市场渗透率快速提高至 13.4%，保守估计 2025 年将达到 30%，2030 年将超过 60%[①]。按此推算，到 2025 年和 2030 年，按我国新能源汽车销量分别约为 900 万辆和 1800 万辆，以 20 万元 /

① 王青："2030年我国汽车总保有量预计将接近4.2亿辆"，网易，2021年12月16日；张冰："专访百人会张永伟：预计2025年新能源汽车销量占比将超30%"，新京报网，2021年11月12日。

辆计算[①]，新能源汽车市场规模将分别达到 18000 亿元和 36000 亿元。

2020 年底，我国新能源汽车总产能为 2669 万辆，到 2025 年新能源汽车产能预计可达 3661 万辆[②]。汽车产业在发展成熟阶段的产能利用率一般为 60% ~ 70%，按预期产量估算，2030 年新能源汽车产能将达到 5000 万辆左右。按每增加 1 万辆车的产能需投资约 4.2 亿元[③]测算，到 2025 年、2030 年累计投资分别约为 4200 亿元和 5600 亿元。

充换电设施是支撑新能源汽车消费的重要基础设施，将带来较大的投资需求。2021 年我国充电桩约 222.3 万个，车桩比为 3.1 ∶ 1[④]，相对于 2 ∶ 1 的合理比例，增长空间巨大。从保有量看，我国新能源汽车 2025 年将超过 3000 万辆，2030 年接近 1 亿辆[⑤]。为满足电动车充电需求，未来需加大充电桩建设力度。考虑到建设速度，预计 2025 年车桩比约为 3 ∶ 1，2030 年将达 2.5 ∶ 1，到 2025 年、2030 年累计要建设充电桩约 780 万个和 3000 万个。按充电桩建设投资约 3.5 万元 / 个[⑥]测算，到 2025 年、2030 年充电设施建设累计投资分别约为 2700 亿元和 10500 亿元。

（二）以节能节水产品、绿色建筑为代表的绿色居住消费和投资增长空间大

2020 年，我国现有的冰箱、洗衣机、空调、彩电中使用年限超过 9 年的占比分别为 11%、21%、9%、20%，总量约 3.3 亿台[⑦]。据此估

① "格局与变量：2020新能源汽车市场回望（国内篇）"，第一电动网，2021年3月10日。

② "400余家车企闲置产能超2500万辆　工信部再度喊话鼓励新能源行业兼并重组"，经济观察网，2021年9月13日。

③ "两张图看全新能源汽车产能规划：投资3300亿，产能784万辆"，电车汇，2018年8月2日。

④ "打破'充电难'：建充电桩就够了吗？"，新京报网，2021年10月20日。

⑤ "欧阳明高：机遇百年未遇　国产未来可期"，科学网，2021年12月20日。

⑥ "国家电网将建7.8万个充电桩"，新华网，2020年4月15日。

⑦ 中金公司研究部、中金研究院：《碳中和经济学》，中信出版社，2021年。

计，居民按安全使用年限相关标准[①]更新换代的比例为80%～90%，剩余10%～20%的家电预计在使用15～20年后报废更换。据历史销量数据预计，到2025年、2030年将分别有3.4亿台和3.8亿台家电产品达到安全使用年限，实际更换的约有2.9亿台和3.2亿台，还有部分报废的家电产品需要更换，分别约为0.14亿台和0.36亿台。目前，冰箱、洗衣机等家电中节能产品占比已超过80%，空调、电视约占30%[②]，在绿色理念的引导下，预计节能家电的占比将进一步提升，按照2025年、2030年分别达到70%和90%、家电2000元/台进行测算，2025年、2030年节能家电更新的消费规模将分别达到4300亿元和6400亿元。

我国卫生洁具用品中节水产品占比较低，2017年节水型坐便器、水嘴占比仅分别为37%和23%[③]。"十三五"以来，我国卫生洁具产量相对稳定，未来卫生洁具市场规模也将保持在2000亿元左右。"十四五"节水型社会建设规划中提出，在农村和城镇推广使用节水器具，新改扩建公共建筑必须使用节水器具，节水卫生洁具占比将持续提高，按照2025年、2030年节水产品占比分别达到60%和80%测算，到2025年、2030年节水卫生洁具市场规模分别约为1200亿元和1600亿元。

绿色建筑是居住节能的重要基础。除老旧小区节能改造之外，新建绿色建筑将带来巨额投资需求。目前，多地提出逐步将绿色建筑标准由推广应用变为强制实施，新建绿色建筑的投资潜力巨大。2020年，我国新建绿色建筑占到城镇新建民用建筑的77%[④]，已超过住建部等七部门印发的《绿色建筑创建行动方案》中2022年城镇新建建筑中绿色建筑面积占比达到

---

① 据《家用电器安全使用年限》标准，冰箱、空调的安全使用年限为10年，洗衣机、吸油烟机、燃气灶、电热水器等家电的安全使用年限为8年。目前我国大量达到10年甚至更长时间的家电仍在使用，但空调、冰箱使用年限一般不超过20年，洗衣机、燃气灶等一般不超过15年。

② 国家发展改革委：《2017年中国居民消费发展报告》，人民出版社，2018年。

③ 国家发展改革委：《2017年中国居民消费发展报告》，人民出版社，2018年。

④ 倪江波在"2021中国房地产业碳达峰发展高峰论坛"上的发言，2021年5月。

70%的目标。按照《绿色建筑创建行动方案》中绿色建筑占比3年提高5个百分点的增长速度，预计2025年、2030年城镇新建建筑中绿色建筑占比可达85%、95%。2020年，我国房地产开发企业竣工房屋面积约9亿平方米，预计未来10年相对稳定，新建绿色建筑的建安成本约4000元/平方米，预计"十四五"期间绿色建筑累计的增加投资需求将达15万亿元，"十五五"期间可达16万亿元。

（三）循环型生活方式相关的消费和投资潜力显现

近年来，我国二手商品市场连续多年增速超过20%，2020年市场规模突破万亿元（见图68）。为推进循环经济发展，"十四五"期间将不断规范二手市场交易秩序，发展线上线下等多元化交易模式，预计"十四五"期间二手商品消费还将保持15%～20%的年均增速[①]，"十五五"期间将保持10%～15%的年均增速，到2025年、2030年二手商品消费规模分别可达23500亿元和42000亿元。

作为循环型生活方式的重要基础，我国将加快推进生活垃圾分类回收，这将带来大量的上门回收、代弃、处置等废弃物分类处置回收服务需求，以及垃圾中转站、回收网点等基础设施的建设需求。参考已强制实施垃圾分类的上海的情况，未来10年有望形成百亿吨级的废弃物处置服务市场以及上百亿元的基础设施投资。同时，产品废弃后拆解、回收、再制造等需求将进一步提升。特别是随着未来10年家电、汽车等产品进入大量更新换代阶段，资源循环利用产业有望快速发展。按有关规划提出的2025年资源循环利用产业将达到5万亿元[②]的目标，"十四五"期间仍有较

---

① 预计2025年二手闲置物品交易规模接近3万亿元，据此计算"十四五"期间年均增长率约23%。转引自相关机构和清华大学能源环境经济研究所联合发布的《闲置二手交易碳减排报告》，2021年。

② 国家发展改革委：《关于印发"十四五"循环经济发展规划的通知》，2021年。

大投资缺口。据测算，资源循环利用产业每 1 亿元总产出大约需 500 万元的固定资产投入[①]，按此估计，2025 年资源循环产业约有 2500 亿元的固定资产投入，考虑到前期产值较低、折旧偏慢，“十四五”期间累计投资将有约 10000 亿元。

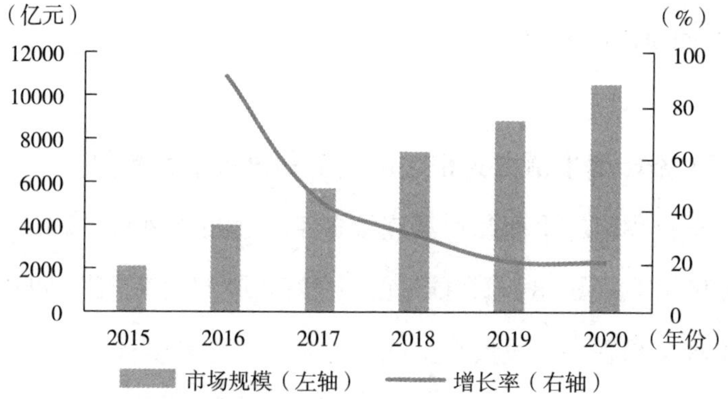

图68　2015—2020年我国二手商品消费的增长

资料来源：智研咨询。

（四）共享式生活相关的服务消费将保持较快增长

“十三五”期间，我国共享汽车、共享单车等发展较快，共享出行市场规模年均增长 16%，2019 年达到 2700 亿元，2020 年受疫情影响下降到 2276 亿元。受平台监管逐步规范和疫情的影响，共享出行市场增速放缓，2021 年仅小幅回升至 2344 亿元。预计“十四五”前期将保持 2% ~ 3% 的增速，“十四五”后期，随着疫情好转，监管规则不断完善，共享出行市场有望恢复中高速增长，或达到年均 7% ~ 8%的增速，到 2025 年市场规模约为 3000 亿元。考虑到增速的自然回落，预计“十五五”期间年均增速将保持在 6% ~ 7%，到 2030 年市场规模将超过 4000 亿元。

---

① 2018年的《中国投入产出表》。

另外，近年来共享住宿市场交易规模、房源数量、注册用户保持稳步增长，2017—2019年市场规模年均增长35%，2019年达到225亿元，2020年受疫情影响下降到158亿元，2021年下降至152亿元[①]。共享住宿与共享出行的发展趋势类似，“十四五”前期规模难以扩大，之后有望继续保持高速增长，按“十四五”后期和“十五五”期间年均增速分别为20%和15%测算，预计2025年、2030年共享住宿市场规模将分别达到260亿元和530亿元。

绿色发展带来的内需增长点见表15。

表15　绿色发展带来的内需主要增长点

	2025年规模（亿元）	“十四五”年均增速（%）	2030年规模（亿元）	“十五五”年均增速（%）
新能源汽车消费	18000	45	36000	15
新能源汽车产业累计投资	4200	—	5600	—
充换电设施累计投资	2700	—	10500	—
节能节水家电消费	5500	20	8000	8
绿色建筑累计投资	150000	—	160000	—
二手商品消费	23500	17	42000	12
循环利用产业累计投资	10000	—	—	—
共享出行服务消费	3000	6	4000	6
共享住宿服务消费	260	10	530	15

资料来源：课题组测算。

执笔人：刘涛　王念　刘馨　牛三元　王瑞民
苏诺雅　黄千员　王立坤

① 国家信息中心：《中国共享经济发展年度报告（2021）》，2021年。

专题报告二

有效扩大和更好满足内需的收入分配制度改革研究

收入是消费的基础，有效扩大和更好满足内需需要一个科学合理的收入分配制度与之对应。本文认为，决定收入分配的基础主要是各类要素在社会成员中的分布格局以及要素市场化程度，政府再分配对于调整收入分配格局有着重要作用，各类慈善公益行为有助于优化收入分配。收入分配主要从消费总量、边际消费倾向、消费预期三大方面对内需产生影响。基于此，本文对我国当前收入分配结构进行了深入分析，并在借鉴国际经验的基础上，就深化我国收入分配改革，有效扩大和更好满足内需提出了若干政策建议。

一、收入分配和内需的关系：理论框架

收入分配和内需的关系，是古老和经典的经济学理论问题，两者通过国民经济循环这个大框架联系起来，主要经济学派都对这个问题提出过自己的观点。其中，马克思主义政治经济学主要从社会再生产与生产、流通、消费的循环的角度认识分配与消费的关系，西方经济学主要从收入影响企业和个人行为的微观机制进行分析。以政治经济学为基础，结合西方

经济学的微观分析方法，可以形成比较完整的分析框架。

（一）关于收入分配和内需关系的理论回顾

1. 马克思主义政治经济学的观点

马克思将分配与消费置于经济总循环中进行考察，认为消费并非孤立于生产和分配，而是由生产和分配决定。其理论内核是《资本论》第二卷提出的社会再生产的两大部类理论和第三卷提出的关于长期利润率下降和消费不足的理论。马克思把社会生产划分为第一部类（生产资料）生产和第二部类（消费资料）生产，认为两大部类之间要求按比例协调发展，部分生产资料和消费品的供过于求，就会影响两大部类内部和两大部类之间的比例均衡，影响整个社会再生产的顺利进行。据此，其关于分配和内需的主要观点包括以下方面。一是认为剩余价值的存在必然导致总需求不足。工人的工资小于其创造产品的价值总量，无法通过工人的工资来消费社会的总产品。同时，在分配不公的情况下，个人被迫延长工作时间，就会降低消费能力和消费时间，从而影响消费水平。这种分配关系，使社会上大多数人的消费缩小到只能在相当狭小的界限以内变动的最低限度。二是认为收入差距影响经济形成内循环，间接影响内需，并形成恶性循环。收入差距会导致劳动力再生产受遏制，抑制内需，由于低工资成本的低端产品在国际市场上的大量过剩，发展中国家的企业不得不通过竞相削价扩大出口，而产品价格的降低反过来又迫使企业只能通过削减工人工资来降低成本，导致内需越来越萎缩，且陷入恶性循环难以自拔。三是认为收入差距过大会影响国内市场一体化，从而影响内需。工资被简单地看作成本而非需求的源泉，必然过度依赖外需，从而难以形成国内产业部门之间的密切联系，还可能在外资影响下形成特殊利益集团，阻碍和破坏内部一体化，妨碍国内商品、人员和资本流通，影响内需市场的扩大。

2. 西方经济学的主要观点

西方经济学主要从微观的边际消费倾向和对要素分配的分析研究收入分配和内需的关系。较为经典的消费函数理论，包括凯恩斯的绝对收入假说、杜森贝利的相对收入假说、莫迪利安尼的生命周期假说、弗里德曼的持久收入假说等，都认为收入是影响消费的决定性因素。

一是收入影响消费。收入包括劳动收入与资本收入。巴杜里—马格林（Bhaduri-Marglin）收入分配模型认为，劳动收入具有两方面的效应：一方面是作为消费需求的收入来源，提高其份额可增加消费需求；另一方面是作为生产供给的成本，提高其份额有可能抑制投资需求和净出口。当前者的效应大于后者时，提高劳动收入份额可促进总需求的增长，此时的总需求体系为工资领导型（Wage-Led）；反之，则属于利润领导型（Profit-Led）。同时，部分学者据此对中国进行了研究，大部分认为我国当前仍处在工资领导型的阶段。类似地，资本收入同样存在两个效应。企业获得的资本回报是企业可直接调动的用于再投资的资金，因而其对于总需求，特别是投资需求的拉动效应与居民部门利润具有一定的差别。全球金融危机爆发后，要素收入分配格局与总需求之间的关联再次成为经济学家关注的热点。Fitoussi & Stiglitz 认为，金融危机爆发的结构性根源在于要素收入分配的失衡。由于工资收入的消费倾向普遍高于利润收入的消费倾向，工资份额的下降通过抑制消费需求进而在长期对宏观经济产生影响，由此引发危机。Piketty 利用长达两百多年的历史数据研究表明，由于资本回报率持续高于产出和收入增长率，资本报酬过高将导致资本主义走向无法支撑的不平等，并进而威胁到市场经济赖以生存的公平竞争价值观。①

二是边际消费倾向影响消费。生命周期假说认为，处于不同年龄阶段的居民拥有相异的消费特征。少年时期个人消费往往占据收入的大部分，

① 李育、刘凯：“宏观收入分配格局对总需求的影响”，《财经问题研究》，2018年第12期。

有时候甚至会呈现超前消费的特征。中年时期，个人的收入会呈现明显的上升，但是由于负债、养老等因素的影响，中年时期的收入大于消费，消费所占收入的比例也会较少年时期有所降低。老年时期消费所占收入的比例又会呈现出不断上升的趋势。从生命周期假说中可以看出，人口年龄结构影响着当前消费群体的消费水平，如果一国的人口结构中青少年人口和老年人口所占比例增大时，那么居民整体消费水平则会相应地提高。但是，人口老龄化程度加深将不断降低居民消费倾向，还将加重养老、医疗等社会保障费用负担，进一步挤出居民消费。另外，后凯恩斯主义认为，不同类型收入的消费和投资倾向不同：工资的消费倾向大于利润的消费倾向；而利润的投资倾向大于工资的投资倾向。因此，当总收入中工资份额下降时，总需求中消费比例将会下降而投资比例将会上升。高收入者生活必需品和高档物品非常饱和，其消费较稳定，边际消费倾向和平均消费倾向比较低。中等收入者一般属于工资收入者，生活必需品达到饱和，对于高档消费品的需求有限，对未来风险和不确定性（例如医疗、教育等）有着强烈预期。此类消费者有着强烈的储蓄动机，其平均消费倾向较低。但是如果收入能增加，则其对高档消费品的消费能力会增大。低收入者大多数仅能维持自己的基本生活，消费受到非常大的抑制，平均和边际消费倾向非常高。

三是预期影响消费。根据预防性储蓄理论，在社会保障体系健全、保障额度高、覆盖面广的经济社会里，生活风险较小，没有后顾之忧，居民的消费倾向较高。在社会保障体系不健全的情况下，居民在消费支出方面也就变得比较谨慎。在一定条件下，增加公共收入的分配份额有利于扩大消费。公共消费是指那些由公共支出支付、以公共群体为目标的消费，它一方面具有再分配的功能，另一方面又具有扩大消费的功能。税收制度也会影响消费需求，当前税收体系高度依赖生产的原则，不仅造成欠发达地区补贴发达地区的情况出现，而且引发过度竞争和恶性竞争的问题，不利于从制度层面激励地方政府主动扩大消费。

（二）分析收入分配和内需关系的理论框架

根据上述理论以及研究的需要，本文提出一个分析收入分配和内需关系的理论框架（见图 69）。其基本假设有 6 个。（1）经济中存在家户、厂商、政府三个部门，存在生产资料生产和生活资料生产两个部类。（2）初次分配是指国民总收入直接与生产要素相联系的分配，即直接参与生产活动的劳动力、资本、土地和技术等生产要素参与的分配。（3）二次分配是指以财政再分配为主，在政府、厂商、家户之间以及各部门内部进行收入分配调节，三次分配是指自愿的收入再分配。（4）政府、厂商和家户经过收入再分配调节形成的收入，按照边际消费倾向进行消费，并转化为厂商收入，进而转化为再生产的投资。两部类中，只有生活资料能够被家户、厂商和政府消费，生产资料只能被厂商消费。（5）政府收入可以转化为政府投资和政府消费，形成投资需求和消费需求。（6）不考虑进出口。

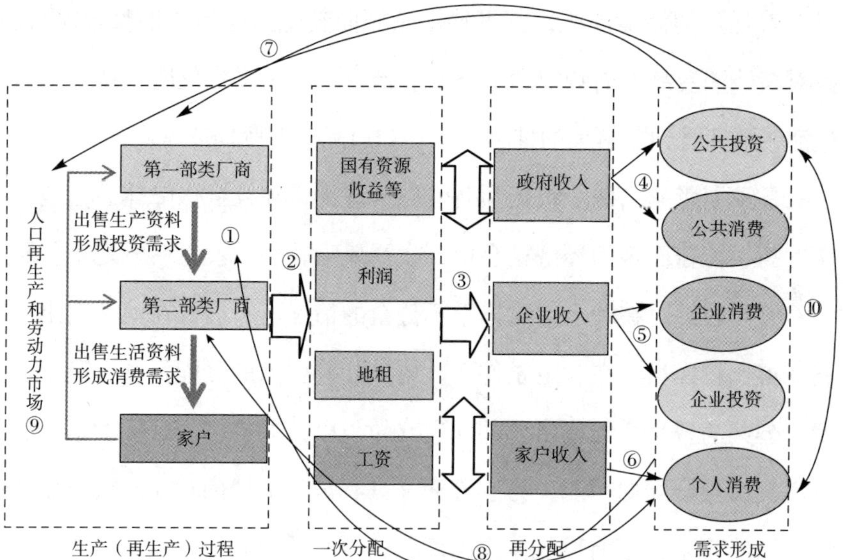

图69　收入分配和国内需求的分析框架

资料来源：课题组整理。

图1中显示了生产、分配、再分配、消费到再生产的流程。其中，收入分配影响消费需求和国内需求的渠道均用圈内数字标出。具体解释如下。

图中①两部类（生产资料和生活资料）之间是否平衡（各部类内部是否达到平衡以及两部类之间的平衡），会影响各部类的供需关系，从而影响消费需求和投资需求。

图中②一次分配即初次分配中，收入在资本、劳动、土地三要素之间的分配，以及国家、企业、家户对上述要素占有的情况，会影响一次分配的格局，从而影响各类需求。

图中③二次分配即再分配中，收入在国家、企业、家户之间的调整，以及同一类当中不同主体（如家户与家户）之间的调整（纵向箭头表示），都会影响二次分配的格局，从而影响各类需求。

图中④政府投入根据政府的消费和投资倾向转化为公共投资和公共消费，从而产生投资和消费需求。

图中⑤企业收入根据企业的投资和消费倾向转化为投资（分别投向两个部类）和企业消费，从而产生投资和消费需求，并影响两个部类的比例，间接影响分配和循环。

图中⑥家户根据边际消费倾向形成个人消费，产生消费需求。

图中⑦公共投资和公共消费，会通过多种方式影响家庭的人力资源生产和消费行为，从而间接影响消费需求；也会影响厂商的投资决策，从而间接影响投资需求。

图中⑧个人的消费行为，会影响生活资料并间接影响生产资料市场的供需平衡，从而影响企业的再生产行为，间接影响投资需求。反过来，人口结构、预期等也会影响家庭的边际消费倾向。

图中⑨劳动力市场的结构，影响一次分配的结果，间接影响国内需求。

图中⑩公共消费、公共投资和个人消费之间，存在不同的替代或者促进的关系。

二、近年来我国收入分配的现状与存在的主要问题

（一）收入初次分配状况与存在的主要问题

国民收入初次分配依赖于市场机制调节，是各要素投入在生产环节按照贡献进行的收入分配。分配问题直接关系到生产的效率与社会的公平，合理的收入分配机制有助于充分调动各生产要素的积极性，形成良好的收入分配格局，推进我国经济的高质量协调发展。下文分别根据部门、要素、区域、城乡等划分依据，考察我国收入初次分配结构与存在的主要问题。

1. 政府、企业、居民三部门收入分配结构

国民经济按照部门类别可以划分为政府部门、企业部门和居民部门。不同的经济部门所掌握的生产要素存在差异，如劳动力主要由居民部门提供，资本主要集中在企业部门，而土地和矿产资源由政府部门提供。因此根据不同要素进行收入分配也会造成部门间的收入结构差异。不同部门的消费、储蓄和投资等经济行为存在差异，而这些经济行为的加总又将对总需求产生关键影响。

居民部门收入占比呈现先下降再回升的特征。图 70 根据国家统计局的资金流量表，刻画了不同部门初次收入占经济总收入的比重。结果显示，1992—2000 年，我国的国民收入分配格局基本稳定，其中居民部门初次收入占比约 65%，企业部门占比约 25%，政府部门占比约 10%。2001—2008 年，居民部门的收入份额同时受到企业部门和政府部门的挤压，居民部门的收入份额大约降到 55%，企业部门的收入份额升到约 30%，政府部

门升到约 15%。居民部门的初次收入分配份额受到挤压，可能与我国的人口红利、税制结构和企业治理等因素有关。近年来，居民部门的初次收入份额不断提高，从 2008 年的约 55% 上升到 2018 年的约 60%，国民收入分配格局有所改善。

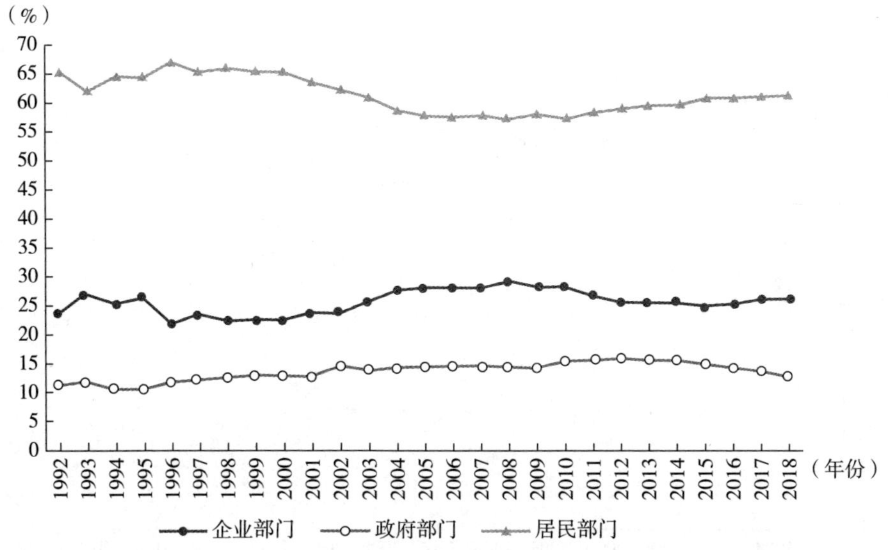

图70　按部门的收入分配结构

资料来源：国家统计局。

2. 要素收入分配结构

近年来劳动者报酬占初次收入分配的比重有所回升。根据国家统计局公布的资金流量表数据，整理了近年来的劳动者报酬和财产收入占总收入的比重（见图 71）。可以发现，2002—2012 年，财产收入的份额呈上升趋势，而劳动者报酬的份额逐年下降。劳动者报酬是居民收入的主要来源，提高劳动者报酬在初次分配中的份额有助于缩小居民的收入差距。近年来，随着劳动力市场供需关系发生转变，劳动者报酬占比有上升趋势，2018 年劳动者报酬占比约为 52%，但仍然低于其他主要经济体。《关于构建更加完善的要素市场化配置体制机制的意见》提出，着重保护劳动所得，增加劳动者特别是一线劳动者的劳动报酬，提高劳动报酬在初次分配中的比重。全面贯彻落实以增加知识价值为导向的收入分配政策，充分尊重科研、技术、管理人才，充分体现技术、知识、管理、数据等要素的价值。

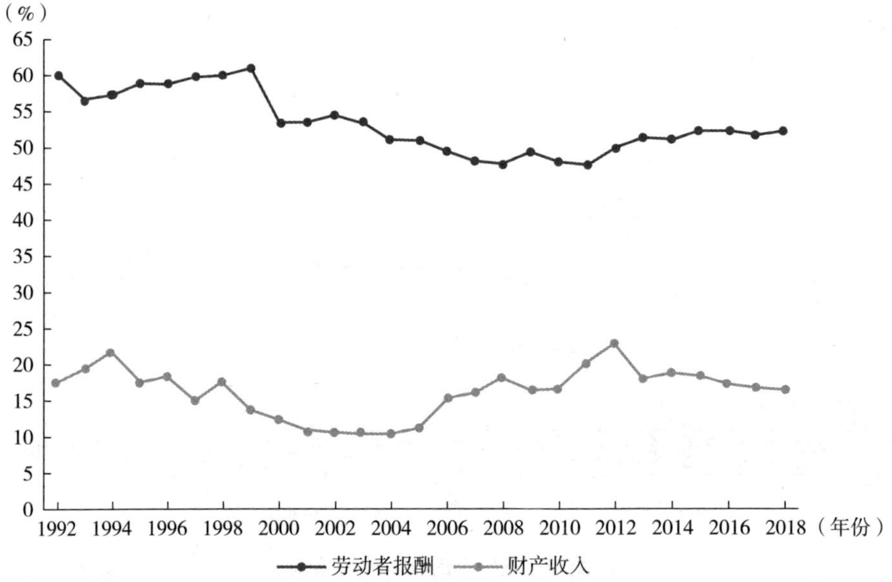

图71　按要素的收入分配结构

资料来源：国家统计局。

3. 区域收入分配结构

区域收入差距仍然较大，低收入地区的人均可支配收入增长缓慢。不同地区由于资源禀赋、区位交通和经济发展水平存在差异，其人均可支配收入也可能存在差异。按照地区划分，近年来我国的人均可支配收入整体呈上升趋势，但东部地区的人均可支配收入领先于其他地区，收入的相对差距略有缩小，但绝对差距逐步扩大（见图72）。2013—2019年东部地区人均可支配收入年均增长8.9%，中部和西部地区人均可支配收入分别年均增长9.3%和9.5%，高于东部地区，但东北地区年均增速为 7.3%，明显滞后于其他地区。同时，地区间的人均可支配收入绝对差距更趋明显。

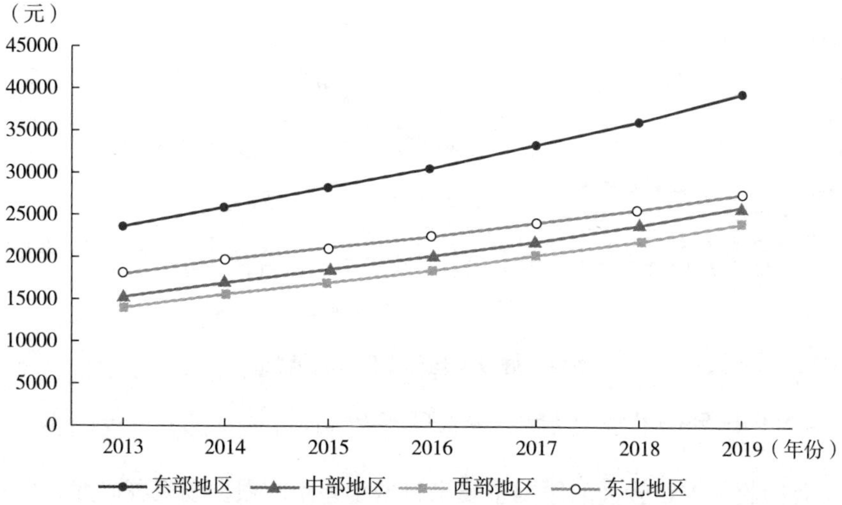

图72　按区域的人均可支配收入情况

资料来源：国家统计局。

4. 城乡收入分配结构

城乡收入差距有所缩小，但差距仍然较大。随着经济的不断发展，城乡的人均可支配收入均保持稳定增长，两者的差距呈现两个主要阶段性特征：一是 2008 年以前，城乡收入差距主要呈现逐步扩大态势——1982 年城镇居民收入为农村居民的 1.98 倍，2007 年城镇居民收入与农村居民收入的比值已经扩大至 3.14 倍；二是 2008 年以后，城乡居民收入差距才逐步缩小。2019 年，城镇居民人均年可支配收入为 42358.8 元，农村居民人均年可支配收入为 16020.7 元，两者之间的比值缩小为 2.64。无论从相对还是绝对差距看，当前城乡居民收入差距仍然偏大（见图 73）。

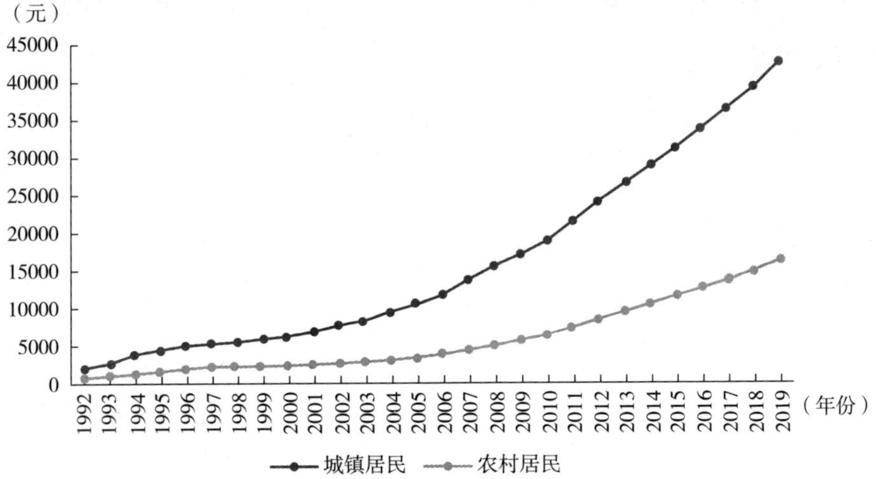

图73　城乡人均可支配收入情况

资料来源：国家统计局：《中国住户调查年鉴2020》。

我国收入差距较大的原因主要来自城乡差距。根据李实等研究，单看城市和农村内部，两者的基尼系数都小于或等于0.4，这个水平在国际上属于中等水平，但截至2020年我国城乡收入比仍然高达2.56，城乡差距在全球范围内都是较高的。虽然近年来城乡差距有不断缩小的趋势，但是我国城乡区域间、产业间的发展不平衡现象仍然十分突出，城乡居民收入差距长期处于高位，农村长期落后于城市的发展格局没有明显变化。即便城镇化率达到70%以后，我国也仍将有4.5亿人在农村生活，缩小城乡差距对缩小贫富差距意义重大。[①]

5. 行业收入分配结构

行业收入差距相对稳定，近两年来行业收入差距有所扩大。从行业看，2020年信息传输、计算机服务和软件业平均工资为17.75万元，为全部行业中的最高水平；其次是科学研究、技术服务和地质勘查业平均工资

---

① 李实、陈基平、滕阳川：“共同富裕路上的乡村振兴：问题、挑战与建议”，《兰州大学学报》，2021年第3期。

为 13.99 万元，金融、保险业平均工资为 13.34 万元；收入水平最低的依次是农林牧渔业 4.85 万元、住宿和餐饮业 4.88 万元（见表 16）。2020 年，收入最高的信息传输、计算机服务和软件业是收入最低的农林牧渔业的 3.7 倍，行业间收入差距较大，但较 2003 年（4.5 倍）差距有所减少。

表16　　分行业年度平均工资水平　　单位：元

指标名称	2003年	2010年	2020年
农林牧渔业	6884	16717	48540
住宿和餐饮业	11198	23382	48833
居民服务和其他服务业	12665	28206	60722
水利、环境和公共设施管理业	11774	25544	63914
建筑业	11328	27529	69986
制造业	12671	30916	82783
房地产业	17085	35870	83807
租赁和商务服务业	17020	39566	92924
批发和零售业	10894	33635	96521
采掘业	13627	44196	96674
交通运输、仓储和邮政业	15753	40466	100642
公共管理和社会组织	15355	38242	104487
教育	14189	38968	106474
文化、体育和娱乐业	17098	41428	112081
卫生、社会保障和社会福利业	16185	40232	115449
电力、煤气及水的生产和供应业	18574	47309	116728
金融、保险业	20780	70146	133390
科学研究、技术服务和地质勘查业	20442	56376	139851
信息传输、计算机服务和软件业	30897	64436	177544

资料来源：课题组整理。

通过计算分行业平均工资水平的变异系数，可以看出行业收入差距先扩大后缩小，近期又有所扩大。2008 年，分行业平均工资水平变异系数达到最高水平 0.351，此前变异系数逐步扩大，表明行业收入差距持续扩大。2008 年以后，行业收入差距逐步缩小。2020 年，分行业平均工资水平的变异系数为 0.333，处于相对较低水平，但较 2019 年扩大了 0.003 个点（见图 74），行业收入差距仍有扩大压力。

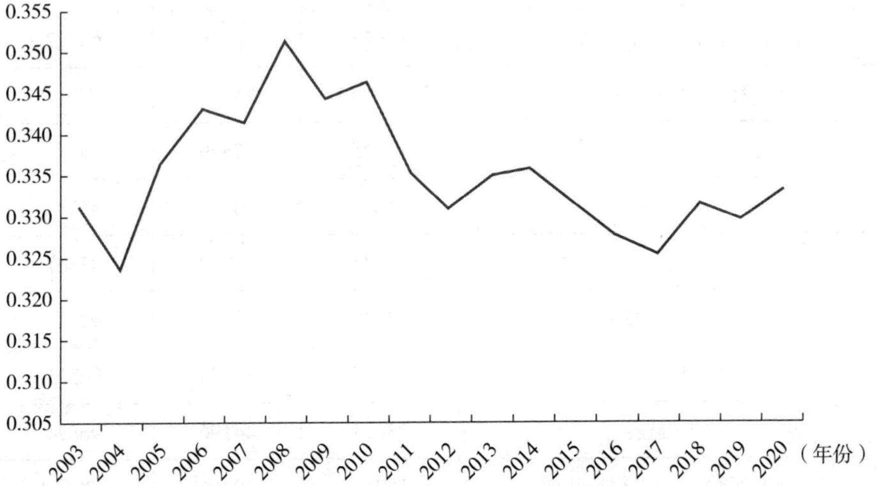

图74　分行业平均收入的变异系数

资料来源：根据国家统计局数据整理计算。

（二）收入再分配状况与存在的主要问题

收入再分配是基于初次收入分配的格局，以政府为主体，采用税收、财政支出、转移支付和社会保障等手段，对初次收入分配格局进行调整。如果说初次收入分配是以市场为主导的以效率为目标的分配，那么收入再分配则是以政府为主导的以公平为目标的分配。近年来，随着财税体制的深化改革，我国的收入再分配格局有所改善，但仍然存在一些问题。

如图 75 所示，经过再分配后，政府部门的可支配收入占比从 2008 年 19.48% 上升到 2015 年的 20.90%，2018 年为 18.7%，企业部门可支配收入占比从 2008 年的 25.1% 下降到 2015 年的 20.3%，2018 年为 21.8%，居民部门可支配收入占比从 2008 年的 55.5% 上升到 2015 年的 58.8%，2018 年为 59.4%。这表明，经过政府再分配后，居民部门的可支配收入占比有所上升，企业可支配收入占比有所下降，政府自己的可支配收入也明显上升。值得一提的是，2015 年以来我国实施了大规模的减税降费行动，如将增值税的税率由 16% 下降到 13%，有力地改善了三部门可支配收入的格局，企业的可支配收入上升，而政府可支配收入则应声下降。一些相关研究分别估计了居民再分配前的市场收入和再分配后可支配收入的基尼系数，中国家庭收入调查（CHIP 2013）显示，经过政府的各种再分配措施以后，基尼系数下降了 8% 左右。相比而言，大多数 OECD 国家经过政府再分配以后，

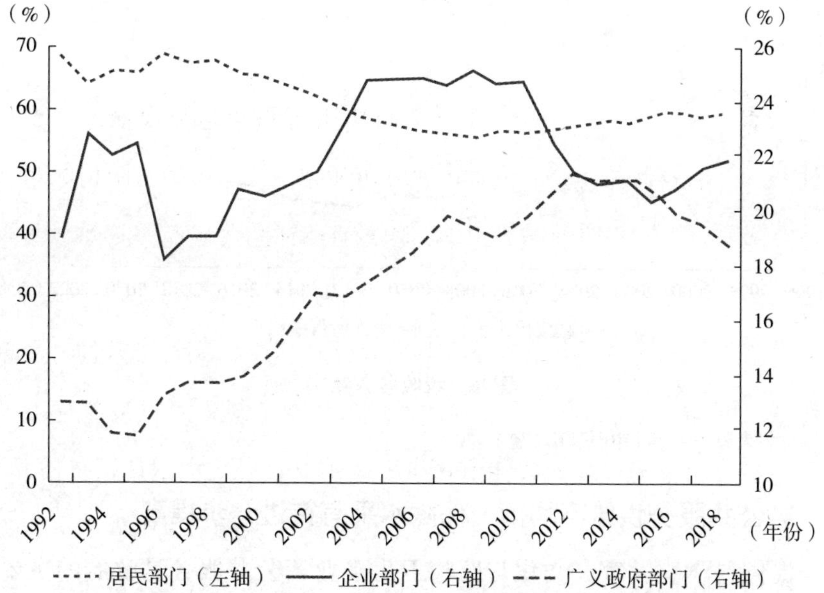

图75　政府、企业、居民部门可支配收入结构

资料来源：国家统计局。

收入差距都出现了较大幅度的缩小，基尼系数平均降幅为30%左右。

从存在的问题看，主要有以下几个方面。

1. 税收调节作用不足，税收结构有待改善

根据历年的《中国财政年鉴》，整理了政府一般公共预算收入中的税收收入结构，将个人所得税和企业所得税定义为直接税，可以发现2010—2018年，我国的直接税占总税收收入的比重呈上升趋势，近两年出现下降，特别是2020年由于疫情的冲击，政府给个体和企业减免所得税，直接税的占比下降明显（见图76）。税收收入结构与再分配的调节功能密切相关。一般而言，直接税具有累进性，更有利于收入公平；而间接税具有累退性，不利于收入公平。

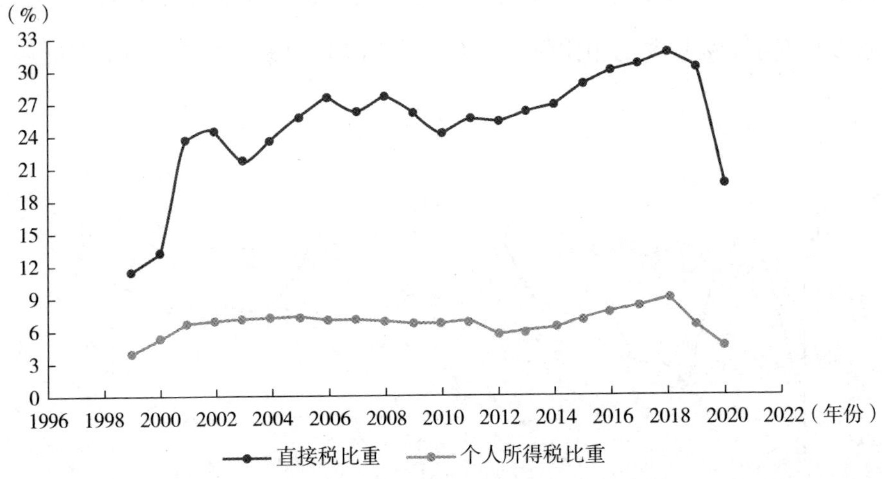

图76 税收收入结构

资料来源：历年《中国财政年鉴》。

2. 公共服务供给不均衡，保障水平有待进一步提高

提供科学、教育、文化与医疗卫生事业等公共服务是政府的主要职能。加大对落后地区、低收入群体的公共服务支出，有助于实现基本公共服务均等化。根据历年《中国财政年鉴》数据，近年来随着我国政府职能的转变，科教文卫等公共服务支出的比重逐渐上升，从 1999 年的 16% 左右上升到 2019 年的 27% 左右，但区域间、群体间不平衡问题依然突出，保障水平与发达经济体仍有一定差距（见图 77）。

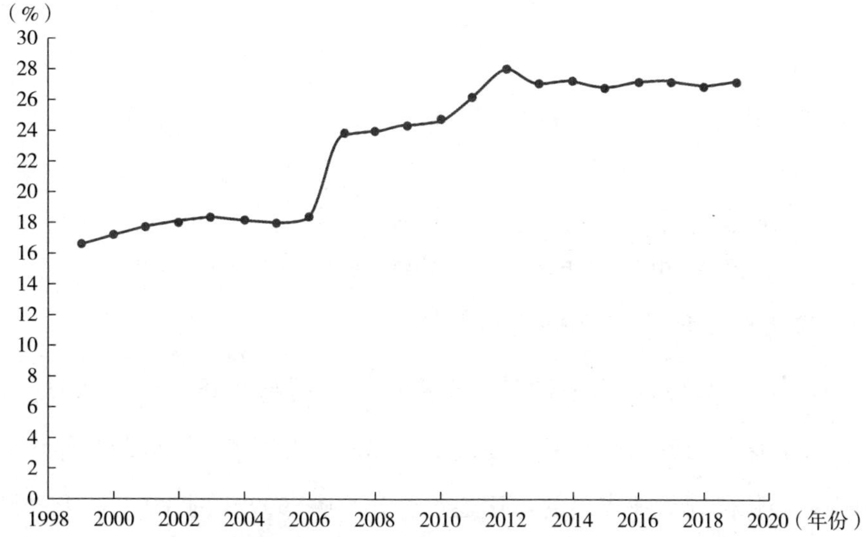

图77　科教文卫支出占比情况

资料来源：历年《中国财政年鉴》。

3. 转移支付结构趋于合理，有待进一步完善

中央对地方的转移支付是政府进行收入再分配的重要手段之一。根据资金用途，转移支付可分为一般性转移支付和专项转移支付。近年来，我国逐渐对转移支付体系进行了改革，用于提供公共服务的一般性转移支付比重逐渐上升，转移支付的结构趋于合理，更加有利于调节收入分配。2009 年转移支付中一般性转移支付占比 47.8%，2018 年这一比例已上升至 62.8%，2019 年和 2020 年这一比例均达到 90% 左右（见图 78）。

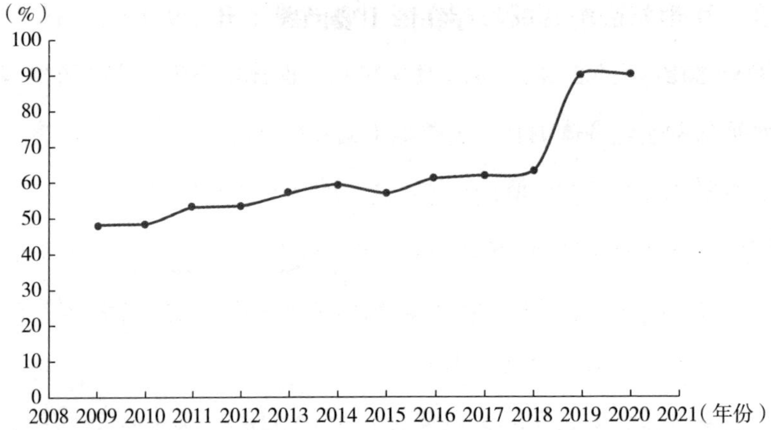

图78　中央对地方转移支付结构中一般性转移支付占比情况

资料来源：历年中央与地方预算执行情况报告。

4. 社会保障水平有所改善，仍有进一步提高空间

社会保障与就业是政府的主要社会职能。近年来，一般公共预算支出中社会保障与就业支出的占比逐年上升，从 1999 年的 3% 左右上升到 2019 年的 12% 左右，社会保障水平明显提升。特别是，近年来社会保障的覆盖面大大扩展，对低收入群体的保障更趋明显。但是，社会保障待遇水平存在较大差距，特别是对低收入群体和困难群体的保障不足，加大社会保障力度有助于实现社会公平（见图 79）。

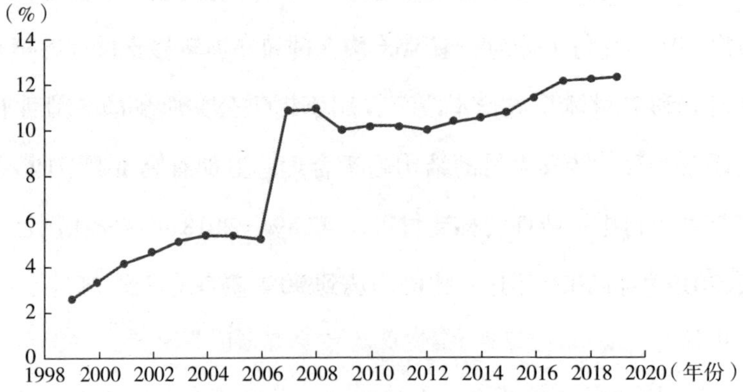

图79　社会保障与就业支出占比情况

资料来源：历年《中国财政年鉴》。

（三）财富分配状况与存在的主要问题

相对于收入分配，近年来我国居民部门的财富分配状况不容乐观，已呈现出明显的贫富悬殊的特点，需要引起高度重视。

1. 财产性收入差距扩大，加大居民收入差距

基于《中国居民收入差距变动分析（2013—2018）》中收入十等分细分数据分析，本专题发现 2013 年到 2018 年最低收入的三个组和最高收入的三个组财产性收入均实现正增长，而中间的四个组财产性收入还略有下降，较高收入和中间收入组的财产性收入差距扩大，较低收入与较高收入组的财产性收入的相对差距缩小，但绝对差距仍然较大。如果计算财产性收入的基尼系数，则该系数由 2013 年的 0.452 上升至 2018 年的 0.484，财产性收入差距有所扩大。

中国社会科学院经济研究所收入分配课题组自 2003 年一直进行住户收入、支出和财产方面的信息调查。调查数据显示，2002—2012 年，我国居民财产差距的基尼系数从 0.538 上升到 0.746，超过 0.7 的警戒线。《2020 方太 · 胡润财富报告》数据显示，截至 2019 年 12 月 31 日，中国拥有 600 万元人民币资产的富裕家庭数量已经达到 501 万户，比 2018 年增加 7 万户，增加 1.4%；拥有千万元人民币资产的高净值家庭数量达到 202 万户，比 2018 年增加 4 万户，增加 2%；拥有亿元人民币资产的超高净值家庭数量达到 13 万户，比 2018 年增加 3000 户，增加 2.4%；拥有 3000 万美元的国际超高净值家庭数量达到 8.6 万户，比 2018 年增加 2100 户，增加 2.5%。

2. 财富差距进一步扩大，房产占家庭财富比重较大

根据《中国家庭财富调查报告 2018》，2017 年我国家庭人均财富为 194332 元，较 2016 年增长了 14.94%。按照城乡划分，城镇家庭人均财

富为 274724 元，较 2016 年增长了 14.46%；农村家庭人均财富为 84099 元，较 2016 年增长了 9.56%。由此可见，城乡家庭人均财富的差距有所扩大，并且农村家庭人均财富水平较低，约为城镇家庭的 1/3。按照地区划分，东部地区人均财富水平为 261064 元，远高于中部地区的 156273 元和西部地区的 114250 元。从家庭财富的构成来看，房产净值占比最大，达到 66.35%。其中城镇家庭的房产净值占家庭财富比为 69.7%，农村家庭的房产净值占家庭财富比为 51.34%，房产在城镇家庭财富中的比重更大。近年来，我国家庭人均财富的增长主要是房产净值的增长，并且财富差距的扩大也主要由房产净值增长的差异导致。

3. 居民投资渠道单一，金融市场有待进一步完善

《中国家庭财富调查报告 2018》显示，2017 年的全国家庭财富中，金融资产占比约为 16.26%。从金融资产的构成来看，定期存款、活期存款和现金占城乡金融资产的比重均超过 80%，并且农村居民的金融资产更加集中在低风险低收益的存款上。由于缺乏投资渠道以及财经素养，低收入者的金融资产回报率与高收入者存在较大差异，这加剧了居民财富的不平等。

4. 农村居民的财产收入较低，收入结构趋于合理

2005 年以来，农村居民的工资和经营收入占比呈下降趋势，而财产和转移收入占比有所提升（见图 80）。相比于城市居民可以通过住房抵押或出租以获得财产性收入，农村居民由于缺乏产权，财产性收入占比较低，其收入主要还是来源于工资收入和经营土地收入。近年来，随着农村土地改革的逐步推进和城乡融合发展，农村居民的财产性收入有所提升，但仍有较大上升空间。

（四）基尼系数及影响因素总结

近年来，我国基尼系数有所下降。2003 年我国基尼系数为 0.479，到 2008 年达到 0.491 的最高点。2009 年以来，我国基尼系数有所回落，其中

2015 年为 0.462，处于近年来的最低点（见图 81）。2020 年，我国基尼系数为 0.468。从世界银行计算的各国基尼系数看，2016 年我国基尼系数处于全球中等偏高水平，低于美国，高于英国、法国、德国、韩国等主要经济体（见图 82）。

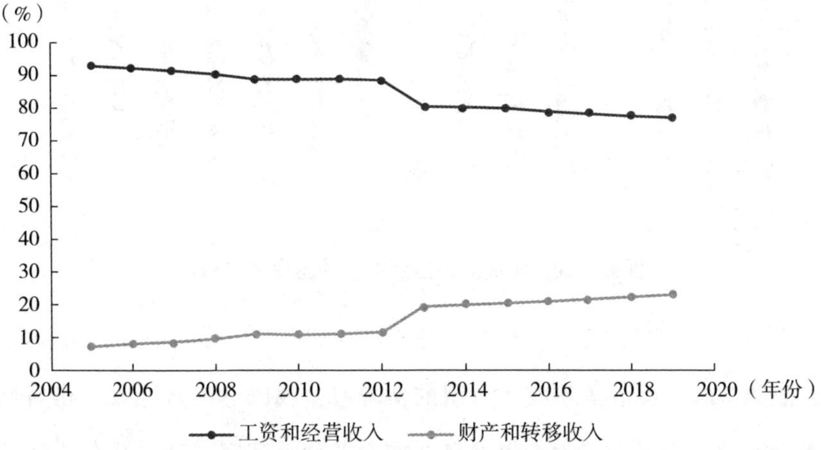

图80　农村居民收入构成

资料来源：国家统计局。

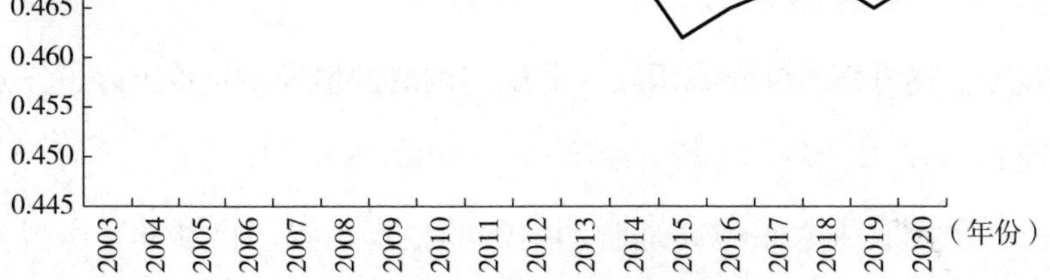

图81　我国基尼系数

资料来源：Wind。

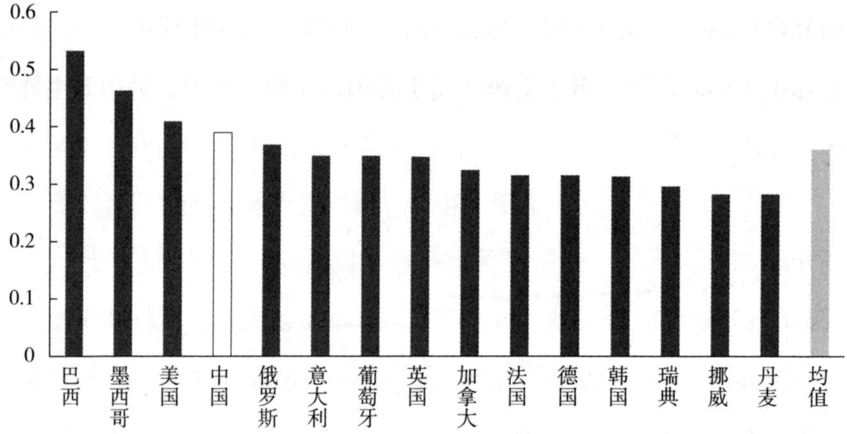

图82 2016年我国与主要国家的基尼系数对照

资料来源：世界银行。

依照全国居民五等份收入分组的情况看，我国近年来低收入和高收入群体之间的人均可支配收入仍然存在较大差距。国家统计局公布的全国城镇居民五等份收入分组的人均可支配收入数据也显示出我国近年来收入分化情况。2013—2021 年，城镇居民中低收入、中偏下收入群体的人均可支配收入年均增速分别为 6.8%、6.9%，中偏上、高收入群体的人均可支配收入年均增速分别为 7.7% 和 7.4%。前 20% 的高收入组家庭人均可支配收入从 2013 年的 57762 元增加至 2021 年的 102596 元，后 20% 的低收入组家庭人均可支配收入从 2013 年的 9896 元上升至 16746 元，两者之比从 5.84 扩大到 6.13（见图 83）。

基于上述分析，针对我国收入分配与内需的情况，可得出以下三点基本结论。

——居民收入水平不高是制约内需的根本因素。相对于发达国家而言，我国居民的人均可支配收入还比较少，2020 年，全国居民人均可支配收入 32189 元，比上年名义增长 4.7%，扣除价格因素，实际增长 2.1%。

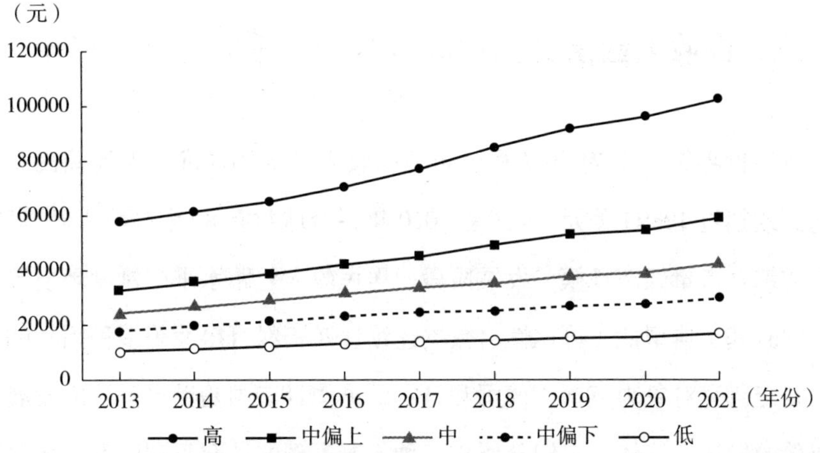

图83　不同收入水平群体的人均可支配收入情况

资料来源：国家统计局。

其中城镇居民人均可支配收入 43834 元，农村居民人均可支配收入 17131 元。在全球人均收入排名中靠后。居民收入总水平偏低，是制约内需的主要因素。

——收入与财富分配差距趋大，影响到边际消费倾向，进而拖累了总消费水平。由于收入与边际倾向之间存在负相关关系，占收入和财富比例较大的高收入群体边际消费倾向低，低收入群体虽然有强烈的消费意愿和较高的边际消费倾向，但受制于收入水平，难以转化为现实的消费行为。

——基本公共服务供给不足、社会保障水平较低，通过影响消费预期，进而拖累了中等收入群体的消费释放。目前，我国有约 4 亿中等收入群体，他们是消费的主力军。但我国基本公共服务供给不足，社会保障水平不高，人们普遍怀有对未来养老、子女教育、医疗等大额消费的不确定性，为此进行的预防性储蓄行为普遍，储蓄水平也比较高。这在一定程度上限制了中等收入群体消费能力的释放，是当前制约内需的突出因素。

三、高收入经济体国民收入分配政策的经验与启示

按照世界银行2021年7月公布的高收入经济体标准（人均国民总收入达到或超过12695美元），截至2020年，全球共有80个高收入经济体。本专题综合考量经济规模、发展阶段、居民收入差距水平、制度环境等要素，同时基于典型性、可比性、数据连续性及资料可得性等多种因素的考虑，确定研究对象为英国、德国和日本。英德日三国是世界公认的发展较为成熟的发达经济体，它们分属于三种不同类型的社会福利国家，相关制度经过数年的改革完善已相对较为健全，对我国有较强的启示借鉴意义。另外，这三个国家的经济增长在由中速转入低速阶段之后，国民收入分配格局保持平稳态势，没有出现恶化，显示了国民收入分配相关制度的韧性和适应性。

（一）英德日三国的国民收入分配情况总体良好

1. 基尼系数长期平稳并保持适中水平

1981年至2020年，英德日三国都经历了较为明显的经济增长下行的阶段，2000年以后，除了金融危机后基数效应导致的短暂反弹外，三个国家的经济增速都维持在1%左右的低水平（见图84）。但是，2004年以来，英德日三个国家的基尼系数都在0.4以下，处于国民收入分配的合理区间内，总体趋势保持平稳、波动很小，国际金融危机和欧洲债务危机导致的经济大幅下滑并没有直接影响三国的国民收入分配均等情况。分国家来看，英国和日本的基尼系数处于0.3 ~ 0.4的区间，属于国民收入分配相对合理的国家。其中英国的最高，大体维持在0.36的水平，金融危机后呈现稳中有降的态势，日本的基尼系数则长期稳定在0.33的水平上，没有

变化。德国的基尼系数处于 0.2 ~ 0.3 的区间，长期稳定在 0.28 的水平上，属于国民收入分配比较平均的国家（见图 85）。

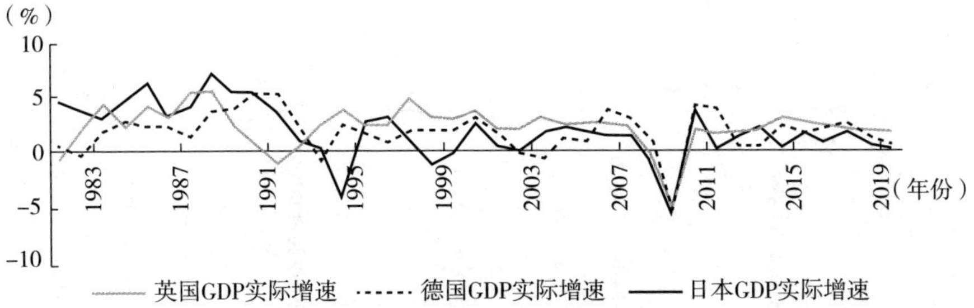

图84　1981—2020年英国、德国、日本的GDP实际增速

资料来源：Wind。

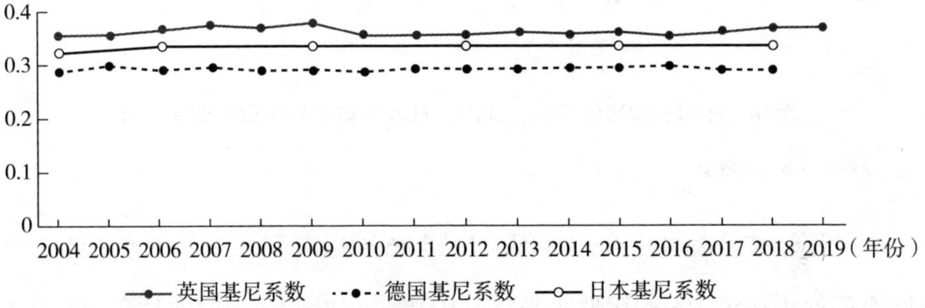

图85　2004—2019年英国、德国、日本的基尼系数变化情况

资料来源：OECD。

2. 各阶层收入分配情况相对较合理

基尼系数反映的是一国整体的国民收入分配情况，不能完全体现社会收入分层的实际分布状况和收入不平等的特征，我们可以通过帕尔玛比值（Palma Ratio）、各收入分组收入占全部收入的比重、生活在收入中位数 50% 以下人口比例这三个指标来看英德日三个国家的收入分配情况。帕尔玛比值的计算方法：最富有的 10% 人口的总收入 / 最贫穷的 40% 人口的总收入，一般用来衡量最贫人群和最富人群的收入分配不平等程度。帕尔玛比值越接近 1%，贫富差距越小，反之该值越大，则贫者越贫、富者越富。

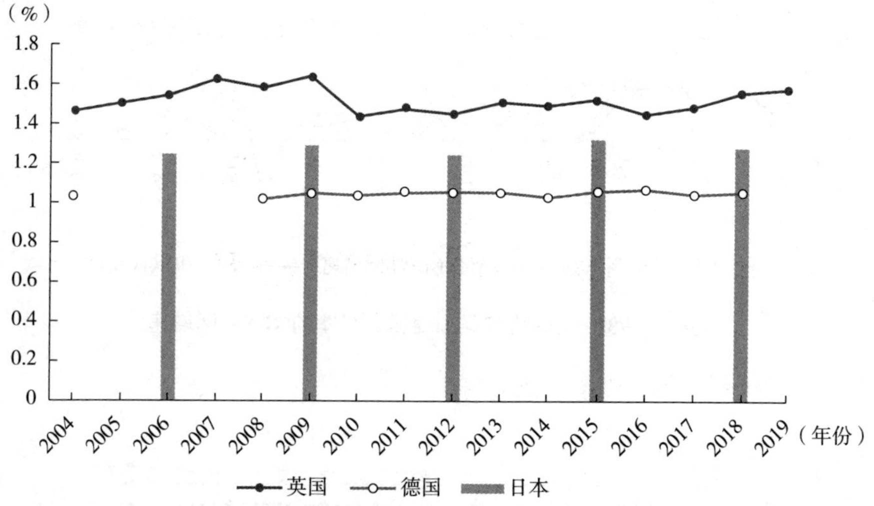

图86　2004—2019年英国、德国、日本的帕尔玛比值的变化情况

资料来源：OECD。

一是贫富差距处于合理区间。从图 86 可以看到，三个国家的帕尔玛比值都处于接近 1% 的较低水平，其中德国的最低，长期保持在 1% 的水平上，贫富差距最小。日本次之，长期保持在 1.3% 的水平上，贫富差距也不大。帕尔玛比值最高的是英国，长期稳定在 1.5% 上下，并在国际金融危机后有明显下行趋势，显示贫富差距小幅收窄。

二是相对贫困人口占比在 15% 以下。以 OECD 国家较为通用的收入中位数的 50% 作为相对贫困线，从图 87 可以看到，就最近的数值来看，日本的相对贫困人口占比最小，已从 2008 年金融危机期间的 15.7% 下降到 9%。德国的相对贫困人口占比在 2011 年前长期维持在 9% 以下，但 2011 年之后开始逐步提高至 12% 左右的水平。英国的相对贫困人口占比最高，在 13% 上下波动，近年有小幅上升趋势。

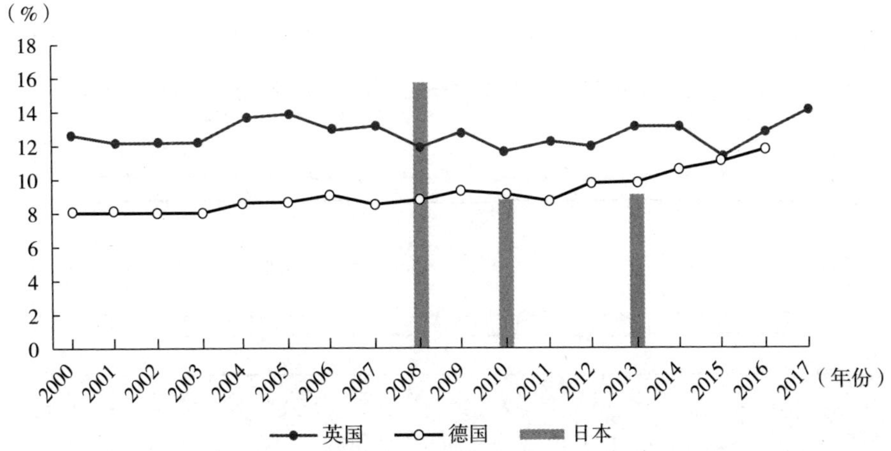

图87 2000—2017年英国、德国、日本生活在收入中位数50%以下的人口比例

资料来源：Wind。

三是不同收入分组占总收入比重呈4∶5∶1的稳定状态。通过观察不同收入分组人群收入份额占比的截面数据，英德日三个国家不同收入分组人群占收入份额的分配比例遵循4∶5∶1定律，即全社会40%左右的财富集中在收入排在前20%的人群手中，10%左右的财富集中在收入排在后20%的人群手中，其他50%则集中在中间阶层60%的人群手中。分国家来看，德国、日本各阶层收入份额占比非常稳定，2000年以来波动很小。英国则经历了一个收入分配调整的过程，2000年收入排在前10%的人群收入份额占比为30.5%，近年已逐步降至26%左右，财富分配进一步向下流动（见图88、图89、图90）。

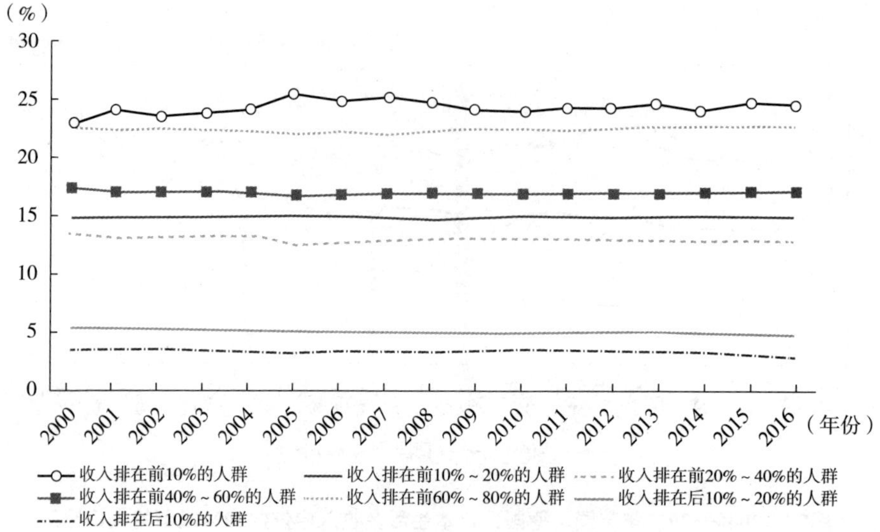

图88　2000—2016年德国各收入分组人群收入所占份额变化趋势

资料来源：Wind。

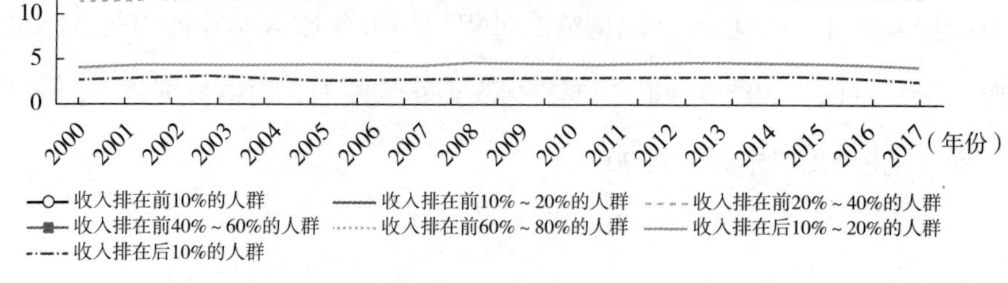

图89　2000—2017年英国各收入分组人群收入所占份额变化趋势

资料来源：Wind。

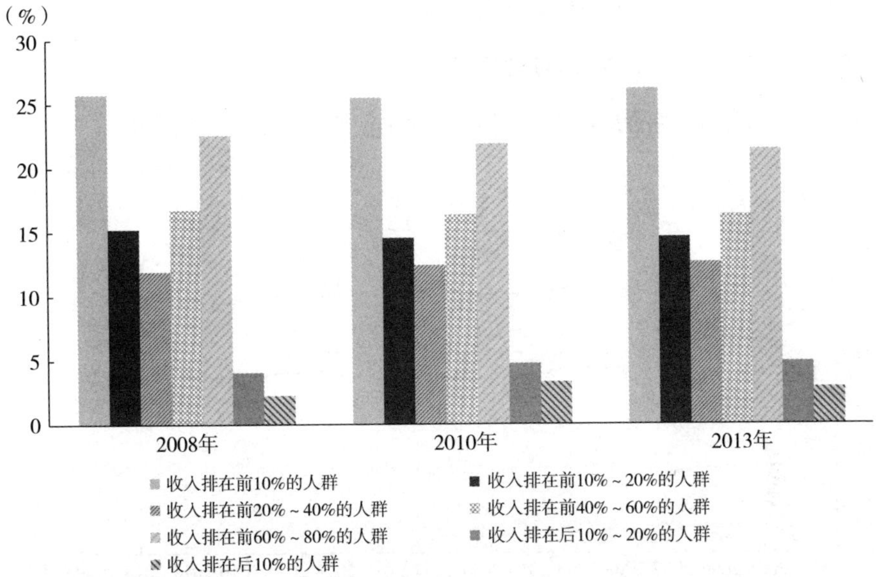

图90　2008年、2010年、2013年日本各收入分组人群收入所占份额变化

资料来源：Wind。

（二）英德日三国政府对收入分配的调节能力较强

从图91至图93可以看到，经过政府主导的二次分配（税收、转移支付）调节之后，英德日三个国家的基尼系数普遍从调节前的0.5以上降到0.3左右，居民收入差距也从贫富差距悬殊的水平回归到收入分配较为合理的区间。三国都主要是通过税收体系、福利支出的“高端调低”和“低端托底”的功能来实现居民收入均等化的目标，以税收为主要手段，充分发挥税收机制的矫正作用。

1. 英德日三国税制结构均以直接税为主

直接税具有量能课征、税负公平的特性，能够在一定程度上平均社会财富，具有较好的调节收入分配的作用。英德日三国在税制结构上都以直接税为主、间接税为辅。三个国家的直接税占总税收的比例都在六成以上，可用于调整国民收入分配的资金规模较大，政府在二次分配上也更具主动权。与之相对应，三个国家的间接税占总税收收入的比例都在30% ~ 40% 的区间，最低的是德国，常年维持在 30% 左右；日本次之，在 32% 上下；最高的是英国，间接税占比在 37% 左右（见图 94）。

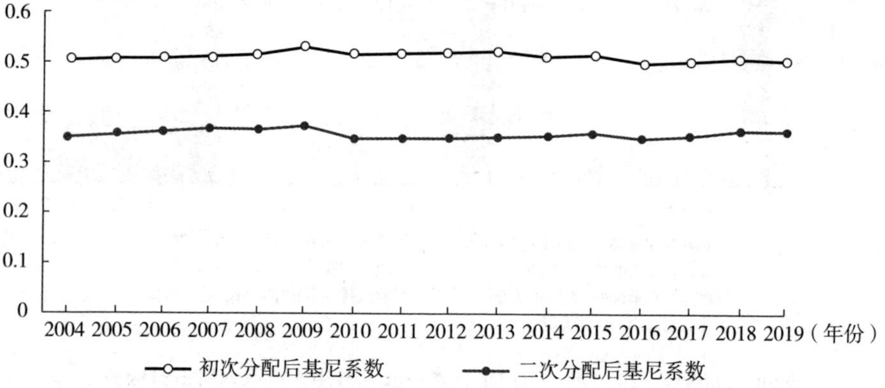

图91　英国2004—2019年初次和二次分配后基尼系数

资料来源：OECD。

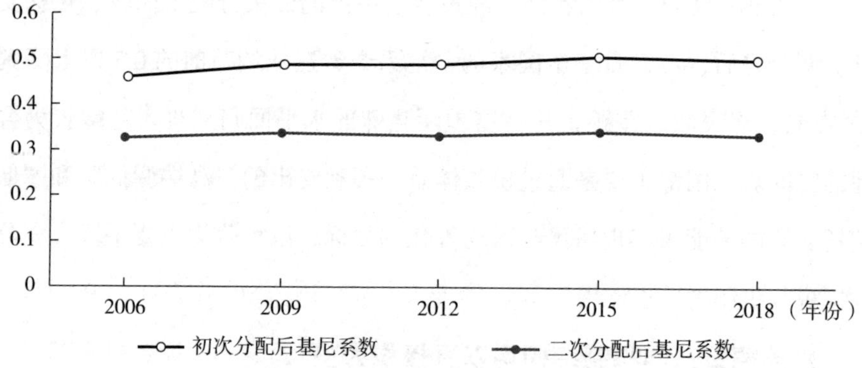

图92　日本2006—2018年初次和二次分配后基尼系数

资料来源：OECD。

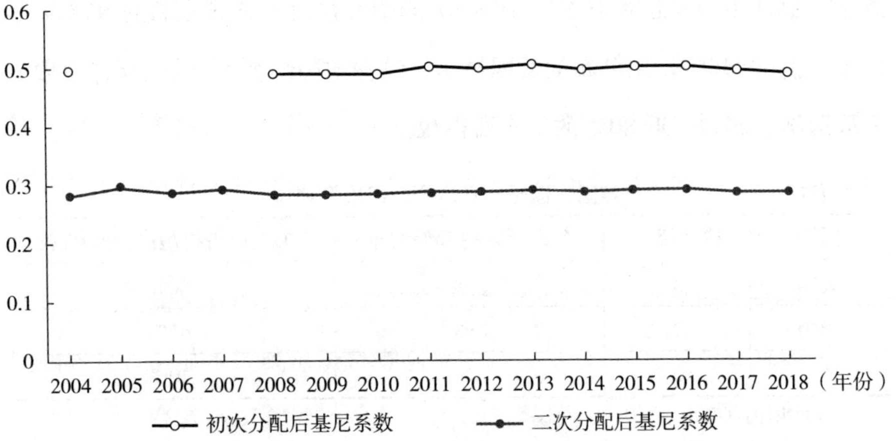

图93　德国2004—2018年初次和二次分配后基尼系数

资料来源：OECD。

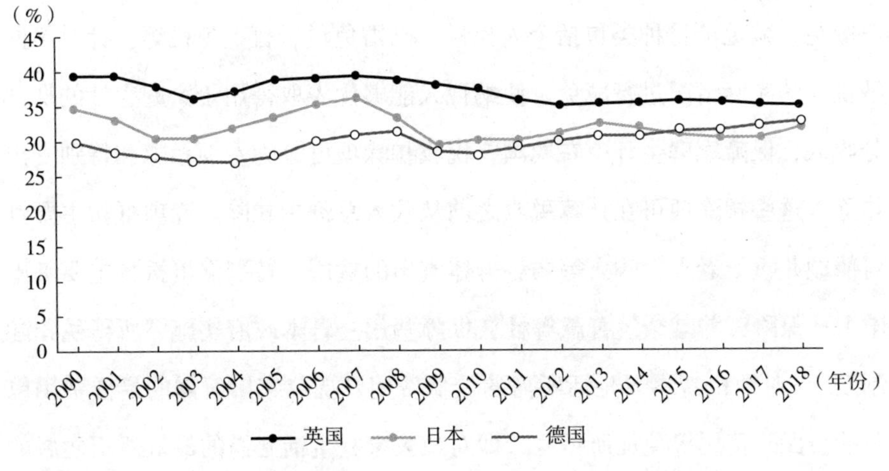

图94　2000—2018年英国、德国、日本三国间接税在总税收收入中占比变化趋势

资料来源：OECD。

2. 个税“调高”的同时兼顾“就低”

英德日三个国家的个人所得税都是主体税种，在全部税收收入中占比较高，其中英国个税占比最高，在26%左右，其次为德国，在17%左右，日本最低，在12%左右。三个国家的个人所得税最高边际税率都在40%

以上，高于其他 OECD 国家，在调节高收入方面发挥了积极作用（见表 17）。德国联邦统计局公布的数据显示，约占德国纳税人总数 1/4 的高收入人群缴纳了德国将近 80% 的个人所得税。

表17　　英国、德国、日本个税级次及税率

国别	税率级次	个人所得税起始税率	个人所得税最高边际税率
英国	3	20%	50%
德国	2	14%	45%
日本	6	5%	40%

资料来源：OECD。

除“调高”以外，三个国家均建立了非常完善的个税减免体系，充分保障中低收入人群的权益。在英国，除了纳税人最基本的收入减免之外，还会考虑到纳税人的家庭负担、婚姻状况以及身体健康程度等情况进行相应减免，减免项目种类包括个人免税、已婚免税、盲人免税等。针对不同纳税人的实际情况进行减免，使纳税人能够优先取得用于家庭生计的那部分收入，保障家庭生计。在德国，税收扣除项可分为专项扣除和特别支出扣除，这些扣除项可在计算税收之前从收入总额中扣除。专项抵扣主要针对照顾儿童、老人、病人等弱势群体支出的费用，特别支出抵扣主要考虑学习、保险、养老金、善款等社会保障费用。日本政府实施“所得税扣除制度”，对纳税者本人生活所需的最低费用、抚养家属所需的最低费用以及社会保险费用等免征所得税，即对减去家庭生活必需的最低费用之后的所得，按照规定的税率征税。

3. 三国对各类收入、财富都进行税收调节

一般来说，富裕阶层往往拥有多种收入来源和多次持续性收入，薪资只是其中较小的一部分，更多的是各类资产性收益带来的财富积累。因此，纳税领域越全面，越能加大对高收入者的征税力度，税收在缩小贫富差距方面的作用越明显。

从表 18 至表 20 可以看到，英德日三个国家对个人和企业的各类收益进行全方位征税，涉及个人薪资、企业经营、资本利得以及各类资产性收益等，其中最为全面的是德国，几乎涵盖了全部收入形式。另外，三国均开征了遗产、继承与赠与税，对财富的代际传承进行适当的调整。

表18　　英国国民收入相关税种一览表

纳税对象	税种
个人收入	所得税
	资本利得税
企业利润	石油收入税收
	公司所得税
	押注税
	非化石燃料义务税
	资本利得税
不动产	不动产经常税
遗产、继承与赠与	遗产税
	对其他资本转移征税
	资本转移同工同酬
金融和资本交易	印花税

资料来源：OECD。

表19　　德国国民收入相关税种一览表

纳税对象	税种
个人收入	工资和薪金税
	评估所得税
	股息预扣税
	补充税
	企业税收
	利息预扣税
企业利润	公司所得税
	补充税
	企业税收
	利息预扣税

续表

纳税对象		税种
不动产		不动产经常税
净财富经常性税	个人	个人一般财富税
	企业	企业财富税
		银行税
		存款保障基金的供款
遗产		遗产税
		赠与税
金融和资本交易		房地产转让税
		附加不动产转让税

资料来源：OECD。

表20　　日本国民收入相关税种一览表

纳税对象	税种
个人收入	所得税
	市民税
	县民税
	企业税
企业利润	公司所得税
	市民税
	县民税
	企业税
	地方特别公司税
	地方企业所得税
不动产	县房产税
	市房产税
	城市规划税
	特殊土地所有税
遗产	遗产、继承和赠与税
金融和资本交易	金融和资本交易税
	印花税
	不动产购置税

资料来源：OECD。

（三）对我国的启示及借鉴意义

庞大的中等收入群体是消费的主力军。中等收入群体是社会稳定器。英国、德国、日本在低速增长阶段，特别是在国际金融危机和欧债危机期间，依然能够保持国民收入分配格局的平稳，与其在经济发展过程中逐步积累形成庞大的中等收入群体，从而形成稳定的社会结构密切相关。中等收入人群的壮大、稳定与国民收入分配格局的均等化互为因果、互相促进。目前，我国仍属于“金字塔型”社会结构，将国民收入分配制度的改革重点着眼于扩大中等收入群体、努力构建“橄榄型”社会结构至关重要。

发挥好政府对收入财富再分配的调节作用。按照马斯格雷夫的分析，所得税类和财产税类调节收入分配的效果较好，所得税类调节流量的收入分配，财产税类调节存量的收入分配，二者相互配合，能够共同发挥税收调节收入分配的作用。与英国、德国、日本相比，我国的主要税种是流转税，以增值税为主，今后的税制改革应逐步从以间接税为主体向以直接税为主体调整，进一步提高所得税和财产税的收入规模及其占税收总收入的比重。另外，税种覆盖更多项目，加强对高收入者的税收征管。相对英国、德国、日本，我国国民收入相关税种设计还不够科学完善，富裕人群的资产收益，财产转让所得，利息、股息、红利所得，规模较大的个人独资企业、合伙企业和个体工商户的生产、经营所得，很多还没有纳入征管。进一步完善税制，加强对富裕人群的税收征管，有益于调节贫富差距。

健全的社会保障体系有利于稳定消费预期。德国、英国、日本作为老牌发达国家，在“二战”后重建了社会保障体系。经过上百年的发展，三个国家的社会保障制度完善、覆盖面广、保障水平高。在保障项目方面，从生、老、病、死、伤、残，到各种收入保障和医疗服务照顾等所有项目全覆盖。这是社会保障起到调节收入分配作用的基础。近 20 年来，随着财政负担的加重，三个国家的社会保障给付项目面对的重点人群发生了结构性变化，开始由退休人员逐步转向收入水平较低的人群（包含贫困人口、老年人、弱势群体等），这也在一定程度上改善了收入分配结构，提高了边际消费倾向。

四、深化我国收入分配制度改革、有效扩大和更好满足内需的主要政策建议

我国政府长期以来一直致力于收入分配改革，早在 2013 年就出台了《关于深化收入分配制度改革的若干意见》。结合当前我国收入分配的现状，特别是促进和扩大内需的需要，本专题认为有必要启动新一轮的深化收入分配改革。一方面，要继续做大“蛋糕”，提高广大人民群众的收入水平；另一方面，要发挥好政府的再分配作用，通过“促中、保低、抑高”，从提高收入水平、调整边际消费倾向、改善消费预期等多个方面着手，为促进和扩大内需创造条件。

（一）构建更加完善的要素市场化体制机制，进一步激发市场活力，发展经济，提高人民群众的总体收入水平

1. 不断健全生产要素由市场评价贡献、按贡献决定报酬的机制

发展经济、提高人民群众的总体收入水平要紧紧抓住“要素市场化改革”这个“牛鼻子”。今后一个时期，要不断健全生产要素由市场评价贡献、按贡献决定报酬的机制。着重保护劳动所得，增加劳动者特别是一线劳动者的劳动报酬，提高劳动报酬在初次分配中的比重。全面贯彻落实以增加知识价值为导向的收入分配政策，充分尊重科研、技术、管理人

才，充分体现技术、知识、管理、数据等要素的价值。具体而言有以下几个方面。一是完善产权制度，平等保护公私财产，重点加强知识产权保护，在有效激励上实现突破。二是深化劳动力市场改革，优化调整我国人口政策，努力释放人口潜力，加快完善社会保障制度改革，真正形成城乡一体化、全国统一的劳动力市场。三是深化土地制度改革，推进农村集体经营性用地入市、完善农民承包地和宅基地的流转机制、建设城乡统一的建设用地市场。四是深化金融改革，促进供给主体多元化。加快发展民营银行、网商银行、村镇银行、社区银行，使金融供给主体尽快多元化；发展多层次资本市场，进一步扩大直接融资比例；研究新形势下货币政策的方向与重点，努力服务于实体经济；加快数字货币的研究，掌握数字世界的金融主动权。五是深化科技制度改革，牢牢抓住科技成果市场化、产业化这个“牛鼻子”，培育发展技术转移机构和技术经理人，促进技术要素与资本要素融合发展，疏通科技成果转化的“肠梗阻”，将“引进、消化、吸收、再创新”与“集成创新”相结合，最终建成“创新型国家”。健全职务科技成果产权制度。六是加快培育数据要素市场。要根据数据性质完善产权性质，建立统一规范的数据管理制度，提升社会数据资源价值；要重点培育数字经济新产业、新业态和新模式，大力发展数字经济。七是加快要素价格市场化改革，完善主要由市场决定的要素价格机制。

2. 加强对垄断行业和国有企业的收入分配管理

国有企业是中国特色社会主义的重要物质基础和政治基础。国有企业特别是中央管理企业，在关系国家安全和国民经济命脉的主要行业和关键领域占据支配地位。目前，央企主要分布于有关国计民生的重要领域和产业链的上游，有较强的市场支配地位。要进一步打破行政性垄断，实现行政性垄断行业的政事分开、政资分开和政企分开。对于有自然垄断特征的行业，也要在能够竞争的环节尽可能引入竞争机制，努力扩大市场定价的范围。进一步加强国有资本经营预算管理，提高垄断性企业国有资本收益上交比例，处理好国家与企业的收入分配关系。对垄断行业要实行企业工资总额和工资水平双重调控政策，建立与全社会平均工资水平的联动机制，逐步缩小行业工资收入差距。进一步规范国有企业、金融机构经营管理人员特别是高层管理人员的收入，建立根据经营管理绩效、风险和责任确定薪酬的制度，完善监管办法，并对职务消费作出严格规定。对非国有金融企业和上市公司高管薪酬，也要通过完善公司治理结构，增强董事会、薪酬委员会和股东大会在抑制畸高薪酬方面的作用。

3. 坚决取缔非法收入

围绕国企改制、土地出让、矿产开发、工程建设等重点领域，强化监督管理，堵住获取非法收入的漏洞。坚决遏制权钱交易，坚决打击内幕交易、操纵股市、财务造假、偷税漏税等获取非法收入的行为。严厉查处权钱交易、行贿受贿行为。加强反洗钱工作和资本外逃监控。加强反腐倡廉制度建设，从源头上消除腐败行为滋生的土壤。

（二）发挥好政府的再分配职能，改善收入与财富分配结构，提升综合边际消费倾向

1. 加快完善综合与分类相结合的个人所得税制度

个人所得税是政府调节居民收入分配，促进共同富裕的主要政策工具。从总量上看，目前我国个人所得税收入在全部税收收入中的占比为7% ~ 8%，远低于欧美等发达国家的水平。从结构上看，目前我国个人所得税收入大部分来自工薪阶层，对高收入阶层的调节力度不足。今后，为了发挥好个税对于居民收入分配的调节作用，要积极改变这种情况。

加强对重点领域高净值人群的税收管理。有针对性地加强对一些重点领域的税收征管，如家族财产信托、海外信托、资本利得等。积极探索数

字经济新业态从业人员的税收管理工作，将网络主播、直播、打赏收入等新的高收入形式纳入税收征管范围。可为高净值人群设计必须承担的最低税率，将其所享受的税收优惠控制在一定的范围之内。做好企业所得税与个人所得税之间的制度协调，削平两者之间过于悬殊的税率落差，堵上高收入者将个人收入转化为企业收入从而少交税的制度漏洞。

加快完善综合与分类相结合的个人所得税制度。要适应我国新经济、新业态下居民收入形式多元化且生产性费用与生活性费用混合的特点，加快完善综合与分类相结合的个人所得税制度。如扩大纳入综合征税的所得范围，继工资薪金收入、劳务报酬、稿酬、特许权使用费之后，将其他符合条件的收入纳入综合所得的范畴。为充分发挥个人所得税的收入调节功能，要尽量将尽可能多的人群纳入个税的管理范围，为此5000元的个人所得税免征额不宜再提高，同时出台一些针对中低收入者的税收照顾条款。

2. 积极稳妥推进房地产税改革，研究遗产与赠与税

相较于流量意义上的收入分配，我国居民在财富分配方面的差距更大，而我国这方面的税收制度尚处于空白状态。大体而言，居民财富主要表现为两种形式：一是房产，这占到我国居民财富的80%以上；二是金融资产，越是富裕的家庭占比越大。对这两类资产，目前税收的调节作用都严重不足。在我国现行税制中，虽然与房地产有关的税种多达数个，但一直缺少居民住房持有环节的税收，这已成为我国税收制度建设中的一个老大难问题。要以合并税种为主要方向，按照“立法先行、充分授权、分步推进”的原则，尽快完成房地产税立法，适时推出房地产税，解决长期以来应该解决而没有解决的问题，实施上可考虑对高收入群体率先征收。对于金融资产，现有税收制度需要在适用范围和加强征管上多下功夫，比如，适时恢复对股票交易所得征税、出台有关资本利得的税收制度、加强对高净值人群的税收征管，加强对理财产品、信托产品、家族信托基金等的税收管理。另外，随着时光流逝，伴着改革开放成长起来的第一代企业家已进入暮年，其多年打拼积累下来的财富需要向下一代传承。在这一过程中，既需要保护企业家勤奋创业的积极性、有利于企业正常经营，也需要防止财富传承中的阶层固化和社会流动性减弱。国际经验表明，在财富继承环节针对巨富征收遗产与赠与税，是一个合理选项。我国对此需要加以研究。

3. 加大消费环节税收调节力度，研究扩大消费税征收范围

消费税是对特定消费品征收的一种税，目的是“寓禁于征”、合理引导消费。目前，我国消费税征收对象共 11 类，主要集中在三个方面，一是对健康有影响的消费品，如烟酒等；二是有环境污染效应的产品，如汽油、小汽车、鞭炮等；三是高档消费品，如化妆品、珠宝首饰等，总体而言是以有形的商品为主。随着我国经济社会的发展和居民消费结构的变化，应研究扩大消费税征收范围，加大消费环节税收调节力度。一是将近年来出现的一些新型高档消费品，如私人飞机、游艇等纳入消费税征收范围；二是提高部分高档消费品的税率，如白酒、高档香烟、大排量的燃油汽车等；三是将部分高档服务消费纳入消费税征收范围，如高尔夫、狩猎、跑马、赛马、高档歌舞厅、高档酒店、私人会所、高级会员俱乐部等。

从鼓励消费、改善和提升消费环境的角度来讲，在条件成熟的情况下，今后可考虑将增值税分享的基础由现在的生产地原则部分调整为消费地原则，依据消费的实际发生地、消费金额、消费者人数等进一步优化增值税分享结构，以强化税收与行为之间的联系，调动地方政府积极投身于改善消费环境、加强消费者保护等工作，为扩大和促进内需创造更好的条件。

4. 进一步完善慈善公益的税收优惠政策，营建有利于第三次分配的制度环境

慈善公益组织是社会组织中具有公共利益导向的特殊群体，各国惯例均对其实行税收优惠，我国也不例外。税收优惠主要体现在两个方面。一是对慈善公益组织本身的税收减免，如对于取得的与"宗旨"相关的收入予以所得税免除，对其用于从事公益性活动的固定资产，如房屋等给予免税等；考虑到我国税收环境的实际情况，慈善公益组织所从事的与其"宗旨"无关的收入则应分别记账、依法纳税。二是对向这些经过税法认定的慈善公益组织捐款的企业和个人，可在一定范围内免除所得税。我国税法已有相关规定，如对个人捐赠可从其应税所得中按 30% 的标准扣除，对企业则按 12% 的标准扣除。今后，要进一步完善慈善公益的税收优惠政策，积极引导高收入者回报社会。可适当增加优惠条款，不仅有企业所得税、个人所得税方面的优惠政策，针对增值税、房产税也可以适当出台一些税收优惠条款。适当放宽慈善公益组织设立的条件。扩大可享受税收优惠的慈善公益组织范围，打通慈善公益发挥第三次分配作用的渠道。

（三）实质性推进基本公共服务均等化，健全社会保障体系，稳定消费预期

早在"十三五"时期，我国就出台了《"十三五"推进基本公共服务均等化规划》。在"十四五"规划和 2035 年远景目标纲要中再次提出到 2035 年要实现基本公共服务均等化，有关部门发布了 2021 年基本公共服务均等化标准。今后，要以更加坚定的决心、更加实实在在的行动将这一目标做实，具体建议有以下几条。第一，在已出台基本公共服务国家标准的基础上，鼓励各地根据本地区实际情况，出台基本公共服务的地方

标准。以“现居住地”“辖区内”等作为重要的服务半径，推动居民就近、就地享有基本公共服务。加快建设医疗保障信息系统，构建全国统一、多级互联的数据共享交换体系，促进跨地区、跨层级、跨部门业务协同办理。第二，采取切实有效措施，鼓励各地积极探索基本公共服务提供主体的适当多元化。扩大政府购买基本公共服务的事项范围，将其纳入政府购买服务指导性目录。探索构建基本公共服务均等化的评价指标体系。第三，做好重点人群的基本生活保障，兜住民生底线。将近年来行之有效、受到社会欢迎的中小企业和个体工商户税收优惠政策固定下来，制度性地减轻税费，改善营商环境。第四，加大技能人才培养力度，提高技术工人工资。第五，除少数特大、超大城市以外，全面推行以经常居住地登记户口制度。逐步取消户籍与基本公共服务的关联，让农业转移人口“进得来、留得下”。第六，做好高校毕业生的就业工作，优化对灵活就业、自我雇佣人员的相关制度供给。

在推进基本公共服务均等化的同时，还要进一步织密织牢社会安全网。重点是把低收入人群的保障做好，巩固脱贫攻坚的成果，特别是全面实现脱贫之后的政策体系支持，健全防止返贫监测帮扶机制，对脱贫不稳定户和边缘易致贫户及时发现、及时帮扶。做好易地扶贫搬迁后续扶持工作，激励和引导脱贫群众靠自己努力过上更好的生活。在产业帮扶衔接上，产业扶贫政策措施由到村到户为主向到乡到村带户为主转变。在就业帮扶衔接上，继续做好东西部劳务协作工作，积极拓宽就地就近就业渠道。在重点县衔接上，国家层面在西部地区原深度贫困县中确定一批国家乡村振兴重点县予以重点帮扶，各地确定本省的重点县，统筹资源力量进行重点帮扶。

通过完善基本公共服务和筑牢社会保障体系，加强居民老年生活保障，稳定居民预期，增强消费信心和意愿，释放青年群体消费需求，鼓励和支持青年群体适度超前消费，打消不敢消费的顾虑，降低预防性储蓄比例，促进消费合理增长。同时，消费信贷和风险管控方面要建立相应的配套政策，允许居民在全生命周期合理安排消费。

（四）实施中等收入群体倍增战略，构建扩大和促进内需的长期力量

中等收入群体是社会的中坚力量，也是扩大和促进有效消费的重点和目标人群。目前，我国已有约 4 亿中等收入群体，超过欧洲总人口的一半或美国的人口总数。建议实施中等收入群体倍增计划，在已有的 4 亿中等收入群体的基础上，再用 10 ～ 15 年的时间，推动我国中等收入群体增加 4 亿至 5 亿人，达到 8 亿至 9 亿人，占总人口的 60% 左右，塑造中国经济增长、社会稳定、消费增加的最重要支持力量。

一是精准锁定目标人群。研究表明，目前我国 6 亿低收入人群中，有 15% 的人群收入水平与中等收入群体（下限）标准的差距不足 20%。他们应该是在未来 5 ～ 10 年内最有希望进入中等收入行列、也是最有潜力成为中等收入群体的人群。如果这部分人群成为中等收入群体，那么我国中等收入群体比重会上升约 10 个百分点，中等收入群体规模会超过 5 亿人。另外，目前的低收入人群中还有 46% 的人群收入水平高于中等收入（下限）标准的 50%，他们应该是未来 15 ～ 20 年中我国中等收入的潜力人群。现实地看，上述最可能进入中等收入群体的人群主要是进城务工的农民工、高校毕业生、技术工人、中小企业主和个体工商户、公务员及国有企事业单位基层职工等，规模为 2 亿至 3 亿人。

二是全面深化户籍制度改革。全面取消城区常住人口 300 万以下的城市落户限制，全面放宽城区常住人口 300 万至 500 万的大城市落户条件。完善城区常住人口 500 万以上的超大、特大城市积分落户政策，精简积分

项目，确保社会保险缴纳年限和居住年限分数占主要比例。具备条件的，可出台农民工落户的负面清单制度，并积极创造条件，加快缩减负面清单。对暂不具备落户条件的农民工，依托居住证制度梯度赋权，依据居住证连续持有时间，逐步扩大公共服务项目。

三是加快推进基本公共服务均等化。明确常住人口享有与户籍人口同等的教育、就业创业、社会保险、医疗卫生等基本公共服务。健全财政转移支付同农业转移人口市民化挂钩机制，继续推进并扩展义务教育等基本公共服务随人员流动可携带的政策，做好农村社保、医保和城镇居民社保、医保的衔接。

四是加快建设一批面向新市民的安居房工程。对于在城市稳定就业达到一定年限的农民工，在保障性住房上给予市民待遇。鼓励建设适合农民工的租赁房，并逐步将公积金制度覆盖范围扩大到在城市中有固定职业的农民工群体。

五是加大政府就业服务的提供力度。对有劳动能力和就业需求的进城农民工，持居住证可在常住地公共就业服务机构享受就业基本公共服务。全面加强农民工职业教育培训，逐步将职业教育培训作为一项基本公共服务加以提供。推行农民工新型工匠培训计划。鼓励各类技工院校、职业学校、就业训练中心等开设农民工职业技能培训，并给予一定的财政补贴。鼓励企业对农民工员工开展职业技能培训，并在财税、信贷等方面实行必要的激励措施。国家对吸收农民工就业、安居较多的城市，在财政补助、基础设施投资等方面给予相应支持。

六是普及义务教育，加大职业培训力度，为更多的低收入群体创造进入中等收入群体的条件和机会。要继续推进城乡义务教育一体化发展，实现县域内校舍建设、师资配备、生均公用经费基准定额等标准统一。落实国家学生资助政策，保障家庭经济困难学生、残疾学生等的受教育权利。

落实以居住证为主要依据的随迁子女义务教育入学政策，确保居住证持有人可在居住地依法享受义务教育。继续实施支援中西部地区招生协作计划、重点高校招收农村和贫困地区学生专项计划，增加农村地区、贫困地区、贫困家庭学生上大学的机会和接受优质高等教育的机会。要进一步促进校企深度合作，切实提升职业教育质量，让职业院校的专业设置、师资队伍、教学方式与现代制造业的生产实践相对接，培养出技能精湛且能够满足现实需求的技术工人。提高技术工人福利待遇和社会地位，让技术工人能够通过自身的人力资本获得体面的薪酬待遇。破除身份差别，让技术工人能够享有同等的职业发展权利和职业发展机会。

执笔人：冯俏彬　李承健　王莹莹　江宇　宋恒

专题报告三

有效扩大和更好满足内需的社会政策研究

从我国的实践来看，社会政策手段主要有社会服务和社会保障两大类，一般会有较多的政府介入。本专题重点分析与内需关系比较密切的教育、健康医疗、养老服务三种主要社会服务，兼及社会保障。教育、健康医疗服务有较大的正外部性，从国际经验和我国实践看，其中有很大一部分是公共消费；养老服务在各国的情况差别较大，我国尚未定型。随着人们收入增加和需求的多样化，高端的教育、健康医疗、养老服务也发展起来，这部分是私人消费。在社会保障中，社会救助是对社会中最贫穷人口的帮助，具有人道主义性质，公共筹资占绝对主导。养老保险、医疗保险的筹资在各国差异较大，我国目前以公共筹资（社会保险）为主，商业养老保险、医疗保险正在逐步发展。

我国的教育、健康医疗和养老服务中既有公共消费，也有私人消费，都是内需的组成部分，有效的供给和消费都有利于经济增长，无效的供给和消费会浪费资源并抑制其他消费。社会政策要在较好满足基本需求、保障民生的同时，鼓励发展非基本服务，满足个性化、多样化需求，推动相关产业发展和经济增长。相对而言，健康医疗、养老服务领域有较大的消费潜力。

社会保障对内需的主要作用有两方面。一方面有利于稳定公众预期和消费信心，使人们在当前敢于消费。社会救助等现金转移支付能够直接增加低收入群体收入，从而发挥扩大当期消费的作用。另一方面，较为充足的社会保障有利于稳定、扩大人们在老年时期的消费。合理水平的养老金能够稳定老年人的支付能力，较好的医疗保障能够防止因病致贫，从而稳定和扩大老年时期的消费。

一、我国社会服务需求的总体趋势

未来10年，随着我国老年人口的持续增加，家庭规模小型化和家庭功能弱化，以及城镇化的进一步推进，社会服务的需求总量将持续增加；同时随着中高收入群体的扩大，社会服务需求升级并趋向多样化。

（一）社会服务的需求总量增加

1. 人口总量即将到达峰值，但老年人等社会服务重点人群规模持续上升，社会服务总需求将保持增长

人口规模和结构是影响社会服务总需求的基础性因素。随着出生人口规模缩减，我国的总人口将在近年到达峰值并呈现长期下滑趋势，我国正在由人口惯性正增长阶段转向负增长阶段。根据国务院发展研究中心社会和文化发展研究部人口迭代宏观仿真模型（以下简称人口模型）的测算[①]，我国31个省区市的人口总量将在2022年达到峰值，随后将逐步下降，到2030年约为13.7亿。

① 李建伟、周灵灵：“中国人口政策与人口结构及其未来发展趋势”，《经济学动态》，2018年第12期，第17–36页。

虽然我国人口总量将下滑，部分社会服务需求的增长会受到一定抑制，但受人口老龄化的影响，社会服务总需求整体呈现增加的趋势。老年人的医疗、养老服务和社会保障的需求水平较高。以医疗为例，韩国2009年65岁及以上老年人的医疗支出占总人口医疗支出的36%[①]，而人口只占约10%。我国的人口老龄化正处于加速发展期，根据人口模型测算，我国2030年将进入超级老龄社会。2022年我国65岁及以上老年人口将超过2亿，老龄化率超过14%，2030年我国65岁及以上老年人口将达到2.8亿，老龄化率将提高到20.5%；80岁及以上老年人口将达到5964万，占全部老年人口的比例将提高到21.2%。老年人口，特别是高龄老年人口对养老、医疗、社保等服务的依赖性较强，社会服务需求的增长具有一定的刚性。

2. 家庭规模小型化带来家庭抚育、赡养、教育功能的社会化，进一步增加了社会服务需求

我国平均每个家庭户的人口从1990年的3.96人持续下降为2000年的3.44人，2010年的3.10人，到2020年仅为2.62人。家庭规模的缩小意味着家庭结构变得更为简单，小型家庭、一代户家庭不断增加，三代户及以上的大型家庭数量下降。这意味着家庭功能在弱化。随着家庭规模的缩小，家庭结构的简单化以及女性就业水平的提高，家庭已经难以承担相关的责任，家庭的功能将进一步社会化，对托育、教育、养老服务的需求将明显增加。

我国的家庭规模在小型化，家庭功能在弱化，但以亲子网络为核心的家庭成员之间仍有较强的联结，家庭的经济支持功能仍然较为强大，家庭内和家庭之间存在大量的转移支付。这在很大程度上提高了家庭消费能力，也刺激了服务消费领域的规模增长和质量提升。

---

① Expenditure by disease， age and gender under the System of Health Accounts （SHA） Framework : Current health spending by age，OECD database.

3. 城镇化进一步推进，将有更多人口纳入城镇社会服务体系，城镇社会服务需求持续增长

近年来，我国新型城镇化进程不断加快。第七次全国人口普查结果显示，2020 年我国常住人口城镇化率达到 63.89%。我国还处在城镇化发展较快区间（城镇化率为 30% ~ 70%），按照目前每年 1% 的城镇化速度，到 2030 年，我国城镇化率就会突破 70% 的大关，将会新增 1.5 亿左右城镇人口。

同时，我们也要看到 2020 年户籍人口城镇化率仅为 45.4%，与常住人口城镇化率仍有较大差距，有 2.6 亿常住城镇人口尚未实现市民化。随着户籍制度改革和流动人口市民化，到 2030 年，城镇基本公共服务覆盖面将不断扩大，符合条件的未落户农民工在流入地能够平等享受城镇基本公共服务，城镇常住人口和流动人口基本公共服务全覆盖将稳步实现，城镇社会服务需求将持续增长。

同时，随着城镇化的发展，虽然乡村人口将减少，但随着乡村振兴战略的实施，乡村社会服务也存在较大的提升改善需求。

（二）社会服务需求升级并趋向多样化

1. 中高收入群体持续扩大，社会服务需求逐步升级

随着居民收入水平的不断提高，我国中高收入群体持续扩大，其中中等收入群体已达 4 亿人，未来十年会进一步增长。除收入水平较高外，中高收入群体一般文化程度较高、接受过一定程度的教育，拥有质量导向和精神导向的消费观念，追求更好更舒适的生活条件，对产品和服务供给质量、结构不断提出更新需求，甚至可以溢价购买有品位有格调的优质产品和服务。中高收入群体关注子女优质教育资源选择以及兴趣爱好培养，注重个人职业技能与综合素质提升，愿意为家庭成员医疗保健购买高端服务，这些需求推动着社会服务不断高端化、品质化和定制化。因此，家庭

医生、健康咨询服务、体育健身、康复医疗服务、健康医疗旅游、中医药养生旅游、食品药品检测服务、第三方健康管理评价服务等新兴生活性服务业，受到规模不断扩大且以年轻人为主的中高收入群体的青睐，日益成为经济的新增长点。值得关注的是，受益于改革开放初期政策变化的第一批中产群体即将进入老年期，该群体是新中国第一代和第二代婴儿潮叠加人群，也是第一批独生子女的父母。这一代人数量多、消费能力强，具备退休后改善生活条件的经济能力，对高质量、高起点的居家养老、社区养老和养老机构的服务需求旺盛。据统计，2015—2019 年，我国老年经济市场消费总额从 2.4 万亿元增长至 4.3 万亿元，年均增长 15.2%。[①]

2. 家庭的类型多样化催生了更多类型的社会服务

受人口流动增加、婚龄和育龄的推迟、年轻人独立居住的意愿和能力增强、老年人口增加等因素的影响，我国的家庭结构呈现出小型化和类型多样化的特点。青年单身家庭、青年夫妻核心家庭、标准核心家庭、老年空巢家庭、老年独居家庭等家庭类型的数量都有所增加。不同类型的家庭对社会服务的需求具有明显差异。例如，在医疗健康服务领域，青年单身家庭对于健身、医美等服务的需求占比较大，而对于标准核心家庭，儿童的医疗健康服务则是家长关注的重点，老年空巢家庭或者老年独居家庭则对医疗服务和照护服务有较大需求。

二、我国各类社会服务需求及供给状况分析

未来 10 年，我国教育服务新增需求主要集中在“一小一老”两端，即托育、学前教育和老年教育培训需求。健康医疗服务需求潜力较大，高

① 头豹研究院：《2020年中国银发经济市场分析》。

端医疗（海外医疗回流）、康复医疗、健康管理、母婴保健、医疗美容、医疗器械和药品、商业健康保险的市场规模都会较快增长。养老服务的潜在需求很大，包括基本养老服务、高端养老和康养、老年用品的市场规模都会有较快增长，需求的实现程度受到老年人支付能力和养老服务筹资机制建立情况的影响。

（一）教育服务（含托育）

1. 0 ~ 3 岁托育服务补短板需求较大

随着我国出生人口的下降，未来 10 年有托育需求的 0 ~ 3 岁婴幼儿总数是下降的（见图 95），但由于我国 0 ~ 3 岁婴幼儿照护服务发展长期滞后，随着收入水平的提高、家庭规模的小型化以及对儿童早期发展的重视程度提高，人们对托育服务的需求迅速增长。

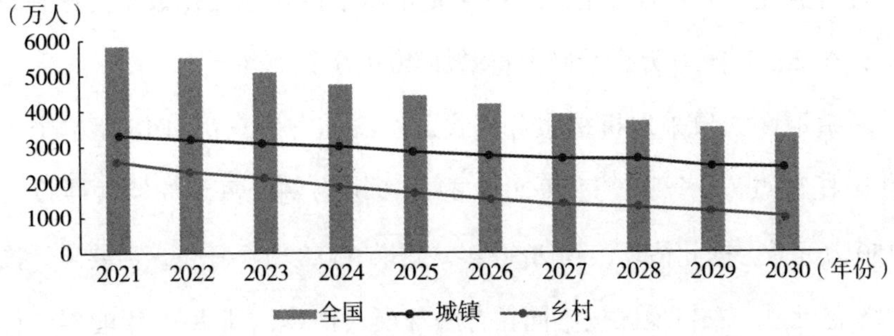

图95　0 ~ 3岁人口变化情况

资料来源：根据国务院发展研究中心社会和文化发展研究部人口迭代模型测算。

2019 年全国人口监测和家庭发展抽样调查显示，我国总体入托率为 5.6%。而 2014 年 OECD 33 个国家 3 岁以下婴幼儿的平均入托率为 34%。2021 年 3 月印发的《中华人民共和国国民经济和社会发展第十四个五年规划和 2035 年远景目标纲要》明确提出“每千人口拥有 3 岁以下婴幼儿托位数从 2020 年的 1.8 个增加至 2025 年的 4.5 个”和“支持 150 个城市利用社会力量发展综合托育服务机构和社区托育服务设施，新增示范性普惠托位50万个以上”的目标要求。据此，可对2025年和2030年的托位数及入托率进行估算。

2025年全国托位数将达到627.5万个，在2020年基础上增加488万个，3岁以下婴幼儿入托率将达到14.1%，新增示范性普惠托位的占比将达8%。2030年全国人口总数预计为13.7亿人，3岁以下婴幼儿总数预计为3343万人（城镇2354万人、乡村989万人）。如果期望达到OECD国家2014年34%的平均入托率水平，则托位数需要达到1136.6万个（城镇800.3万个、乡村336.3万个），在2020年基础上增加997.1万个，千人托位数目标也将进一步从4.5个提高至8.3个。考虑到现有托位（即2020年的139.5万个）主要集中在城镇，需要增加的997.1万个托位，将有336.3万个分布在乡村，而分布在城镇的约为660.8万个。如要保持2025年新增示范性普惠托位8%的占比，2030年新增示范性普惠托位数需要达到90.9万个，在2025年50万个基础上再增加40.9万个①。

城镇地区如果采取机构服务模式，以江苏省南京市2018年单个普惠性社区托育点（6个班，每班20人的规模）为例，每年的经常性投入约为150万元②。据此估算，到2030年，新增660.8万个托位，需要累计投入4537.5亿元③。农村地区按不同托育服务模式估算，到2030年的累计总投

① 2019年10月，国家发展改革委、国家卫生健康委印发《支持社会力量发展普惠托育服务专项行动实施方案（试行）》，提出“采取补助的方式，对于承担一定指导功能的示范性托育服务机构、社区托育服务设施，中央预算内投资按每个新增托位给予1万元的补助”。据此，2030年仅新增示范性普惠托位的补助总额将达到90.9亿元。

② 配套装修25万元（按5年分摊，每年5万元），房租及维护费用每年15万元，玩教具每年10万元，人员费用每年120万元（按20人，平均年工资支出6万元），每年的实际总支出约150万元。

③ 城镇新增的660.8万个托位可折算为5.5万个上述规模的社区托育点，按照平均每年新建5500个估算，到2030年，累计总投入为4537.5亿元。

入为 90 亿～ 170 亿元[①]。

目前托育服务费用大部分由家庭支出，政府给予少量补贴。按趋势，政府补贴会逐步增加。总体而言，托育服务以私人消费为主。

2. 4 ～ 6 岁学前教育学位总体充足，存在一定的结构性调整需求和提升普惠性需求

经过近 10 年的努力，特别是连续三期三年行动计划的实施，我国学前教育的规模和普及水平有了很大提高。2020 年全国共有幼儿园 29.17 万所，在园幼儿 4818.26 万人，其中，普惠性幼儿园在园幼儿 4082.83 万人。学前教育入园率 85.2%，普惠性幼儿园覆盖率达到 84.74%，公办园在园幼儿占比达到 50%，顺利实现 85% 的普及目标和 80% 的普惠目标。

根据人口变化趋势，除 2021 年和 2022 年的学前教育学龄人口数量超过 2020 年在园幼儿总数外，2023 年起逐年减少（见图 96）。即便如此，如果按照 2020 年 85.2% 的入园率，2021 年和 2022 年的幼儿园学位供给也较为充裕（例如，2021 年学前教育学龄人口总数约为 5118 万人，按 85.2% 的入园率测算，在园幼儿数量约为 4360.5 万人；2035 年入园率的目标是 95%，即便按 90% 的入园率测算，在园幼儿数也仅为 4606.2 万人）。2019 年全国人口监测和家庭发展抽样调查显示，幼儿园和学前班年均费用约为 1 万元。不考虑新增幼儿园学位的因素，根据每年实际学龄人口估算，到 2030 年，学前教育的消费总额累计将达到 41056 亿元。

---

① 农村地区如果采取儿童活动中心的服务模式，以中国—联合国儿童基金会贫困地区儿童早期综合发展试点为例，建设1个儿童活动中心除了一次性投入7万元外（包括3万元的建设经费和4万元的当年运行和人员经费），此后每年至少还需投入4万元的运行和人员经费。按每个儿童活动中心可服务50个儿童，则乡村新增的336.3万个托位可折算为6.7万个儿童活动中心。按照平均每年新建6700个估算，到2030年，累计总投入为168.5亿元 。如果采取入户指导服务模式，平均每人每年投入约500元 。按照农村地区（乡村）336.3万个托位（对应到每个适龄儿童），平均每年增加33.6万个估算，到2030年，累计将有1848万人次接受入户指导服务，总投入约为92.4亿元。

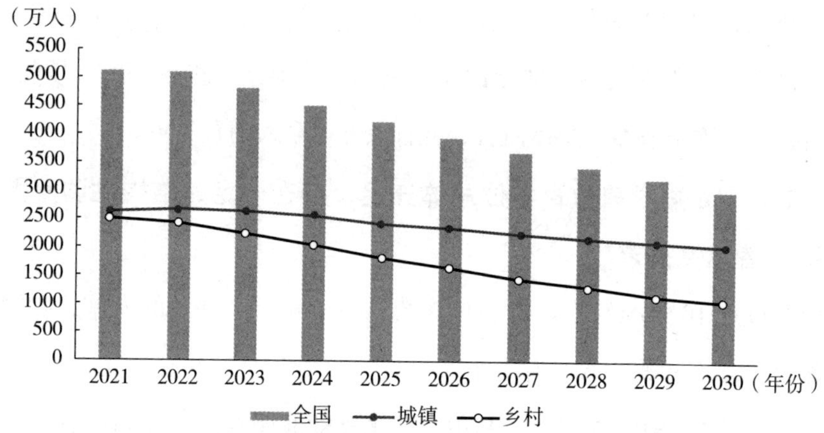

图96　学前教育学龄人口（4～6岁）变化情况

资料来源：根据国务院发展研究中心社会和文化发展研究部人口迭代模型测算。

分城乡看，城镇学前教育学龄人口数量预计在2022年达到峰值后缓慢下降，因此城镇地区总体上也几乎不需要新增幼儿园学位。而农村学前教育学龄人口数量则一路下滑，到2030年几乎减少一半。

未来一个时期，学前教育的主要任务是提升普惠性，这主要依靠增加财政投入。一方面，需要对普惠性园新建、扩建、提升进行投入，另一方面需要继续加大对家庭的保教费补贴。

未来，在进一步增加普惠性学前教育服务供给的同时，也需要满足高端学前教育服务需求。

3. 义务教育阶段主要是提质和结构性调整的公共消费需求

我国义务教育已经实现了全面普及。2020年，全国共有义务教育阶段学校21.08万所、在校生1.56亿人，九年义务教育巩固率为95.2%。其中，共有普通小学15.8万所、在校生10725.35万人，小学学龄儿童净入学率99.96%；共有初中5.28万所，在校生4914.09万人，初中阶段毛入学率102.5%。

从全国情况看，义务教育阶段学龄人口数量从2021年的14128万人稳步增加，到 2026 年将达到 14770 万人的峰值，随后开始逐年下降，到 2030 年降至 13291 万人（见图 97）。由于人口从乡村向城镇流动，乡村义务教育阶段学龄人口持续减少，从 2021 年的 7928 万人减至 2030 年的 5949 万人，而城镇则从 6200 万人增至 7342 万人（2028 年达到峰值 7466 万人），城镇义务教育阶段学龄人口数量（7399 万人）从 2026 年开始超过乡村（7371 万人）。

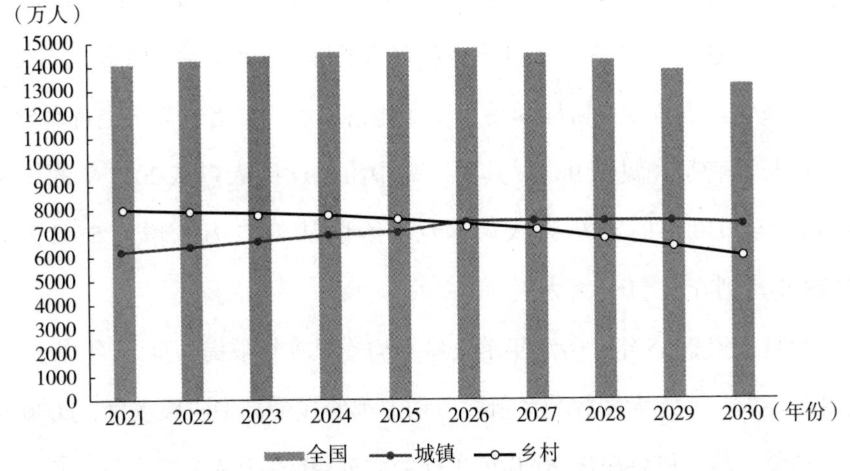

图97　义务教育阶段学龄人口（6～15岁）变化情况

资料来源：根据国务院发展研究中心社会和文化发展研究部人口迭代模型测算。

未来 10 年，义务教育投资有两大需求。一是随着乡村人口进一步向城镇流动，城镇需要通过新建、扩建或挖掘现有资源潜力的方式增加 1200 万个左右学位。而乡村因为学龄人口数量减少造成的闲置教育资源，特别是教师资源和编制资源应通过创新体制机制方式向城镇配置，减轻城镇教育资源供给压力。二是为了巩固我国义务教育的优势和培养创新人才，义务教育需要进一步提高质量，这需要增加对硬件和软件的改善投入。义务教育是基本公共服务，这两部分基本都需要财政来投入，属公共消费需求。

4. 高中及本科专科阶段教育需求将稳步增长

2020年，全国高中阶段共有学校2.44万所，在校生4127.8万人。全国共有普通高校2738所，其中本科院校1270所、高职院校1468所，各种形式的高等教育在学总规模4183万人，其中，普通本专科在校生3285.29万人、成人本科专科在校生777.29万人。普通高中教育毛入学率刚刚达到90%，为实现普及还需要增加资源投入，同时也有区域供给结构调整和提质的需求。而高等教育毛入学率为54.4%，还有较大的提升空间，2030年预计达到65%左右，这也意味着需要进一步增加资源供给。

从高中及本科专科阶段学龄人口变化情况看，二者在趋势上都呈现出稳步增长的特征（见图98）。其中，高中阶段学龄人口从2021年的3836万人增至2030年的4535万人，本专科阶段从4812万人增至5102万人（2028年达到峰值5167万人）。

参照"到2035年，劳动年龄人口平均受教育年限提高至12年以上"[①]的目标要求，使绝大多数城乡新增劳动力都能接受高中阶段教育，2030年高中阶段学龄人口将超出2020年在校生数量407.2万人。高中教育总体上需要增加供给，也需要在城镇化过程中做好供给的区域结构调整。高中是基础教育，主要依靠公共投入。

按照2030年高等教育毛入学率达到65%的目标要求，届时将至少需要解决3316.3万人接受高等教育（本专科）的需求，比2020年普通本专科在校生数量多31万人，需要新增的基本投入不多，但在提高办学质量上需要增加一些投入。

---

① 事实上，到"十四五"末期，如果能够如期实现劳动年龄人口平均受教育年限提高至11.3年的目标，那就意味着我国劳动年龄人口平均受教育水平在2025年将达到高中二年级以上的教育程度。

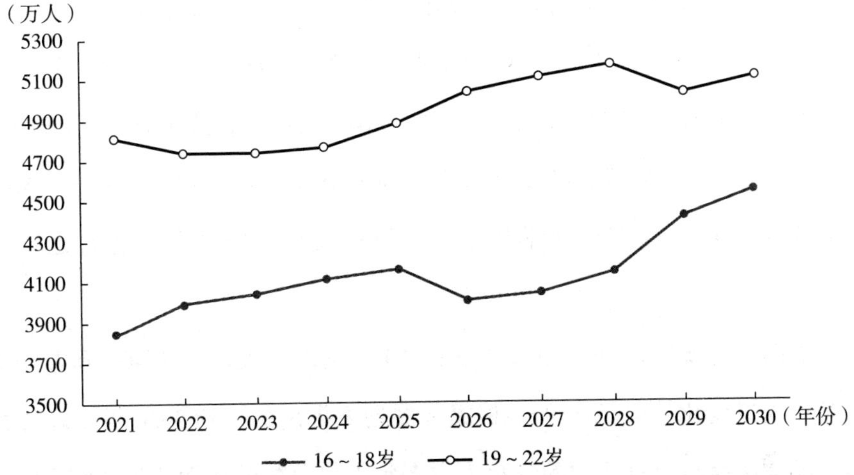

图98　高中及本科专科阶段学龄人口（16～18岁、19～22岁）变化情况

资料来源：根据国务院发展研究中心社会和文化发展研究部人口迭代模型测算。

5. 国际教育需求情况

随着国际环境变化及从性价比考虑，出国（境）留学的需求会加快转化为在国内中外合作或独立办学的高中、高等教育的需求。

根据教育2020“收官”系列新闻发布会（第六场）相关信息，2016年至2019年，我国出国留学人数251.8万人，回国201.3万人，学成回国占比达八成。另据教育部公布的数据，2019年度出国留学人员总数为70.35万人，较上年度增加4.14万人，增长6.25%；各类留学回国人员总数为58.03万人，较上一年度增加6.09万人，增长11.73%。截至2020年底，我国共有中外合作办学机构和项目2332个，其中本科以上1230个。国内本科以上中外合作办学机构在读学生已超过30万人。随着我国中外合作办学的快速发展，新冠疫情期间出国留学有了新的应对方案，在中外合作办学高校中学习的“在地留学”正在成为新的替代选择。

6. 老年教育培训需求情况

2016年10月，国务院办公厅印发的《老年教育发展规划（2016—

2020 年)》(以下简称《规划》)显示，目前有 700 多万老年人在老年大学等机构学习，有上千万老年人通过社区教育、远程教育等形式参与学习，初步形成了多部门推动、多形式办学的老年教育发展格局。《规划》提出到 2020 年，全国县级以上城市原则上至少应有一所老年大学，50% 的乡镇（街道）建有老年学校，30% 的行政村（居委会）建有老年学习点。

根据“七普”数据，2020 年我国 60 岁及以上人口为 26402 万人。未来老年人口变化情况见图 99。根据《规划》提出的“到 2020 年，以各种形式经常性参与教育活动的老年人占老年人口总数的比例达到 20% 以上”目标，以各种形式经常性参与教育活动的老年人口规模将达到 5280.4 万人。如果按照 20% 的参与率估算，到 2030 年，累计将有 66602.2 万人次经常性参与教育活动。即便按照 2016 年在老年大学等机构学习的老年人比例估算（2016 年，60 岁及以上人口为 23640 万人，在老年大学等机构学习的老年人比例约为 3%），到 2030 年，累计将有 9990.3 万人次在老年大学等机构学习。

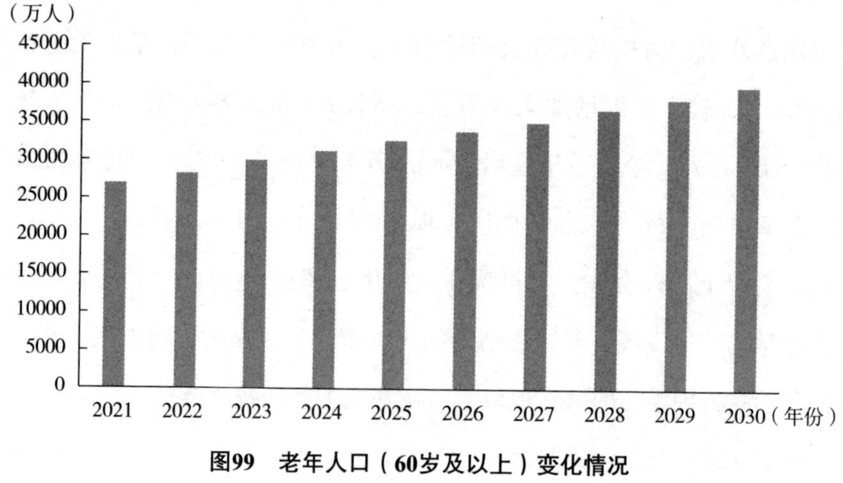

图99　老年人口（60岁及以上）变化情况

资料来源：根据国务院发展研究中心社会和文化发展研究部人口迭代模型测算。

从北京市的调研情况看，老年大学每学期（一般为 4 个月）课程收费在 180 元至 1000 多元不等[①]，且大多数收费在 180 元至 300 多元。按照每学期 200 元和 1000 元两类课程（每年分别为 400 元和 2000 元）、20% 的老年人经常性参与教育活动进行估算，到 2030 年，老年大学累计消费总额将分别达到 2664.1 亿元和 13320.4 亿元。

从目前看，老年大学等老年教育大多是政府办的，运行经费主要靠政府补贴，主要原因是当前老年人的收入水平和支付意愿较弱。未来 10 年，随着新一代老年人的收入水平将比上一代有显著提高，加上消费观念的变化，老年教育的市场空间将会逐步打开。

（二）健康医疗服务

健康产业以维护和促进人民群众身心健康为目标，涵盖内容非常广。国家统计局健康产业统计分类（2019）将健康产业划分为 13 个大类 58 个中类 92 个小类。概括而言，健康产业主要分为四大类：一是以疾病预防、治疗、康复等为核心的覆盖全生命周期的医疗健康服务；二是以药品、器械、康复辅具等为主的医药产品；三是健身休闲、养生保健等健康相关产业；四是助力解决健康筹资问题的商业健康险。

2013 年 10 月国务院印发《关于促进健康服务业发展的若干意见》，首次提出到 2020 年基本建立覆盖全生命周期、内涵丰富、结构合理的健康服务业体系，健康服务业总规模达到 8 万亿元以上的目标之后，健康服务

---

① 根据北京市西城区老年大学招生简章，开设的课程（及收费状况）大致分为以下几类。（1）书法研修班、牡丹专修班、素描班、色彩班、速写二班，一学期收费240元。（2）计算机班，一学期收费220元。（3）花鸟研修班、山水画创作班、花鸟画创作班、形体训练班、写意人物班等，一学期收费200元。（4）钢琴班隔周班，一学期收费480元；周周班，一学期收费600元。（5）其他班，一学期收费180元。（6）专题讲座每次收费10元至100元。此外，另据石景山区老年大学调研了解，普通课程每学期的收费在180元至300元，有些课程（茶艺师等培训类）的一次性收费则在2000多元。

业发展进入快车道。2016 年发布的《"健康中国 2030"规划纲要》再次明确提出建立起体系完整、结构优化的健康产业体系，形成一批具有较强创新能力和国际竞争力的大型企业，成为国民经济的支柱性产业；2020 年我国健康服务业总规模要达到 8 万亿元，2030 年达到 16 万亿元。据国家卫健委卫生发展中心核算结果，2018 年全国健康服务业总规模（健康产业增加值）6.4 万亿元，同比增长约 12.4%，占 GDP 比重 7.08%。

1. 高端医疗、康复医疗、健康管理、母婴保健、医疗美容等非基本健康医疗服务有较大需求潜力

——高端医疗（海外医疗回流）。初步统计，2017 年海外医疗旅游者达到 60 万人次，人均消费超过 5 万元，部分肿瘤患者诊疗费用超过百万元，超高净值人群中 60% 以上有海外医疗经历[①]。海外医疗旅游服务项目主要是重疾治疗、健康体检、辅助生殖、医疗美容。按照全球医疗旅游市场以超过 15% 的速度发展简单测算，2025 年市场规模可达到 800 亿元左右。

——康复医疗服务。随着康复体系的逐步完善，公立机构康复服务不断健全的同时，康复医疗消费会被带动，康复服务知晓率不断提升，意识逐渐增强，康复产业市场将会进入快速发展阶段。随着人口老龄化程度不断加深，对标成熟市场，预计我国 2025 年康复医疗市场规模将会超过 1500 亿元，这既包括连锁化、专业化运营的康复医疗机构，也包括康复器械及相关产品。

——健康管理服务。当前我国健康管理服务主要集中在健康体检上，后续制定方案、实施干预尚不成熟，但随着我国以健康为导向的服务体系构建，健康管理服务增长潜力也很大。

——母婴保健。随着经济发展及消费观念的转变，年轻妈妈对产前咨

---

① 资料来源：AECMO：《2020中国医疗旅游前瞻报告》。

询、孕期营养、运动咨询、产后康复、新生儿保健等有了更高的要求，且更追求服务品质，促进了母婴产业的快速发展。前瞻产业研究院发布的研究报告显示，2010—2016年我国产后康复产业规模复合增长率达40%。随着生育配套支持措施的出台、生育率可能的回升和孕产妇对生育服务体验的要求提高，孕期保健品等膳食补充剂、月子中心等服务机构的市场空间也很大。

——医疗美容。公众对医疗美容服务的需求显著增加。医美服务项目不断拓展，已从“轻奢品”转向“快消品”，医美消费从“小众消费”走向了“大众消费”。《中国卫生健康统计年鉴》显示，2015—2019年，中国美容院数量从228家增至450家，机构人员数从1.6万增至3.6万，诊疗人次从224.4万增至837.7万，总收入从45.2亿元增至140.5亿元，增幅分别为97.4%、125%、273.3%、210.8%。艾媒咨询统计数据显示，2020年中国轻医美用户数达到1520万人，并以复合增长率超过50%的速度持续增加。随着国民购买力的稳步提升，医美需求将进一步释放，按照美国等成熟市场5%的医美渗透率及我国当前渗透率和诊疗人次数、客单价等的变化简单推算，2025年我国医美规模达4224亿元，5年复合增长率为22.60%①。

除主要由公立医疗系统提供的基本医疗服务外，有较大需求潜力的非基本健康医疗服务主要包括高端医疗（海外医疗回流）、康复医疗、健康管理等（见表21）。

表21　2025年部分健康医疗服务的预计市场规模　单位：亿元

领域	市场规模
高端医疗（海外医疗回流）	800
康复医疗	1500
医疗美容	4224

资料来源：傅卫主编：《中国卫生发展绿皮书：健康产业专题研究》，人民卫生出版社，2019年。

① 资料来源：兴业证券。

2. 医疗器械和药品产业快速增长

2016年，国务院常务会议明确了我国未来医药产业创新升级的三大方向，即加强原研药、首仿药、高端医疗器械等的研发创新，通过仿制药一致性评价等措施提高基本药物质量、提高医药行业的市场集中度，建立完善的现代医药流通网络三个方面。2017年，医药产业规模以上企业主营业务收入2.98万亿元，同比增长12.2%，行业整体盈利水平提高，规模以上企业利润同比增长16.6%。2018年中国医疗器械生产企业达1.7万余家，根据《医疗器械蓝皮书（2021）》显示，2020年，中国医疗器械生产企业达2.6万余家，我国医疗器械主营业务收入达到8725亿元，按照年复合增长率14%简单测算[①]，到2025年，市场规模将达到17000亿元。

近两年来，集中带量采购等政策倒逼企业加强创新，监管部门审评审批能力不断加强，医保等政策导向支持，使我国医药产品和医疗器械的国产替代进程不断加快，程度不断加深，市场规模还将进一步提升。

3. 体育健身、养生保健产品等健康相关产业蓬勃发展

——体育健身。全民健身行动作为《健康中国行动（2019—2030年）》提出的15项专项行动之一，提出到2022年和2030年，城乡居民达到《国民体质测定标准》合格以上的人数比例分别不低于90.86%和92.17%；经常参加体育锻炼人数比例达到37%及以上和40%及以上；人均体育场地面积分别达到1.9平方米及以上和2.3平方米及以上；每千人拥有社会体育指导员不少于1.9名和2.3名；农村行政村体育设施覆盖率基本实现全覆盖和覆盖率100%等目标。

近年来，受全民健身行动等政策推动、国民健康意识提高等因素影响，群众体育健身意识普遍增强。据国家统计局数据，2018年，全国体育

---

① 依据过去几年的复合增长率与思宇研究院、中研普华产业研究院等行业研究报告的测算综合得出。

产业总规模（总产出）为 26579 亿元，增加值为 10078 亿元，体育产业增加值占国内生产总值的比重达到 1.1%。2020 年我国人均体育场地面积为 2.2 平方米，全国健身房达 11.48 万个，健身步道达 20.93 万公里。

——养生保健产品。人口老龄化、慢性病负担增加进一步促进了中老年养生保健市场的发展。同时，随着年轻人工作生活压力增加、亚健康群体规模扩大，且收入水平提高进而更加注重追求高品质生活，中青年群体养生保健食品、健身美容瘦身等功能性产品市场迅速扩大。2018 年保健食品人均消费 117 元，为发达国家或地区的 1/8 ~ 1/6，保健品渗透率为 20% 左右，也处于偏低水平。据测算，随着渗透率及购买人群消费金额的提升，我国保健食品人均消费至少还有 4 ~ 6 倍的提升空间①。

4. 商业健康险发展进入快车道

自 2012 年起，我国商业健康保险进入快速发展阶段，成为保险业增速最快的业务板块。商业健康保险发展速度快、产品多、保障宽、覆盖广②。保费收入由 2012 年的 863 亿元增长到 2019 年的 7066 亿元，年均复合增长率超过了 30%，在售的商业健康保险产品超过了 5000 个，涵盖疾病预防、医疗服务、生育保障、医药供给、失能护理、健康管理等多种保障范围。随着产品不断完善和居民保险意识的不断提高，商业健康险仍有很大发展空间。

商业健康险是重要的筹资来源，随着其规模不断增大，其他健康产业如医疗服务业、健康管理业、医药产品等的发展也将更具前景。

（三）养老服务

2021 年是中国 1961 年出生人口相继进入老年期的阶段。从 2022 年开

① 郭清：《中国健康服务业发展报告2019》，人民卫生出版社，2019年。

② 银保监会国务院政策例行吹风会答问实录，2020年12月16日。

始，第二次生育高峰期出生人口陆续进入老年阶段，人口老龄化将迎来更为迅速的发展。基于“六普”详细数据的预测显示，2021 年到 2030 年这 10 年间，中国 60 岁及以上的老年人数量将增加 1.32 亿人，达到 3.99 亿人，在总人口中占比上升至 29.03%。相比于 2020 年“七普”时的 2.64 亿人，未来中国 60 岁及以上的老年人数量将增长 51.14%（见图 100）。这意味着，未来中国的养老服务发展，不仅需要考虑既有需求尚未得到满足的问题，也需要考虑新增加的老年人的需求。

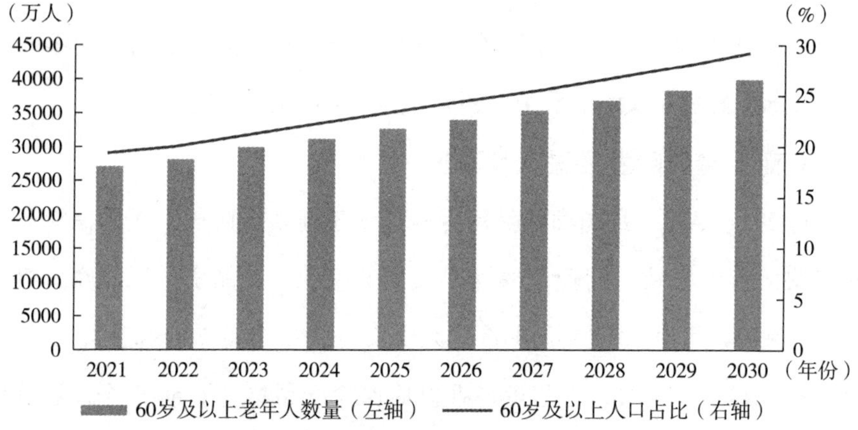

图100　中国60岁及以上人口规模及占比

资料来源：基于“六普”“七普”数据预测。

分年龄的分析表明，未来我国老年人中仍然以 70 岁以下的低龄老年人为主。预测显示，未来虽然 60 ~ 69 岁的低龄老人占比有所下降，但总体上依然占到老年人的半数以上。这些人一般仍处活力期，但随着脱离劳动力市场之后生活方式的变化，这些人也会产生不同于劳动年龄人口的新需求。随着人均预期寿命的增长，80 岁及以上的高龄老人占比预期将进一步增加（见图 101）。对于 80 岁及以上的高龄老年人，鉴于其行动不便的概率一般显著增加的这一特性，对这一人群需要考虑的重点是如何提供充分的护理服务。如何满足不同年龄段老年人群的衣食住行以及社交、娱乐、休闲等方面的新需求，是需要重点考虑的内容。从人群占比上看，未来在逐步加大对高龄老人护理需求重视的同时，老龄产业发展的重点应放在满足占老年人口半数以上的活力老人上。

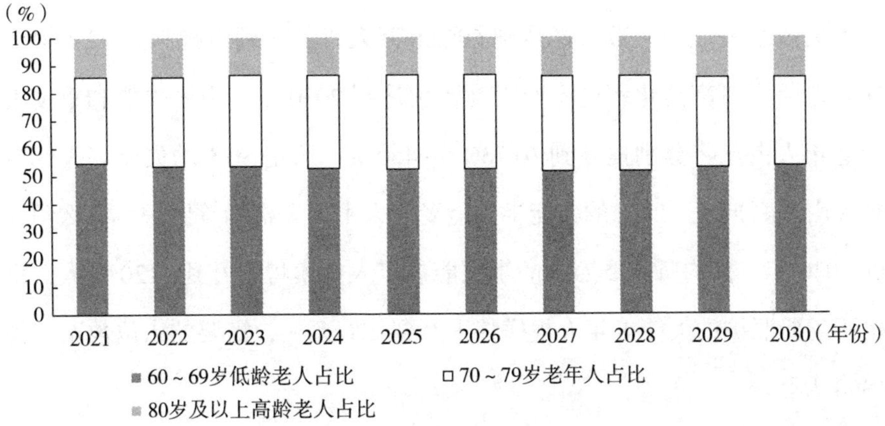

图101　老年人的年龄结构变化

资料来源：基于“六普”“七普”数据预测。

1. 基本养老服务

向失能、失智等重点人群提供其所需的基本生活照料是养老服务中最基本的内容。这一领域的发展模式，根据人群收入的不同，在服务提供方式上可分为由政府提供兜底服务和由老年人个体及家庭自我购买养老服务两个大类。无论哪种服务，床位建设都是最基本的手段。从这一判断出发，未来需要根据被护理人员的数量，构建起基本的床位供给体系。这种供给，一些是通过政府投资建设的方式获取，另一些则可以由私营部门提供。

截至2020年7月，全国共有各类养老机构4.23万个、床位429.1万张，收住老年人214.6万人，这意味着，全国老年人中入住养老机构的比例不到老年人的1%。如果按照这个比例计算，未来10年随着我国老年人数的增加，新增入住养老机构的老年人将超过110万人。

老年人的健康状况和自理能力决定其是否需要护理及需要护理的程度，也决定其对养老服务床位及护理人员的需求。对我国城乡老年人失能半失能人口规模及其比例进行模拟预测，结果显示，2030年我国城乡老年人失能半失能的人数可能达到6952.6万人，其比例将提高到17.44%[①]。随着老年人口高龄化程度不断提高，预计到2030年，中度失能和重度失能老年人占比将分别提高到10.53%和4.48%。假定80%的失能半失能老年人由家庭护理、20%的失能半失能老年人由养老机构等照护，那么预计到2030年，机构所需要照护的半失能老年人规模将上升到1120万人，机构所需要照护的失能老年人规模将上升到270万人，需要的床位数至少为1390万张。

从护理人员数量看，按照相关行业标准，护理人员按照半失能1∶17、轻度失能1∶8、中度失能1∶5、重度失能1∶3配置，预计到2030年，照护服务机构所需要的护理员总量将为104.4万人，每年需要净增加的护工人数将上升到4.4万人。

2. 高端养老服务和康养产业

近些年，面向社会中高净值人群的高端养老服务和康养产业正迎来发展机遇。未来10年，随着居民收入水平的提升以及健康养老意识的不断增强，高端养老服务和康养产业将迎来更为快速的发展。

随着人均财富的提升，尤其是享受第一轮经济体制改革红利的人群（“50后”“60后”）逐渐步入老年阶段，这些人普遍比较接受专属社区

① 数据来源：国务院发展研究中心社会和文化发展研究部人口结构模型。鉴于医疗保障、物质生活、健康意识等生活条件的改善能够降低不同年龄段城乡老年人，特别是中低龄老年人失能半失能比例，这一假定没有考虑生活条件改善对城乡老年人失能半失能比例的弱化作用，模拟预测的城乡失能半失能老年人规模及其比例存在一定程度的高估。

养老的观念并有较高的支付能力，对于高品质养老社区的需求正在大量释放。目前高品质的养老社区，主要由房地产商和险资两大类主体开展经营。

截至目前，全国范围内，大品牌开发商正以不同的经营策略进入老龄房地产领域。在保险领域，截至 2021 年 5 月，10 家保险机构投资了 47 个养老社区项目，床位数超过 8.4 万个。同时，保险资金通过直接股权和间接股权投向产业方向为养老及养老产业上下游医疗、健康行业的私募股权投资基金达 2340 多亿元。

从近些年的发展趋势看，未来 10 年，高端养老社区所承载的人群将会进一步增长，这群人数量在未来有望达到 20 万人到 50 万人。除去社区建设成本外，这些人每年带来的养老消费市场将至少达到千亿元。

3. 老年用品市场

经过近 10 年的快速发展，中国的老年用品市场日渐丰富，一个涵盖生活方方面面的老年用品市场正在逐步形成。相关调研显示，当前中国老年用品市场上的产品种类已经超过 4000 种，市场已经达到近万亿元的规模。

未来 10 年，老年用品市场将逐步进入发展的第二阶段——产品更加丰富，质量日益提升，且增长的速度将比过去 10 年更快。根据这一发展趋势，到 2030 年，中国老年用品市场规模有望实现翻两番，届时一个不低于 4 万亿元[①]的产品市场将会形成，老年人的生活将更有保障。养老产业将成为经济发展中的重要支柱产业并为经济发展提供可持续的动力。

① 关于老年用品市场，这里采用了一个窄口径的计算方式，即排除了上述基本养老服务和高端养老和康养的内容，而主要聚焦于以老年康复辅助用品为核心的老年用品市场。因此，上述预测相对保守。

三、当前社会服务供需的制约因素分析

未来10年，我国社会服务的总需求有很大的增长空间，但要满足这些需求，使这些需求真正释放，在供需两方面都还存在着一些制约因素。

（一）供给侧

1. 学前教育和养老服务等公共投入严重不足

义务教育、公共卫生和基本医疗等基本社会服务是人力资本投资，有较大的外部性，主要依靠公共投入，目前投入总体得到了较好保障。当前人民群众普遍急需的托育、学前教育、养老服务定位于普惠性非基本服务，公共投入还比较少，主要由家庭付费。例如，2020年全国学前教育财政支出为1784亿元，即使不扣除硬件投入，平摊到5000万名4～6岁学龄前儿童，人均仅为3500元。而2019年全国人口监测和家庭发展抽样调查显示，幼儿园年均学费为1万元，这意味着2/3的费用需要由家庭承担。2020年全国养老服务财政支出仅为63亿元，即使加上334亿元的老年福利支出，总投入也非常有限。而这些服务对于人力资本投资、解放劳动力以及释放其他方面的消费具有重要的经济社会意义，当前的公共投入显然是严重不足的。

2. 社会力量经营社会服务机构仍然存在一些政策障碍和困难

一是事实上的准入门槛过高。尽管很多政策文件已经明确要求降低社会力量经营养老、托育等社会服务机构的准入门槛，但调研中投资主体普遍反映，在具体政策落实过程中，管理部门仍存在着偏重事前审批监管、对事中事后监管重视不够的问题，有些部门为规避责任而坚持实施较为严格的准入标准。例如，托幼与养老机构的消防、托幼机构厨房面积等要求

偏高，完全达标难度很大。社会资本进入仍然面临不少事实上的障碍。

二是社会服务机构融资较为困难。社会力量经营养老、托幼机构，前期投入大，投资收回周期长，很需要融资支持。但是由于养老、托幼机构在组织形式、资产结构、盈利模式等方面存在的欠缺，很难满足金融机构授信准入的基础条件。如根据银行等金融机构对于贷款的相关规定，贷款一般需要以土地抵押，需要企业提供土地证，但很多新兴民办养老机构的场地多采取租赁方式，无法进行抵押。银行虽然看到后期养老机构稳定经营后就会形成持续性现金流，但往往对于前期养老机构的负现金流持审慎态度。

三是鼓励社会力量投资的政策支持落实不到位。近几年国家出台了不少鼓励社会力量经营社会服务机构的支持政策，但一些政策落实不到位。如用地保障不足，托育机构、幼儿园、养老机构等社会服务用地用房短缺、地租过高，大幅提高了运营成本。税费优惠方面存在落地难问题，比如很多养老服务机构连锁化经营，由于没有独立的法人注册，难以真正享受到税收优惠；水电气热收费等牵扯多个收费部门，优惠政策很难落实。这都制约了社会服务供给的扩大。

3. 具备合格素质的服务人力供给不足

人才供给问题在养老服务和学前教育领域比较突出。根据现有公开数据，持有国家职业资格证书的养老护理员乐观估计有 10 万人，加上各类培训证书，持证养老护理员共计 20 万人。其中 40 岁以上的占到一半以上，高中以下学历占七成，养老护理队伍的人数和专业技能都远远落后于现实需求。近几年学前教育入学率快速提高，人力不足问题也凸显出来。据估计，按教育部配备标准，2020 年缺 100 万名幼儿园教师、90 万名保育员。具备合格素质的服务人力供给不足制约了服务供给特别是优质服务供给的扩大。

4. 社会服务市场竞争存在不公平、不规范现象

一是公办机构与民办机构之间存在不公平竞争。一方面，部分公办机构定位不清，提供非基本服务，例如一些公办幼儿园、养老机构提供较高端的服务，公立医院提供特需服务，挤占了民办机构的市场空间。另一方面，提供普惠性服务的民办机构接受政府补贴远低于公办机构，却往往被要求收费不高于公办机构，影响社会投资积极性。调研发现，部分地区要求民办普惠性幼儿园的收费标准参照公办园或只允许小幅高于公办园，影响了社会力量投资的积极性。

二是社会力量经营机构运营不够规范。一些社会力量经营的服务机构自身运营不规范，难以赢得消费者信任，也在相当程度上限制了服务消费增长。一些民营医院及民办托幼、康养、家政机构偏重短期经济利益，加之行业标准缺失，存在虚假宣传、违规经营、过度诱导消费等问题，损害了民营机构形象。同时，行业自律水平较低，政府监管能力有限，也进一步加剧了不规范问题。

（二）需求侧

一是社会保障不健全、缺乏合理的筹资机制导致用户支付能力和支付意愿较弱。一方面，我国的基本社会保障程度不高。城乡居民平均养老金每月只有 100 多元，老年人收入水平普遍偏低；医疗保险的实际报销水平不高，因病致贫现象屡有发生。这导致家庭不得不进行预防性储蓄，制约了非基本社会服务消费的扩大。另一方面，多层次的社会保障体系还没有建立起来，商业医疗保险、商业养老保险等补充保险发展相对滞后，抑制了个性化社会服务和商品的消费。

二是社会服务需求管理存在一些缺陷。由于医疗、教育等社会服务领域存在不同程度的信息不对称，加上我国社会服务市场不够规范，不可否

认存在一定的需求诱导现象，但也得承认大部分需求是真实存在的。这需要改善供给，包括调整公、私供给的结构，提升供给质量等。近年来在一些领域采取直接压制供给的方式来管理需求是有缺陷的，并不会消除真实需求，反而会带来一些新的不公平现象。

四、政策建议

（一）深化社会服务领域体制机制改革，促进形成基本社会服务政府有作为、非基本社会服务市场有活力的良好格局

第一，进一步理顺政府和市场在社会服务提供中的关系。一方面，强化政府在基本社会服务领域的主导作用。遵循量力而行、尽力而为的原则，强化政府责任，加大托育、学前教育、养老服务领域的公共投入。切实推进基本公共服务标准化、均等化，稳步扩大范围，明确公办机构主要提供基本服务的定位，合理引导公众预期；也要有针对性地发挥社会力量在基本服务领域中补短板、提绩效的作用。另一方面，充分激发市场主体在非基本社会服务领域的活力，满足人民群众多样化的需求。政府着力发挥好引导和监管作用。除了鼓励社会力量独立投资运营外，还可以通过公办民营、购买服务、PPP 等多种方式实现政府与社会资本的有效合作。

第二，优化投资结构，引导资金更多投向社会领域。社会领域消费需求正在快速增长，蕴含着较大的发展空间，但目前供给基础薄弱，需要政府投资和社会投资共同发力。未来要不断完善投资结构，从过去以大规模基础设施建设为主转向更多投入社会领域，统筹谋划一些带动性较强的社会领域投资项目，积极引导社会资金进入。在满足人民需求的同时，激发消费和投资潜力，增强经济发展动力。

第三，深入推进“放管服”改革，切实消除社会资本进入的“痛点”和“堵点”。一是进一步放宽准入。结合国情和地方实际，在保障安全和健康的基本前提下，对现有部分不符合实际情况并难以落实的门槛要求进行研究，适当放宽托幼等机构准入的前置条件，尽快取消不必要的准入审批。二是完善和加强全链条监管。完善相关质量标准体系，强化事中事后的过程管理，对违规运营严格处罚。三是缓解社会服务机构融资难。鼓励商业银行探索向产权明晰的民办养老机构和托幼机构发放资产（设施）抵押贷款和应收账款质押贷款。更好发挥创业担保贷款政策作用，对从事养老和托幼行业并符合条件的个人和小微企业给予贷款支持。四是不断完善并全面落实有关支持政策。根据不同领域服务特点、社会资本运营情况、政策实施效果等，制定更加细化、可操作的支持政策，对已出台的政策要下大力气抓好督促落实。

第四，明确公办机构定位，与民办机构错位经营。公办机构（如公办幼儿园、公办养老机构等）应坚持公益性定位，强化保基本、兜底线职能，原则上不应提供高端服务。公办机构推广全成本核算，逐步改变目前享受到过度优惠政策的现状，合理制定收费标准，避免其依靠优质低价无门槛的服务对民营机构形成较大的挤压。承担了公益性职能的民营普惠性机构，在支持政策上应与公办机构一视同仁；营利性的社会服务机构应放开准入与运营限制，鼓励提供个性化、多样化的服务。

第五，扩大社会服务领域的对外开放。随着人们社会服务需求的升级，对服务的品质要求更高。我国应进一步扩大社会服务领域的对外开放，放宽投资限制，引进国外优质教育、医疗和养老服务资源，特别是开放职业教育、康复医疗、医疗美容等国外有优势而我国又有较大需求的领域。

（二）抓住关键问题，着力推进重点社会领域改革和发展，进一步带动消费和投资增长

1. 在继续促公平、提质量的同时，着力补短板，满足多元化教育需求

第一，着力解决托幼机构面临的突出问题，促进学前教育供给。通过盘活闲置资产、优化规划布局、适当降低准入门槛（如消防、场地面积）等多种方式，减轻托幼机构用地难、用地贵问题。在托幼机构早期运营亏损或薄利阶段，以政府购买服务、税收优惠、财政补贴等方式予以支持。

第二，适当降低老年人学历教育的门槛。随着生活方式多元化，包括老年人在内的成年人对成人高等学历教育的需求不断增长。老年人接受学历教育主要是出于兴趣爱好而非就业目的，建议适当降低老年人学历教育入学考试的门槛，放开同等学力免试入学，鼓励老年人活到老、学到老。

第三，多种形式引进国外优质教育资源。通过中外合作、独立办学等多种形式引进国外优质教育资源，满足家庭在国内享受全球优质教育的需求。允许海南国际教育创新岛在引进国外资源等方面先行先试。

2. 全面落实健康中国战略，推动大健康产业发展，满足日益增长的健康需求

第一，把健康融入所有政策，建设健康环境和促进养成健康生活方式。鉴于生活方式、生态环境、食品安全等对国民健康都有重要影响，经济社会发展所有领域、所有环节都必须充分考虑健康问题。要加大对大气污染、水污染、土壤污染的治理力度，建设健康环境。通过加强健身设施建设、教育引导等方式促进养成健康的生活方式。

第二，适应人口老龄化需求，补齐康复医疗短板。除了将现有一、二级公立医院改造为康复医院，还要更多引导社会力量投资兴办康复医疗机构。加大医保对康复医疗的覆盖面，增加报销项目和费用额度，并合理延

长康复项目使用医保的时长；将民营康复医疗机构纳入医联体，在转诊上与公立康复医疗机构一视同仁；加快对康复医师、康复治疗师等康复医疗人才的培养。

第三，科学发展高端医疗，将赴海外就医群体消费留在国内。一方面，加强科学规划，集中力量推进。高端医疗重在把优势项目做精做强，避免遍地开花，以免分散优势甚至出现恶性竞争。另一方面，加大支持力度，如允许试点地区引进欧美已上市但国内未上市的药品、开展新药的转移转化、享受进口药品器械关税减免。同时，为顺利推进政策落地，可向试点地区派驻由国家相关部门组成的监管队伍，及时高效解决问题。

第四，促进医疗美容、母婴保健、健康管理、养生保健规范发展。在规范医疗美容、母婴保健、健康管理、养生保健行业执业标准和行为的基础上，促进其健康发展，满足人们对改善型健康服务的需求。

3. 消除养老服务发展掣肘，支持居家适老化改造和多层次养老机构发展

第一，保障养老场所供给，降低养老机构运营成本。养老服务投资平均利润率有限，大多是就近服务，受土地、基建、地租影响极大，这样的重资产经营往往难以持续。要严格执行小区初始规划，将房地产商和物业占用并改变使用性质后经营得利的公共设施让出一部分用作养老设施，现有的小区绿地、低密度商用房也可以实施立体化改造，增加养老场所供给。

第二，支持社区嵌入式养老机构、家庭养老床位等多样化养老服务发展。将对住宿型机构的补贴重点从一次性建设补贴转向持续性运营补贴，按健康状况对服务对象实行差异化补贴，鼓励嵌入社区的养老机构为居家养老者提供在宅专业护理、紧急救援等服务；同时积极探索家庭养老床

位[1]，延伸养老机构的专业服务。

第三，引导支持居家及社区适老化改造。加大居家适老化改造的宣传力度，提高公众认知，在鼓励有条件的家庭自行开展适老化改造的同时，通过政府购买、补贴等方式，为经济困难的失能老人、高龄老人、独居老人配置适宜水平的适老化设施和用品。将 PPP 模式引入小区适老化改造，利用老旧小区中存量资源吸引社会投资。

第四，鼓励康复辅助器具的研发和使用。对国内需求较大但还没有实现国产的康复辅助器具，通过税收优惠等多种政策工具，鼓励企业研发和本土化生产。借鉴国际经验，加快康复市场发展，优先开展需求高、易于回收管理、重复利用价值高的租赁业务，降低使用成本，提高使用率。

4. 巩固完善基本社会保障，促进建立多层次的社会保障体系

第一，巩固脱贫攻坚成果，逐步提升低收入家庭的收入水平和消费能力。建立防止返贫的动态监测机制，针对返贫家庭及时采取针对性的帮扶措施，实现动态清零。建立缓解相对贫困的标准和政策措施，逐步提升低收入家庭的收入水平和消费能力。

第二，随城镇化进程进一步扩大城镇职工养老保险覆盖面，促进养老保险可持续。随城镇化进程，逐步扩大城镇职工养老保险对农民工和个体工商户群体的覆盖面，提高整体的养老保障水平。综合参考社会平均工资增速、投资收益率以及期望寿命、老龄化速度等人口参数，按照精算平衡原则，定期调整缴费率和待遇给付，实现养老保险的长期可持续发展。

第三，加快发展商业养老保险和健康保险，满足公众多样化需求。根据资本市场的发育程度和发展水平，探索基金型商业养老保险的政策框架、产品开发、监管制度等，引导大型支柱企业、行业领先企业发展企业

---

① 所谓家庭养老床位是指按照普通养老机构的服务标准，由养老服务机构为居家的失能失智、半失能老人提供养老服务的家庭床位。

年金。支持商业健康保险发展，加强核心数据平台与标准的建设，推动商业保险与医疗服务体系、基本医保等数据共享与合作，开发适应市场需求的产品，提升服务水平。

执笔人：李建伟　王列军　张佳慧　冯文猛　张冰子
佘宇　刘胜兰　李恒森

专题报告四

有效扩大和更好满足内需的财税金融改革研究

改革开放以来，财税和金融体系在支持内需战略实施方面扮演着不可替代的角色，既通过融通资金、补贴刺激等方式为国内投资和消费活动的扩张提供直接动力，又协调配合形成政策合力，对扩内需的方向、规模、结构等予以调控、引导、规范。当前我国已进入新发展阶段，面临贯彻新发展理念、构建“以国内大循环为主体、国内国际双循环相互促进的新发展格局”的重大战略任务，必须坚持扩大内需这个战略基点，充分挖掘国内市场潜力，这离不开与之相匹配的财税金融体系的有力支撑。《中华人民共和国国民经济和社会发展第十四个五年规划和2035年远景目标纲要》指出，要“建立现代财税金融体制”“健全符合高质量发展要求的财税金融制度”。有必要总结以往历史阶段的经验教训，在高质量发展要求下推动更高维度、更深层次的财税金融供给侧改革，以便其在新一轮扩内需战略实施中发挥更大作用。

一、改革开放以来财税金融体系支持内需的回顾和总结

改革开放初期，我国就强调要坚持自力更生，经济发展主要依靠国内市场，但直到20世纪90年代末期在应对亚洲金融危机的过程中，扩大国

内需求、开拓国内市场才被正式提出并逐步确立为一项战略方针。① 此后，扩内需的内容不断充实，政策重点有所调整，使用的工具日益多样化，但金融和财税始终是其中重要的力量。

（一）三次扩大内需战略的简要回顾

1998 年，扩大内需作为一项正式的战略方针被提出，自此以后，在重要会议和文件中一直被提及，成为我国经济发展的基本立足点和长期战略方针。在这个进程中，有三个时间节点特别关键，采用的思路、模式和工具都具有开创性和延续性，分别是 1998 年、2008 年和 2012 年。

在三个关键节点上，扩内需战略具有共同之处：（1）背景都是区域或国际金融危机引发外部需求萎缩，叠加国内突出的经济问题，内外因共同作用下致使国内经济面临很大的下行压力；（2）都实施了一系列刺激国内投资和消费活动的重大举措，稳定和推动增长都是重要政策目标；（3）都以基础设施和房地产作为扩内需政策的立足点。

三个节点上的扩内需带有明显的递进特征，如目标更加多元化（从稳增长为主到越来越兼顾调结构）、内容更加全面（从促进固定资产投资增长为主到越来越兼顾促进消费扩张），政策工具也更加丰富（如从增发国债到增发地方债）（见表 22）。

三个节点上的扩内需均产生了明显效果，不仅实现了稳定增长的作用（如第一次、第二次扩内需政策后，GDP 以更高速度增长），而且极大加快了城镇化等重大战略的推进（见图 102）。当然，扩内需战略的实施也遗留

---

① 戚义明："改革开放以来扩大内需战略方针的形成和发展"，《党的文献》，2009年第4期。1998年2月，中共中央、国务院发出《关于转发〈国家计划委员会关于应对东南亚金融危机，保持国民经济持续快速健康发展的意见〉的通知》，明确提出应对危机的指导方针和若干重大政策措施，强调要"立足扩大国内需求，加强基础设施建设"。从现有公开的文献看，这是中央文件中第一次明确将"扩大国内需求"作为一项政策提出来。

下了诸如推高地方政府债务等后遗症。总之，历次扩内需战略的实施很大程度上塑造了当今中国的经济、财政和金融面貌。

表22　扩内需战略的三个关键节点

	第一次扩大内需战略	第二次扩大内需战略	第三次扩大内需战略
提出时间	1998年2月	2008年11月	2012年
背景	亚洲金融危机导致外部需求萎缩；特大洪涝灾害；国企改革困难重重，下岗职工基本生活保障和社会就业压力较大	国际金融危机导致外需受到影响，入世以来的“出口推动型”增长道路受阻；特大自然灾害（汶川地震）	国际金融危机远未结束，欧洲主权债务危机持续发酵；国内发展中不平衡、不协调、不可持续问题突出
扩内需政策的目标	以稳增长为主	以稳增长为主，兼顾调结构	稳增长、调结构、惠民生并行
扩内需政策的主要内容	把增加投资作为拉动经济增长的重要手段，加大基础设施建设投入；停止住房实物分配，建立住房分配货币化、住房供给商品化、社会化的新体制	提出了扩大内需、促进经济增长的十项措施，涉及基础设施投资、生态环境建设等内容；出台汽车、钢铁、纺织、装备制造等10个重要产业的调整振兴规划；实施家电下乡、汽车下乡、家电汽车以旧换新、汽车购置税减半等促进消费的措施	以扩大内需为战略基点加快推进经济结构调整，包括推进城镇化、大力发展服务业、推进保障性安居工程建设等；把扩大消费需求作为扩大内需的战略重点
扩内需的主要抓手	基础设施投资；房地产投资和消费	基础设施投资；房地产投资和消费；汽车业投资和消费	基础设施投资；房地产投资和消费
效果	1998—1999年经济保持了稳定，2000年后重新回到高速增长轨道	2008—2011年经济保持了稳定和高速增长态势；2010年中国成为全球第二大经济体，成为全球增长的引擎；国内汽车产业大发展，2009年中国成为全球最大的汽车生产国和新车消费市场	2012—2014年经济增速稳定在7%～8%；但地方政府债务风险、金融风险攀升；中国经济处于增长速度换挡期、结构调整阵痛期、前期刺激政策消化期“三期叠加”阶段，亟须更深入地改革

资料来源：作者总结整理。

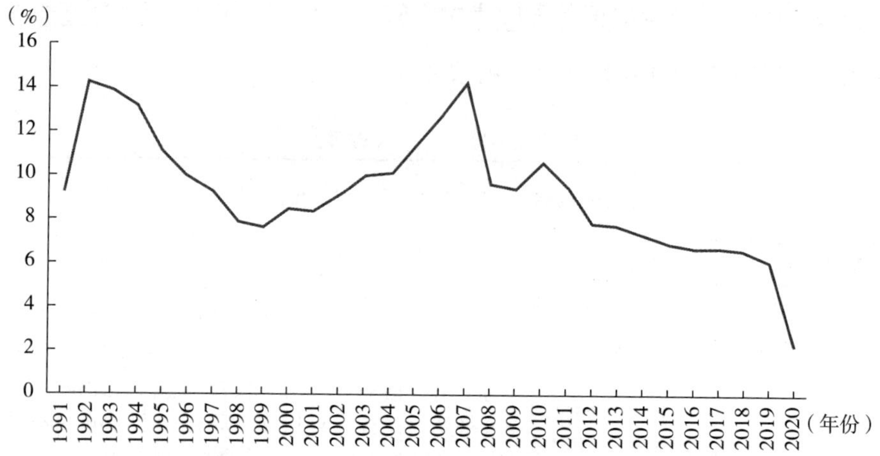

图102　1991—2020年我国GDP实际增长率

资料来源：Wind。

（二）财税金融支持内需的主要做法

1. 积极的财政政策和宽松的金融政策

在历次扩内需战略实施进程中，积极的财政政策主要体现为适度扩大赤字率、增加政府债务规模、减税等；宽松的金融政策主要体现为增加货币和信贷供给、调低利率、加大金融创新力度等；两类政策相互配合、相互协作，共同支撑着投资和消费的扩张（见表23）。

表23　扩内需三个关键节点中财政和金融扮演的角色

	第一次扩大内需战略（1998年）	第二次扩大内需战略（2008年）	第三次扩大内需战略（2012年）
积极的财税政策	政策内容包括增发1000亿元长期国债用于基础设施建设；建立了城镇职工基本养老保险、职工基本医疗保险等社会保险制度和城市居民最低生活保障制度，财政资金开始加大对社会保障制度的支持	政策内容包括到2010年底实施总额为4万亿元的政府投资计划；2009年允许地方政府发债；以财政补贴、购置税减半等方式支持城乡居民家电、汽车消费；建立了新型农村社会养老保险试点、城镇居民医疗保险制度，财政给予补贴	地方政府债券发行方式有所变化，规模不断扩大；2012年，启动营业税改增值税（“营改增”）试点；2014年开始实施结构性减税政策；建立城乡居民大病保险制度、职业年金制度，财政给予补贴

续表

	第一次扩大内需战略（1998年）	第二次扩大内需战略（2008年）	第三次扩大内需战略（2012年）
财政赤字	1998年财政赤字规模为960亿元，赤字率首次突破1%	2009年预算财政赤字合计9500亿元，占国内生产总值比重在3%以内	2013年全国预算财政赤字12000亿元，此后不断扩大
宽松金融政策	配合积极财政政策，实行信贷扩张，如1998—1999年通过财政向银行发行2100亿元长期国债，带动4200多亿元银行贷款和自筹资金，用于增加基础设施投资；个人按揭贷款业务开始起步	M2快速增长，2011年末中国人民银行的总资产达到28万亿元人民币（约合4.5万亿美元），超过美联储（3万亿美元）和欧洲央行（3.5万亿美元）。2009—2012年，人民币贷款年均增长超过8万亿元（2001—2005年，年均增长不到2万亿元）	M2增速有所放缓，但影子银行开始兴起，银行表外和资管业务快速发展，非信贷资金成为重要的社会资金来源；消费金融开始加速发展；企业、居民都开启了加杠杆进程
利率政策	从1997年10月到2002年2月，央行五次调低利率，一年期定期存款利率从5.67%降为1.98%	从2007年12月到2008年12月四次调低利率，一年期定期存款利率从4.14%降为2.25%	从2012年6月开始利率进入下行区间，一年期存款利率从2012年6月的3.25%下调为2015年10月的1.5%
财政和金融的合作	1998年财政部向四大国有独资商业银行发行2700亿元特别国债，用于补充资本金	2007年财政部发行2000亿美元的特别国债（约合人民币1.55万亿元）购买央行的外汇储备，并用于中投公司成立的资本金，以便缓冲经常项目和资本项目双顺差带来的通胀压力	地方债、PPP等基础设施融资新工具快速发展

资料来源：作者整理总结。

在三个关键节点上，扩内需使用的财税金融手段具有共性。例如，财政赤字都有所扩大。改革开放后，我国于1981年恢复国债发行，中央财政开始出现赤字，但总体规模不算大[①]。直到亚洲金融危机爆发后第一次采

① 从1959年到1980年，我国没有发行过任何内债，并在1964年提前还清全部外债，1968年全部还清内债，成为一个既无内债又无外债的国家。

取扩内需战略，通过增发国债方式支持基础设施建设，1998 年财政赤字规模为 960 亿元，赤字率首次突破 1%。在第二次扩内需战略实施时，2009 年首次允许地方政府以发行债券（当年为财政部代发）的方式进行融资，这也带动了赤字率的扩大（见表 24）。

表24　　我国历年财政预算赤字

年份	中央财政赤字预算金额（亿元）	地方政府债券额度（亿元）	全国财政赤字（亿元）	全国财政赤字占GDP的比例
2005	3000		3000	
2006	2950		2950	
2007	2450		2450	
2008	1800		1800	
2009	7500	2000	9500	3%以内
2010	8500	2000	10500	
2011	7000	2000	9000	2%左右
2012	5500	2500	8000	1.5%左右
2013	8500	3500	12000	
2014	9500	4000	13500	稳定在2.1%
2015	11200	5000	16200	提高到2.3%
2016	14000	7800	21800	提高到3%
2017	15500	8300	23800	3%
2018	15500	8300	23800	2.6%
2019	18300	9300	27600	2.8%
2020			37600	3.6%以上
2021				3.2%左右

注：空格表示无相关数据。

资料来源：历年《政府工作报告》。

在扩内需的进程中，宽松货币和信贷政策同样不可或缺。例如，根据 2008 年 12 月《国务院办公厅关于当前金融促进经济发展的若干意见》，为应对国际金融危机的冲击，贯彻落实党中央、国务院关于进一步扩大内需、促进经济增长的十项措施，主要的金融措施包括：以高于 GDP 增长与物价上涨之和3个至4个百分点的增长幅度作为2009年货币供应总量目标；追加政策性银行2008年度贷款规模1000亿元；鼓励商业银行发放中央投资项目配套贷款，力争2008年金融机构人民币贷款增加4万亿元以上；等等。扩张银行的资产负债表可谓我国历次金融支持内需的主要方式。此外，三个关键节点上都采用了低利率政策，使得资金成本一直保持在相对较低的水平上，这对于资金需求者（如企业和政府）有利，但对于储蓄者（如居民）则是不利的。

2. 充分发挥金融体系的作用

我国充分发挥金融体系的作用实现扩大内需。突出表现为我国金融体系自身不断扩张，金融资产总量与GDP之比从1995年的3.2跃升为2018年的7.855，建成了全球第一大信贷市场、第二大债券市场、第二大股票市场和第二大保险市场。

通过支持金融创新支持内需政策。1998年之前，我国债券市场品种较为单一，以国债为主，还有少量企业债。扩内需的战略任务驱动债券市场加速创新，新的券种不断涌现。例如，1998年前后出现了特别国债、非银金融机构债；2008年前后出现了公司债、中票、地方政府债；2012年以后出现了绿色金融债等（见表25）。

表25　三个关键节点前后我国债券市场出现的新券种

时间	新券种及出现时间
第一次扩内需	政策性银行债和特种金融债（1997年），特别国债（1998年），非银金融机构债（2001年）
第二次扩内需	公司债（2007年），特别国债（2007年），可交换债和中票（2008年），地方政府债（2009年），资产支持票据ABN（2010年），政府支持机构债（2010年）
第三次扩内需	地方政府专项债（2012年），中小企业私募债（2012年），绿色债券、永续债、可续期债券（2013年），同业存单（2013年），三农金融债（2014年），保险公司次级债（2014年），绿色金融债（2016年）

资料来源：作者整理总结。

创新基础设施融资方式是金融创新支持扩内需的重要抓手。2008 年之前，我国基础设施融资方式主要是财政预算资金、国债发行收入、政府投融资平台公司发行的城投债等，地方政府被明文禁止举债。2009 年开始允许地方政府在债券市场发债融资。此后，地方政府债券市场经历了中央代发代还、试点省市自发代还、试点省市自发自还三个阶段。最新版《预算法》2015 年 1 月 1 日实施后，地方债自发自还主体扩展至所有省、自治区和直辖市政府，发行一般债券和专项债券成为地方政府融资的主要手段。相应地，地方债也替代国债成为近年来我国债券市场第一大券种，细分为地方政府一般债券和地方政府专项债券。地方政府一般债券是指地方为没有收益的公益性项目发行的、约定一定期限内主要以一般公共预算收入还本付息的政府债券；而专项债券则是地方为有一定收益的公益性项目发行的、约定一定期限内以公益性项目对应的政府性基金或专项收入还本付息的政府债券。前者计入赤字，后者则不计入赤字。2015—2020 年，地方债累计发行 29.2 万亿元，平均发行期限为 8.7 年，平均发行利率为 3.45%。其中，新增债券 13.9 万亿元，置换债券 12.3 万亿元，再融资债券 3 万亿元。截至 2020 年底，地方债余额为 25.5 万亿元。

在各个关键节点上，我国还不断出台促进消费金融发展的相关政策，以便支持消费的扩张。我国在 1985 年由中国银行珠海分行发行了国内第一张信用卡，正式引入信用消费模式，标志着消费金融的正式起步。1998 年中国人民银行颁布了《个人住房贷款管理办法》，个人按揭业务启动。2004 年第一家专业汽车金融公司——上汽通用汽车金融成立。2008 年之前，由于扩大消费在扩内需战略中并没有占据主导地位，所以消费金融发展相对缓慢。国内从事消费信贷服务的机构主要是传统商业银行以及汽车金融公司，提供的金融产品相对简单，主要是住房按揭贷款、信用卡以及汽车消费贷款等，产品申请门槛往往较高，需要客户提供的证明自身资产状况及信用资质的材料较多。第二次扩大内需战略实施后，由于汽车、家电等消费是重要抓手，相关消费金融业务借机加速发展。2009 年，原银监会发布《消费金融公司试点管理办法》，批准 4 个城市试点消费金融。2010 年，首批四家消费金融公司北银（北京）、锦程（成都）、中银（上海）和捷信（天津）陆续成立。2012 年以后，消费在扩内需战略中的重要性显著提升，消费金融发展随之提速。2013 年，原银监会将试点范围扩大至 16 个城市，并颁布新的管理办法，在股东资质、业务范围、资金来源等方面放宽对消费金融公司的限制。与此同时，2013 年以后伴随互联网业态的蓬勃发展，以电商平台为依托的互联网消费金融模式逐步兴起，消费金融的便利度大为提升，但“校园贷”“现金贷”“套路贷”等乱象也开始出现，并引发了 2017 年末开始的治理整顿行动。

3. 扩内需战略中财税和金融分工协作模式基本成形

在历次扩大内需战略的推进过程中，财政和金融的合作模式不断深化。除了信贷资金配合财政资金共同推动基础设施建设和提高公共服务水平之外，还通过发行特别国债的方式实现特定目标。1998 年，财政部向四大国有独资商业银行发行了 2700 亿元长期特别国债，所筹集的资金全部用于补充四大国有独资商业银行资本金，使其满足《巴塞尔协议》关于资本充足率的要求，更好服务扩内需战略。2007 年，财政部发行 2000 亿美元的特别国债（约合人民币 1.55 万亿元）购买央行的外汇储备，用于中投公司成立的资本金。此次特别国债的发行目的是在国际收支经常项目和资本项目“双顺差”背景下，维护经济稳定运行和物价稳定，缓解央行对冲压力；同时适度降低外汇储备规模，提高外汇经营收益。

（三）财税金融体系支持内需还存在的不足

1. 对居民消费、中小企业等支持不足

我国历次扩内需都以基础设施和房地产为主要抓手，导致投资率已经高于社会最优值，造成了很大的社会福利损失①，消费在扩内需战略中的重要性明显不够。财税金融体系更进一步加剧了投资和消费的这种失衡。一个例证是，在扩内需的三个关键节点上，均以调低利率作为政策工具，这种以压低利率为主的金融抑制政策客观上导致居民消费率在一定程度上有所下降。

我国内需政策的结构性失衡充分体现在金融体系的结构性矛盾上。例如，我国消费金融相比公司金融发展明显滞后。根据中国人民银行的统计，截至 2020 年上半年，我国居民部门总债务余额为人民币 58.9 万亿元，占人民币贷款余额（165.2 万亿元）的 35.7%。相比之下，根据美联储发布的数据，2020 年第二季度末，美国全部居民部门信贷额度为 16.07 万亿美元，只略微小于非金融企业的贷款余额（17.6 万亿美元）。美国银行体系对住户和非居民部门的融资支持规模相差不大，我国信贷支持却以非居民部门贷款为主导，从一个侧面反映出我国金融体系对消费活动的支持还不充分。又如，我国的金融资源过度向房地产集中。2010—2017 年，新增房地产贷款占新增人民币贷款的比重从 25.4% 跃升至 41.5%。房地产相关行业发行的信用债存量占非金融信用债总量的比重一度接近 50%。根据中国人民银行调查统计司的调查，在 2019 年城镇居民的家庭资产中，住房资产占比接近七成，超过居民持有的金融资产。此外，无论是信贷、债券还是股票市场，整体上国有企业、大型企业都占据着比民营企业、中小企业更多的金融资源。

---

① 李稻葵等："中国经济国民投资率的福利经济学分析"，《经济研究》，2012年第9期。

2. 金融体系规模膨胀偏快、风险趋于集中

在支持内需的过程中，我国金融体系借机扩张，金融业增加值占 GDP 的比重急速攀升，从 2005 年 4% 的低点跃升至 2015 年 8.4% 的高点，短短 10 年时间翻了一番。2016—2019 年以后缓慢回落到 8% 以下，2020 年又上升为 8.27%（见图 103）。当前我国金融业占比高于大多数发达国家。与历史上处于同一经济发展阶段的发达国家相比，现阶段我国金融业占比也相对较高。我国金融业增加值较高，固然与我国经济结构特点和发展阶段有关，包括储蓄率高、金融机构将储蓄转化为投资的规模大、直接融资不发达、金融机构在融资中承担的风险多等[①]；但同时也反映出金融体系脱实向虚、实体经济获取金融服务的成本较高、金融业带动资本形成及提升资本产出效率的能力较低等问题，金融业“大而不强”的矛盾十分突出。

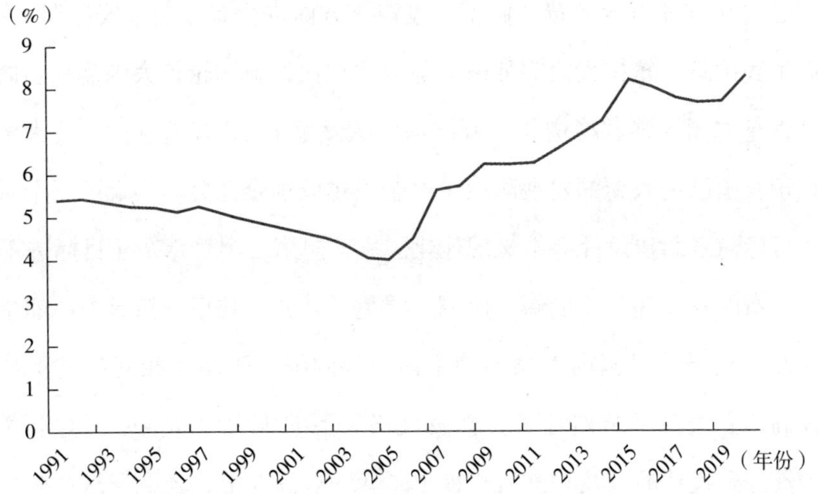

图103 我国金融业增加值占GDP的比重变化

资料来源：Wind。

① 中国人民银行调查统计司课题组：“我国金融业增加值规模较大的原因和效果”，《金融时报》，2019年2月22日。

国际金融危机后，随着第二次扩内需战略的推进，以政府信用支持和房地产为抵押品的信贷快速扩张，我国经济增长出现了日益明显的债务驱动特征，并且政府、企业、居民部门的风险都向金融体系集中。根据易纲（2020）的测算，2018 年末，由金融机构和政府部门承担风险的金融资产规模分别为 365.9 万亿元和 118.7 万亿元，是 2007 年末的 5.85 倍和 2.6 倍，占全部金融风险资产的比重为 54.5% 和 17.7%，总计达 72.2%，比 2007 年高 2.6 个百分点。风险向金融机构集中的趋势明显，而金融机构的风险相当部分最终要由政府承担。

二、新发展格局下内需战略的财税金融支持要求

2020 年中央经济工作会议指出要“坚持扩大内需这个战略基点”，强调“必须在合理引导消费、储蓄、投资等方面进行有效制度安排”，由此开启了我国新一轮扩大内需战略。与以往相比，新一轮扩大内需战略既有延续性（如同样强调稳增长、调结构、惠民生），又有递进性，最大的不同在于我国已进入新的发展阶段（由全面建成小康社会、实现第一个百年奋斗目标向全面建设社会主义现代化国家、向第二个百年奋斗目标进军），面临在新的发展理念（创新、协调、绿色、开放、共享）指导下，加快构建新发展格局（以国内大循环为主体、国内国际双循环相互促进）从而引领高质量发展的战略任务。新发展格局下的扩大内需战略，对财税金融的资源配置功能以及相互协作提出了新的更高要求，金融需从“有”到“好”转变，发挥出金融服务实体经济的应有功能。

1. 财税金融资源配置的重点需要进行结构性调整，有些特定领域减少投入，有些特定领域则亟须增加投入

新发展格局下，财税金融发力的重点应该有所变化，强化在新基建、

高端制造业、新型消费、绿色发展、老龄化社会及数字化转型等领域的支持力度，而减少在传统基础设施、低端制造业等领域的投入（见表26）。

表26　新发展格局下财税金融资源配置重点的结构性调整

项目	减少投入的领域	增加投入的领域
基础设施投资	铁路、公路和港口等传统基础设施	城市更新；县城城镇化；乡村振兴；“两新一重”建设
制造业投资	两头在外、低端过剩的制造业	高新技术制造业；战略性新兴产业；附加值高的高端制造业
房地产投资	棚户区改造；杠杆驱动的房地产开发	旧房改造；存量住房的盘活；租赁房市场
居民住房消费	多套房；与居民收入能力不相匹配的商业性购房需求	新落户居民等人群的首套房；适老性需求、改善性需求；保障性住房；房地产租赁及房地产相关服务的消费
居民非住房消费	食品、衣着等生存型消费；“以贷养贷”“多头借贷”的消费；盲目借贷和消费	旅游、金融保险、文化体育、健康保健等享受型、发展型消费的扩展
政府消费	公务接待、公车购置及运行、因公出国（境）费用	教育、卫生、社保等公共服务支出
绿色发展	高资源高耗能产业；化石能源；燃油车等传统车辆	可再生能源、绿色制造、绿色建筑、绿色交通等领域；绿色低碳消费
其他		健康和养老服务业；数字化转型

资料来源：作者整理总结。

2. 新发展格局战略需要发展“内嵌式赋能型”金融

我国的金融发展已取得重大成就，但金融与产业、科技发展之间仍存在割裂。当前正进入数字经济时代，产业和科技正发生深刻变革，金融不仅需要加速融入产业和科技，“看见”“看懂”并设计“信得过”的机制助推产业和科技的发展，还需借助这场变革，利用数字技术实现自身转型，更需要借此嵌入经济和生活，从“显”到“隐”，实现金融和服务对象关系的重构。

我国要实现制造强国，至少需要在三个方面有所突破：一是保证制造业的良性循环和合理扩张；二是在尖端创新方面逐步掌握主动权，占领前沿；三是制造业要实现转型升级和结构优化。

我国发展支持制造强国的金融体系，需要一开始就将金融内置于产业发展之中，打通技术、产业和金融的知识（技术）和政策壁垒，让产业（技术）、金融和政府三者自然“成长”。为此，需要发展内嵌于产业的金融体系，金融为产业所用而非产业仅是金融运作的载体，允许产业内生的金融业态涌现。首先，我们需要基于技术演进和产业生命周期，发展不同金融（政府、金融和产业资本）支持，实现产业、金融和科技的融合发展。现代经济的发展，正是技术、产业和金融从经济中相对独立出来，并在经济发展过程中分分合合，在周期波动中实现各自最优功能的过程。因此，技术、产业和金融的融合是在现实的互动、波动中完成的，是共融于企业和产业的成长过程的。只有将这三方面有机结合起来，才可能从制造业大国迈向制造业强国。其次，需要基于微观企业资金需求创设能充分挖掘企业内在价值的金融形式。除了处于不同生命周期的企业，其主要的资金需求和资金满足方式不同外，对于处于相同生命周期的企业，也有不同种类的资金需求，需要用不同的金融形式加以满足。特别是对于非核心企业，其价值（商业信任的基础）较难发现和挖掘，需要穿透企业主体，从商业过程中寻找信任基础。即金融体系需要深入了解商业过程，发现并充分挖掘商业信用，创设出与企业内在价值相一致的金融产品和交易结构。此外，金融支持制造强国，还需要与这一轮科技发展相结合，主要表现为金融的数字化、智能化、生态和场景化。

3. 在支持居民消费方面，财税金融体系需要更好发挥保障和促进居民消费的作用

我国人均国内生产总值已跨越 1 万美元关口，中等收入群体超过 4 亿人，这为消费金融的扩张奠定了良好基础。消费金融，是指通过金融产品和服务的供给对居民部门的消费活动提供支持，其目的在于满足居民多方面的需求（见表 27）。

表27 新发展格局下金融体系支持居民消费的改革方向

	当前情况	调整方向
居民基础金融服务	我国在基础金融服务覆盖面、人均拥有的银行账户数、持卡量、数字支付等领域均处于世界领先水平	从基础金融服务向财富管理等中高端金融服务升级；强化农村地区的基础金融服务；线上、线下服务协调发展；解决老年群体的数字鸿沟问题
金融体系支持居民消费并进行相关债务管理	我国家庭消费信贷参与率已达一定水平，但仍有需求未被满足；家庭负债结构相对单一，以房贷为主；居民债务风险总体可控，但少数人群、少数领域的高风险不容忽视	在有效控制金融风险和对家庭债务进行规范管理的前提下，开发多样化的消费信贷产品，充分满足居民需要
金融体系支持居民财富管理	当前居民财产中，房地产占据七成比重；居民拥有的金融资产以存款、银行理财等产品为主，债券、基金、保险等占比较低；金融体系未能提供足够丰富的适合居民投资的产品	推动资管业务规范发展；金融体系加大创新力度，开发更多适合居民投资的金融产品，特别是固定收益产品、公募基金产品和储蓄性保险产品
金融体系支持居民风险管理	定期寿险、家财险、消费信用保险、商业健康保险、商业养老保险等保障型产品普及度不高	提高各类保障型产品的普及度，改善保险供给质量，使得保险业充分发挥社会稳定器功能
金融体系支持居民形成绿色生活方式	绿色金融主要关注生产和投资领域的绿色低碳转型，对生活和消费领域的绿色低碳转型关注不够	充分学习国际经验，发展绿色住房抵押贷款、绿色汽车消费信贷等绿色消费金融产品

资料来源：作者整理总结。

4. 政策性金融将发挥更重要作用

我国从“十四五”规划开始正式步入高质量增长，着力解决发展不平衡不充分的问题，还要实现科技自立自强和构建新发展格局。单纯追求投资回报的商业金融已不能完全满足这种战略布局的需要，但完全依赖财政资金又不足以实现，其中的缺口将不得不寻找中间道路予以弥补。政策性金融是处于财政和商业金融之间的广阔地带，以商业运行的方式实现一定的财政性目标。“十三五”期间，我国现有的政策性金融机构资产负债已大幅扩张，商业金融机构也承担了大量的政策性业务，即使是央行，也开发出多种结构性工具，带上一定的财政色彩。我们还尝试了多种更有效使用财政资金的做法，如 PPP、产业基金等。这些努力发挥了一定作用，部分弥补了缺口，但到目前为止尚未探索出一套可持续的有效运作机制。“十四五”规划描绘了我国建设社会主义现代化国家的宏伟蓝图和重大战略举措。结合这些战略谋划和未来的经济前景，导致我国财政减收增支的因素较多，即使没有进一步的减税降费，未来财政压力仍然较大。虽然在规划中强化了财政统筹和预算管理，为保障重大战略任务提供了财力保障，但显然为了完成这些战略规划，还需要进一步加强财政与金融的可持续性合作。因此，寻找更有效的渠道和机制来弥补高质量发展与金融资源之间的缺口更显迫切。更多直达工具和结构性货币政策可能是一个思路，推动政策性金融机构改革可能是另一个思路，寻找既能避免政府和市场边界不清带来的隐性担保和刚性兑付，又能激励相容地引导社会资金投向特定人群、领域和地区，也将是政策可能的设计重点。这需要更清晰地界定政府职能边界，特别是设计好基础设施的合理的运作模式和投融资体制。

5. 适应金融开放、转型和数字化的宏观管理和调控

“十四五”期间，国际社会处于“动荡变革期”，我国面临“两个大局”，总体环境复杂严峻，宏观管理和调控的适应性变革极其重要。我国已选择基于金融双向开放的稳慎人民币国际化。这意味着我国金融市场与国际的融合加强，跨境资金流动将更加频繁，有必要尽快构建开放型经济的宏观调控框架、工具。针对经济转型，我国提出了宏观调控的跨周期设计和调控。这既意味着宏观调控更加关注机制建设，重视长效机制和自动稳定机制，发挥规则的预期引导作用，也意味着宏观调控不局限于逆周期的需求管理，而更重视具有打开经济增长空间的供给侧结构性改革，重视经济中可以超越周期的力量，还意味着宏观调控开始重视周期转换特别是增长动力转换中的过渡性安排，平衡“破”和“立”的关系，把握其中的力度和节奏。当然，“十四五”期间我国还将积极进行数字经济布局。数字经济时代，经济和社会的组织、运行将发生深刻变化，宏观调控和管理还需适应数字经济时代的特点进行必要的转换、调整和重构。

总之，为完成“十四五”规划目标实现新发展格局战略任务，金融体系既要激活活力，又要引导投向，还要保证系统稳定。当经济系统已成为复杂系统时，金融系统也需要及时转向复杂系统，以价值引导市场主体自主成长，以市场涌现的内在规则约束市场行为。

三、财税金融体系支持扩大内需存在的问题和障碍

尽管新发展格局下扩内需战略对财税金融体系提出了明确的要求，但却可能由于具体保障措施未到位或者落实不力，最终未必达成预期的结果。在扩内需的目标和结果之间存在诸多阻碍因素，包括财税和金融体系在动员足够的与高质量发展相匹配的资金方面存在困难；金融和实体经济之间缺乏有效的关联保障机制；财税和金融的调控方式存在短期化倾向等问题。此外，金融体系自身的改革开放还远未到位，会影响其服务扩内需战略的力度和深度。

（一）财政收支缺口压力大，突破旧有发展模式缺乏充足的财力支持

1994年分税制改革以来，我国多数年份的财政收入增速都高于GDP名义增速，但近年来这种情况发生了变化。受到全面推行减税降费政策、

新冠疫情等因素影响，2015—2020 年一般公共财政预算收入年增长率均低于国内生产总值的增长率，2020 年更是降至 -3.9% 的低点，为 1976 年以来最低；税收收入增速为 -2.34%，为 1969 年以来最低；财政预算赤字为 3.6% 以上，创历史新高。一方面，减税降费压力导致公共财政预算收入能力下降；另一方面，用于民生保障、经济发展、应对人口老龄化和气候变化等挑战、解决国企改革历史欠账等刚性支出需求不减反增，财政体系因而面临巨大的收支压力。

地方政府的收支压力尤其突出。1994 年分税制改革后，地方政府财政收入所占比重不断降低，事权却不减反增，财政支出占比连年增长，资金缺口巨大，地方政府普遍面临收支困境。2019 年，财政部曾公布 36 个省（自治区、直辖市、计划单列市）的财政困难系数。财政困难系数根据地方“保工资、保运转、保民生”支出占标准财政收入比重及缺口率计算确定。结果显示，27 个地方的财政困难系数超过 50%，意味着可用于“保工资、保运转、保民生”支出以外的资金余量很少。实践中不少重大项目由于缺乏财政资金支持，融资也遭遇困难而停产停工。

长期以来，地方政府推动城镇发展和建设高度依赖土地出让金以及通过土地、房地产为质押的各类金融工具所融通的资金。1998 年，全国土地出让收入为 507 亿元，2020 年，这一数字跃升至 8.4 万亿元，增长约 165 倍。土地财政和土地金融支撑了我国基础设施建设和工业化、城镇化推进，但也带来了政府和金融市场行为扭曲、地方债风险和金融风险居高不下等问题，注定无法持续下去。然而，摆脱土地财政和土地金融并不容易。一方面，地方政府要保障民生，推动建设项目落地，资金需求旺盛。在本级税收收入和中央转移支付收入增长有限的前提下，地方政府难以绕开土地财政和土地金融的支持。另一方面，地方政府还受到日益严格的政府债务管理制约，需要确保不造成系统性金融风险，压力巨大。

（二）金融体系所动员的资金类型与高质量发展的要求匹配度较低

在新发展格局下，无论是创业创新还是绿色转型，无论是新基建还是高端制造业发展，都需要具有长期投资视野的、具有相当风险承受力的资金加以支持。换句话说，新发展格局对长期资金、股权资金具有旺盛需求。然而，我国一直是以银行间接融资为主导的金融体系，金融体系虽然能够动员大量资金，但与高质量发展需求并不完全契合。

1. 银行主导的金融体系提供的资金期限较短、风险容忍度低

尽管债券市场、股票市场在过去30年间有长足发展，但我国以银行间接融资为主的金融格局并没有发生根本变化。从2020年末社会融资规模存量结构看，对实体经济发放的各类贷款余额占7成左右，债券和股票融资占3成左右（见图104）。我国债券市场的持有主体是银行，2020年末商业银行和非法人产品持有的债券规模分别占整个债券市场的50%和21%，二者合计贡献了债券市场70%以上的资金来源。由于银行是债券市场最大的投资者，再加上债券发行人结构中商业性、开发性、政策性金融

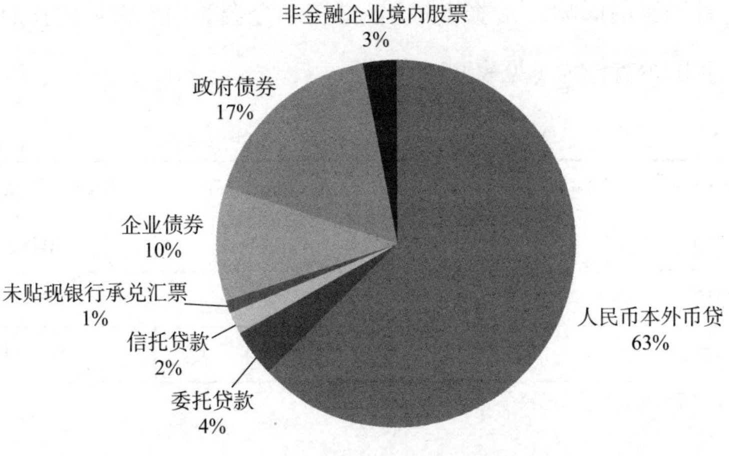

图104　2020年末社会融资规模存量结构

资料来源：中国人民银行。

机构也占据相当大的比重，因此我国债券市场与信贷市场的差异性较低，债券市场也具有部分间接融资市场的特点。如果考虑到这一点，我国直接融资占比会进一步下降。间接融资主导意味着资金的供给期限不会很长，融资风险主要由银行承担，对投资项目的风险容忍度较低。

2. 具有长期投资视野的机构投资者实力不强，长期资金供给严重不足

从发达国家的经验来看，养老基金、保险公司、捐赠基金、主权财富基金、共同基金是最重要的机构投资者，也是长期资金的最重要贡献者。在我国，受到社保改革尚未完成、保险业发展历史较短等因素影响，可用于长期投资的养老基金（包括社保基金、企业年金、职业年金及个人养老金）只有 5 万亿元左右的规模，保险公司总资产只有 23 万亿元人民币。相比之下，2019 年美国私人养老金规模突破 30 万亿美元，保险公司总资产（不含健康险公司）超过 9 万亿美元，远远超过我国。由于缺乏庞大的长期资金支持，我国公募基金投资偏短视，并没有充分发挥长期机构投资者"中流砥柱"及"压舱石"的作用。受到捐赠资金较少、对投资运作重视不足等因素的影响，大学基金会、慈善基金会等国外常见的长期机构投资者在我国少有作为（见表 28）。

表28　　我国养老基金和保险公司管理的总资产　　单位：亿元

年份	全国社保基金总资产	企业年金总资产	保险公司总资产
2010	8566.90	2809	50482
2019	26285.66	17985	205645
2020		22000	232984

资料来源：人社部、原银保监会。

3. 权益类资金供给不足

我国股票市值占 GDP 的比重从 1994 年的 7.7% 跃升为 2020 年的

78.5%，但与银行信贷市场相比，股票市场为实体经济提供的融资十分有限（见图 105）。从 2002 年到 2019 年，境内股票筹资额占银行贷款增加额的比重从 3.9% 提高到 7.6%，最高点的 2007 年也只有 21.51%（见图 106）。截至 2020 年 6 月底，中国股权投资行业管理资本量接近 12 万亿元，与银行体系过百万亿元的信贷余额相比差距巨大。

图105 我国股票市值占GDP的比重

资料来源：中国人民银行：《中国金融稳定报告（2020）》。

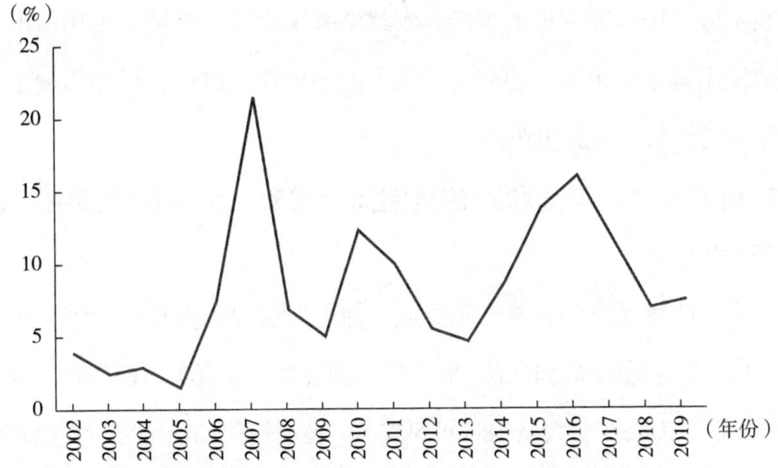

图106 我国境内股票筹资额占银行贷款增加额的比重

资料来源：中国人民银行：《中国金融稳定报告（2020）》。

（三）金融体系和实体经济之间的联通保障机制尚不完善

1. 要素市场改革不充分，增加了金融体系进入的难度

在绿色发展和公共服务领域，我国资源环境价格机制还不健全，污水处理定价、废物处理定价、用水定价、清洁能源电价、森林碳汇定价等改革还在探索中，生态价值和环境损害成本尚不能通过市场化定价完全体现出来。由于定价和收费模式尚未建立健全，金融资源很难配置到这类绿色项目中。另外，随着我国老旧小区改造的推进，加装电梯需求旺盛。电梯安装后如何收费？如何能够产生稳定的收入流？如何应对因使用频次低而产生的成本收回周期延长的挑战？上述问题如果缺乏明确清晰的答案，就很难吸引社会资本投入该领域建设中。

在劳动力市场，受户籍制度改革尚未完成等因素影响，我国劳动力市场的分割状态仍未结束。在许多地区，非本地户籍的移民人口无法享受与本地户籍相同的教育、医疗、住房等方面的均等化公共服务，这种歧视对待往往会使其在金融市场处于不利地位，获得消费信贷服务的难度加大，或者条件更为苛刻。

在土地市场，国有土地供给、农村宅基地供给、城镇建设用地增加与农村建设用地减少相挂钩的交易等重大改革仍在推进中，同样影响了相关金融服务的创新和发展步伐。

2. 信息共享、沟通和对接机制尚不完善，金融供给面临严重的信息不对称

在战略性新兴产业、养老服务业、绿色发展等许多投资领域，都存在着项目找不到合适的资金供给、资金找不到合适的投资项目的问题，资金搜寻、项目搜寻需要花费大量的时间和成本。在投资项目确定后，要想开展适当的风险和收益评估，往往又会面临信息不足的阻碍。大量相关信息分散在不同政府部门手中，获取难度大，碎片化程度高，不利于金融机构和投资者

作出正确全面的估值。严重的信息不对称问题会影响金融资源的供给。

3. 激励约束机制不完善，可能削弱金融体系资源投入的动力和决心

在绿色发展等领域，目标有待进一步细化和硬化。在中央政府提出碳达峰、碳中和目标后，很多地方政府、行业、企业跟进作出类似的承诺，但这些承诺缺少实操性。这种做法无助于促进金融机构加大在绿色发展领域的产品和服务创新力度。

地方政府的绩效考核机制有待与高质量发展要求进一步协调一致。近年来，地方政府官员的绩效考核机制，增加了不少环保、民生等指标，但经济增长仍然占据最大权重。全面预算管理制度改革、中期财政规划管理改革仍有待深化，还未完全发挥激励、约束地方政府行为使其与高质量发展要求保持一致的作用。

针对企业和金融机构的激励机制在范围和力度上存在不足。在绿色发展领域，一些地方政府对绿色金融项目实施了贴息、担保等激励措施，调动了社会资本参与绿色投资的积极性。但整体看来，激励力度不够，覆盖范围较小，特别是对绿色项目中的低碳、零碳科技投资缺乏特殊的激励。此外，对于权益类资金和债权类资金，政府也缺乏差异化的激励举措。在养老和健康服务业发展方面，相关的激励机制明显不足。

信息披露制度不健全，致使市场的纪律约束无法对政府和企业行为充分发挥作用。例如，当前部分地方债券，特别是项目收益专项债券的信息披露不充分，导致投资者无法获得有关项目的详细信息；在互联网信贷、互联网保险等消费金融领域，产品收益率和风险状况的披露存在各种误导；在绿色发展领域，企业的环境信息披露还未成为普遍性的强制要求，上市公司的环境信息披露在可得性、有用性、可靠性等方面存在不足。

4. 政府、企业、金融机构、居民的收益和风险共担机制有待完善

在新发展格局下，许多投资项目具有周期长、投资大、回报慢、风险高、牵涉面广等特点，在众多利益相关者之间建立收益和风险共担机制非常重要。例如，在科技金融领域，许多创业和高科技企业带有明显的“轻资产”特征，无法提供厂房、高价值设备抵质押等常见的信用风险缓释措施，如何通过担保方式的创新弥补这一不足、分担银行信贷的风险就成为影响融资可获得性和可负担性的关键因素。一些地方政府展开了积极尝试[①]，取得了积极效果，但整体看来，存在覆盖面小、可持续性不强等问题。另一个例子是在特色小镇建设以及城市更新领域。在政府引入市场化运作机制后，部分开发商急于赢利，进行了破坏式开发或者“挑肥拣瘦”式开发，甚至出现了与民争地、与民争利的现象。原住居民的获得感不强、参与意愿不高，直接影响了投资项目目标的实现以及城市的可持续发展。

（四）财政和金融的关系尚未完全理顺

改革开放以来，我国财政、金融体系分工与合作的基本框架已经确立，但在国有金融机构管理特别是国债、地方债等关键领域，仍存在不同程度的职责界限不清、权责不匹配问题。

1. 在国有金融机构的资本补充方面，财政部门作为股东是否“缺位”、中央银行是否“被迫补缺”存在争议

财政部通过发行两次特别国债的方式，持有重要国有金融机构的股

---

① 例如，2014年北京市人民政府成立知识产权运营管理有限公司，专门进行知识产权商用化试点。该公司与海淀区政府共同搭建了一个“风险补偿资金池”，用来分担金融机构从事知识产权质押融资中可能出现的风险，双方分担比例为50：50。这一做法极大促进了中关村知识产权质押融资业务的发展。还有一些地方引入商业保险公司，通过保险产品分担银行贷款风险。

权。其中，1997年财政部定向发行2700亿元特别国债用于补充四大国有银行资本金，是以央行大幅降准、使银行体系有多余的流动性认购方式实现的；2007年又以“定向+公开”方式发行1.55万亿元特别国债用于组建中投公司，其中1.35万亿元是通过农行“过桥”的操作方式发行的。两次发行均纳入政府性预算，但没有纳入当年财政赤字。这种操作不仅被不少人视为财政向央行进行的变相透支，财政部是否并未履行股东的实际出资责任而由央行被迫补位问题更是引发了很大争议。

2. 在特别国债方面，发行的目的、方式、资金的使用是否符合治理体系现代化的改革方向存在争议

迄今为止，我国已经发行了三次特别国债，但尚未出台有关特别国债的专门管理制度，有关发行目的、发行方式、资金用途等并无明确的法律法规依据，因而引发了很多争议。例如，有人认为发行特别国债用于补充国有商业银行资本金，属于投资盈利性项目，偏离了公共财政的本义。我国是否应该像美国那样，允许央行购买国债，同样引发了大量讨论。

3. 在政府债务方面，大量隐性赤字的存在容易造成对财政风险的低估

当前我国一些政府支出通过在债券市场融资的方式获得资金支持，例如发行特别国债和地方政府专项债券。但这类发行收入并未列入当年财政赤字。大量隐性赤字的存在，不仅可能造成对政府债务风险的低估，还可能向金融机构和投资者传达错误信号。

4. 地方政府和金融机构的责任边界需要进一步厘清

当前在涉及地方债务的诸多问题上，存在政府和市场边界不清问题。例如，有关地方政府债务的形成、累积和处置，到底是政府背负的责任大还是金融机构背负的责任大尚存争议；发生地方国有企业或大型企业的信用违约事件时，市场不同程度存在“刚性兑付”迷思，期望地方政府出面协调还款甚至担负兜底责任。地方政府和金融机构、投资者之间的博弈关系并未建立在健全规范的法律和制度规范基础上，不利于形成正确和稳定的市场预期。

（五）金融体系自身的改革进程还远未完成，制约了服务实体经济的能力

1. 定价机制等市场化改革还未完成

以核心的定价机制为例，我国的利率市场化改革还处在阶段性推进中。金融市场多利率体系并存；商业银行在负债端自主定价能力较弱；地方债发行采取的是国债基准加点的定价模式，市场化定价水平不高；人身险行业的费率市场化改革、车险价格市场化改革都还未到位。此外，在汇率形成机制、金融市场的进入和退出、投资管理制度等方面，相关市场化改革也有待进一步深化。

2. 机构、产品和服务的多元化改革尚在推进中

在金融机构和市场主体方面，存在大型机构业务集中度高而中小机构和散户投资者实力薄弱、抗风险能力低等问题；在金融产品方面，存在短期、高风险高波动产品供给过剩而适合长期机构投资者 / 个人投资者需求的收益稳定产品供给不足的问题[①]；在金融服务方面，存在融资相关服务过度发展，但风险管理服务发展不足的问题。在当前我国金融业资产结构中，证券业、保险业资产占比远远低于银行业，从一个侧面反映出我国金融体系多元化程度的明显不足（见表 29）。

---

① 据中国人民银行2020年发布的调查报告显示，我国老年群体投资银行理财、资管、信托等金融产品较多、风险较大。

表29　中国金融业资产结构

	2010年	2019年
中央银行资产占比（%）	20.22	10.46
银行业金融机构资产占比（%）	74.31	81.71
证券期货业金融机构资产占比（%）	1.54	2.05
保险业金融机构资产占比（%）	3.94	5.79
资产总规模（万亿元）	128.25	354.93

资料来源：中国人民银行：《中国金融稳定报告（2020）》。

3. 资本市场基础制度改革尚未完成

在发行制度方面，注册制还未在全市场推广；债券市场的整合尚未完成，在发行准入标准、信息披露标准、产业政策执行尺度、执法等方面尚未实现充分统一；信用评级虚高、评级区分度不足问题仍有待解决；违约处置效率偏低，投资人保护和对市场违法违规行为的震慑力仍有不足。

4. 金融监管体系仍有待健全

多重监管目标可能存在冲突。例如，在支持小微企业融资方面，金融机构要同时实现确保充足的信贷资源配置、控制不良资产比例、降低贷款利率等目标十分困难。

监管政策的导向性有待增强。近年来，我国绿色信贷的资产质量良好，不良率显著低于银行总体资产的不良率水平，但绿色信贷仍然执行100% 的风险权重。马骏的估算表明，如果将绿色信贷的风险权重从 100% 降低为 50%，就可以将我国所有绿色信贷支持项目的融资成本平均降低 50 个基点（即 0.5 个百分点），大大提高银行发放绿色信贷的意愿。[①] 在股票市场再融资领域，当前监管规则对再融资募集资金的使用用途限制较多，

① 马骏："降低绿色资产风险权重"，《中国金融》，2018年第20期。

不利于创新型科技企业在研发阶段加大资金投入。[①]

行为监管有待强化。当前在保险销售、公募基金销售、互联网借贷等领域存在许多乱象，对我国消费金融的持续健康发展产生不利影响，需要金融监管机构进一步强化在牌照、员工履职等方面的行为监管力度。

四、政策建议

（一）加强财政收支的可持续性管理，为政府提高治理能力及宏观经济调控能力提供财力保障

考虑到未来内外部环境的严峻性和高质量增长对财政支出的依赖性，建议我国的财政政策在强化管理的前提下总体上保持适度积极。

“十四五”时期是大变革时期，政府和国企在这种时期可以发挥更大的作用，成为超周期的稳定经济力量。进一步考虑到“十四五”期间我国的一般公共预算将持续保持较高的赤字率，国有基金预算赤字逐年增大，并且“十四五”期间增支减收的因素较多，我国“十四五”时期财政政策需保持积极态势。即仍需保持一定的财政赤字，加大债务规模。但考虑到我国“十四五”期间财政收入增长减缓，虽然仍有债务空间但正快速缩小，总体上宜保持足够的谨慎。

具体而言，一是科学划分财政支出，分类管理。可考虑将财政支出分为三种类型：基础性支出（保持政府运转和保障民生的被动性支出）；发展性支出（促进经济增长的各项财政开支）；改革和调整性支出（高质量

① 例如，根据企业会计准则规定，企业内部研究开发项目的支出，应当区分研究阶段支出和开发阶段支出。研究阶段的有关支出应在发生当期予以费用化，直接计入当期损益；开发阶段的支出符合资本化条件的，可以进入无形资产开发成本，予以摊销。目前在再融资募集资金使用上，监管要求资本性支出占比不低于70%，补充流动资金的比例不超过30%。许多企业近年研发投入较多，在很多新技术的研究阶段，按照会计准则必须进行费用化处理，也就是不能作为“资本性支出”列支，无法充分利用募集资金。

发展和各项改革导致的财政支出)。“十四五”期间宜区分这三类支出类型，合理确定并严格保证基础性支出，遵循无项目不列预算，消除代编预算，并不在年度中追加预算；降低不正确经济发展观和政绩观引发的发展性支出，加大力度推动高质量增长，推动改革和调整性支出。对于突发灾难的处置和救济、公共卫生和防疫抗疫、社会保障和就业等方面的支出，在符合应用原则时可追加预算承认由此产生的赤字。

二是提高税费管理的可预期性，保持总体税负的基本稳定。考虑到“十四五”期间我国财政赤字率已较高，在走向直接税为主的税制改革过程中，宜保持总体税负的稳定性，不宜再进一步大幅度减税降费，也不宜向企业“补缴税费”对冲减税降费给地方财政带来的压力。可考虑根据征管水平的提高程度，相应调减税费率，提高税费负担的公平性。

三是强化预算过程管理，弱化预算结果约束。区分“周期性”和“结构性”财政赤字，更好发挥财政逆周期的自动稳定器功能。财政赤字是政府在特定经济环境下按照事前约定责任行为的结果。管理宜从因入手，不宜过度强调结果。在对政府行为(预算过程)有效管理的前提下，宜将财政赤字作为分析的工具，弱化其约束功能。

财政政策适度积极，还要求强化对政府投资的有效性评估，以预算的过程管理为抓手，加强对政府行为的规范管理。探索弱化甚至取消对一般公共预算收入的数量考核(预算管理)，转为对征收比例等方面的考核，避免税费成为“包干”，经济增长超预期时降低税费的征收，经济增长不理想时收过头税，形成顺周期性。

可考虑在政府记账和预算管理中引入权责发生制原则。相对收入实现制、权责发生制的项目之间有更好的勾稽关系，对历史和未来成本、收益坚持分摊原则，可以在现实操作中强化约束，并在时间上明确责任。为此，建议在政府记账中尽可能引入分主体的分级权责发生制，特别要尽快在政府资产债务中引入权责发生制，更科学准确地摸清家底，更好体现财政在不同主体和代际间的平衡，发挥存量对流量的制约作用。

四是在基准情形下我国有必要提高国债和一般债的发行规模，适当加大专项债发行额度。这可以提高显性债发行规模，实现隐性债务向显性债务的转换，提高透明度，降低融资成本。考虑到我国预算管理中统一由中央确定总的预算赤字，而且目前不论是国际还是国内，一般都会把我国中央、地方显性债务合并计算，因此中央和地方分别发行弥补一般赤字债，仅具有管理意义。但如果都由中央发行国债弥补赤字，特别是专项建设债，地方倾向于将这部分资金当成预算资金，并不热心于安排偿债资金，项目的自我平衡形同虚设。为此，可考虑由中央通过国债的方式统一弥补一般公共预算赤字，其中部分属于代地方发行，按现有分配和管理方式运作，以降低融资成本，并统一管理发行期限、频率，可与国债市场建设，特别是收益率曲线形成和央行的公开市场操作更好合作。地方只由省级政府发行或代为发行专项建设债。

五是探索依不同状态设置不同的财政纪律。我国可设置三种状态：正常状态、转型和重大改革及极端情境，并分别就政府一般性支出、赤字率、债务规模及其变化、融资成本设置不同的自我约束阈值。

正常状态。严格坚守 3% 赤字率的红线，特别是把周期性赤字率控制在 3% 之内，确保周期内财政平衡，基本不产生结构性赤字。可考虑将政府债务规模总额（含中央和地方的显性政府债务，以及按照每年政府一般性预算对基础设施、各类基金的支出总额资本化测算的隐含债务规模）占 GDP 的比重控制在 60% 以内，每年该比值的变动不超过 5%。政府综合的融资成本低于名义 GDP 增速，每年还本付息额占财政收入的比重不超过 20%。

转型和重大改革。可将财政赤字扩大到 3% ~ 6%，并延长容忍赤字率 3% 以上的年限，但仍需确保经济增长速度高于政府综合负债成本，保证债务利息具有偿还性，不陷入债务自我扩张的局面。与此同时，适当扩大政府债务规模占 GDP 的比重至 90%，该比重的变动放宽至 10%，每年还本付息额占财政收入的比重也扩大到 30%。

极端情境。严格定义极端情境，一般只有严重威胁到国家安全的情况下才可以界定为极端情境。在这种情况下，以维护国家安全，特别是保证国家存在为根本目标，将放松所有自我约束指标，即允许出现财政赤字货币化，以资源约束和市场可接受度为限。

（二）建立现代金融体系的重点和政策建议

以构建具有高度适应性、竞争力、普惠性的现代金融体系为目标，推进各项改革，推动金融更好服务实体经济（见图 107）。

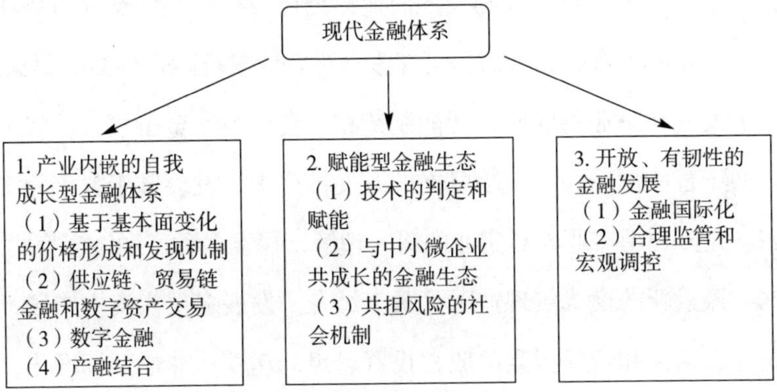

图107　构建现代金融体系

资料来源：作者整理总结。

1. 构建产业内嵌的自我成长型金融体系

真实的、能有效发挥功能的金融体系，是在服务实体经济过程中借助产业内在的信任涌现的，是“真实”的并具有“自我成长”能力的。近期社会上用“场景金融”“草根金融”来表达这种具有现实运用价值的金融涌现模式。要构建为制造强国服务的金融体系，一方面需要微观主体即金融机构相对独立，有意愿且有能力在为自己行为承担责任的基础上自我成长；另一方面需要由制造业和金融业双方在相互合作过程中，发现制造业内在的信任基础，设计出双方都能理解、有效的合作机制和运作模式，并通过产品、制度和组织等方式固化下来。

（1）建立主要基于基本面变化的价格形成和发现机制。降低资金面、政策面等对资产价格形成的过度影响，提高股票、债券和商品等市场基于基本面和微观主体价值的价格发现效率。

（2）发展供应链、贸易链金融，建立基于大宗商品等真实资产的数字资产凭证，实现更有效率的数字资产交易。以商业票据等为抓手培育基于商业信用的金融业态。保证商业票据发行以真实贸易为背景，允许商业票据转让仅基于支付对价，鼓励发展商业票据可发行转让的交易市场和中介服务体系。在体系有所完善后，可探索允许企业发行融资性商业票据。

（3）发展与工业物联网、智能制造相嵌套的数字金融模式。将金融的发展内嵌于智能制造、工业物联网的开发推广中，发展基于数字经济的金融业态。充分利用实业界对实业的深入理解，探索多种产融结合模式。

（4）探索新的模式实现产融更紧密结合。发展多层次资本市场，培育具有企业家精神和责任担当的股权投资思想，建立从非标到标准化，从专业群体到普通大众的多重股权投资、流通市场。

2. 搭建赋能型金融生态

金融实现服务功能，关键是“看得见”“看得懂”“信得过”。但仅仅依赖制造业的回报率，依靠金融行业自身的资源，这个过程较为漫长，且成本高昂，最终容易导致金融服务范围有限，引发“融资难融资贵”。为提高效率、降低服务成本，有必要发挥其他领域的专业特长，为金融业赋能，构建金融业能更好服务制造强国的生态环境。

（1）技术的判定和赋能，使得科技“看得懂”“信得过”。能“看得见”创新性技术，特别是那些还处于基础研究阶段包括技术开发前期阶段的技术，或者具有范式变革意义的重大基础技术突破。市场需要行业技术专家为其提供可信赖（以投资作为信任载体）的产业地图，间接看懂“科技”。

（2）构建与中小微企业共成长的金融生态。中小微企业的融资难融资贵问题，表面上是资金问题，但实际上大部分是发展问题。金融的本质是信任与合作，因此负债方的资金问题，往往需要与资产方运作结合起来才能更好地解决。金融体系总是找不到好的中小微企业，实际上是缺一个中介环节，缺能够真正为中小微企业提供综合性解决方案、用中国的思维方式解决问题的中介机构。如果能鼓励发展这些中介机构，为中小微制造企业提供技术和智力支持，为中小微企业“赋能”，与其“共成长”，那么银行可以在风险很小的情况下，实现对中小微企业的资金支持。

（3）构建共担风险的社会机制，塑造诚实守信的契约文化。各国采取各种方法来使得中小微企业相对金融机构“可见”“可理解”和“可信”，并降低这些行为的难度和成本。如政府搭建银企对接平台，构建政策性中小微企业担保体系，完善企业的征信体系等；通过财政贴息、监管的强制性要求，或者通过特殊的治理结构设计，如合作制和特殊的股权结构安排，甚至考虑提高中小微企业的报表可得性、真实性和一致性等，降低甄别难度，延伸“有价值”中小微企业的边界，构建中小微企业资金的供给体系。我国宜在这些方面进一步完善，尤其是可进一步探索引入保险机制，如通过创设灵活的责任保险，适当分担创业者责任风险等。

3. 实现更加开放、有韧性的金融发展

技术的发展正从相对封闭走向更加开放，我国的企业正与这一轮技术革命相互融合，并逐步走向全球市场。要在新的技术背景和全球格局下，更好地服务于制造业，推动制造业实现从大到强的转变，金融业本身也需要更开放，更有韧性。

（1）发展与企业国际化程度相匹配的金融国际化。我国企业已深度参与国际分工合作，在境外有大量的投资并购和生产销售活动，但我国金融机构的国际化程度与企业境外金融需求并不匹配，尤其是在综合金融服务方面还有较大差距。为此有必要鼓励国内金融机构跟随企业“走出去”，扎根当地市场，为我国企业的境外活动提供必要的金融服务。

（2）合理监管和宏观调控，抑制资产泡沫。一方面，需要及时释放金融风险，整顿市场秩序，夯实并完善危机应对机制。为此，需提高金融市场的价格发现和风险管理功能，及时释放金融风险。有效管理政府的隐性担保和社会安全网，有序打破刚兑，规范市场秩序。此外，还需要尽快将存款保险基金公司从央行独立出来，由财政、央行和金融机构股东机构（汇金公司）补足资金，进一步合理化存款保险的缴费机制和危机应对机制。另一方面，需要构建有效的宏观调控体系和监管体系，形成宏观审慎、微观审慎和货币政策相互协调的宏观调控和监管体系。完善金融监管，尤其是地方金融监管，进一步明确中央和地方金融监管的职责分工和力量配置，完善金融监管架构；调整金融监管思路，从机构监管转向功能和行为监管；尽快构建有竞争力的金融科技监管框架。

执笔人：陈道富　田辉　郑醒尘

专题报告五

从供给侧有效扩大和更好满足内需

我国拥有全球最齐全的产业门类体系，是全球最大的制造业国家，对主要商品和服务的生产和供应能力较强，但仍然存在一些产业发展短板，不能充分满足国内需求。特别是近年来，随着我国国内收入水平的提高，居民消费结构不断升级，人民对美好生活的需要、对高品质商品和服务的需求显著增加，国内产业供应能力和需求之间不匹配的结构性矛盾更加突出。要有效扩大和更好满足内需，必须针对产业发展与国内需求不适应的薄弱环节精准施策，通过产业政策更好地促进相关产业的发展，形成产业发展与有效扩大和更好满足内需的正向反馈。

一、从进口商品和服务的变化看，产业短板主要集中在高技术、高质量产品上

随着进口规模的增长，我国跻身世界进口贸易大国之列，进口商品的结构和规模变化反映出我国无法满足内需的重点产业领域。

（一）我国消费需求不断升级，供给结构尚不适应需求变化

改革开放以来，居民消费需求从“温饱”逐渐转变为“品质”。例如，对服装的消费需求从统一色彩和款式转向个性化、品牌化、高质量，对食品的需求从吃饱转向安全、科学、健康，对消费品的需求从手表、自行

车、缝纫机等传统耐用型产品转变为轻量化、智能化的终端设备，对互联网、文化旅游、休闲服务、教育娱乐等服务的需求迅速增长。

我国当前的供给结构难以与人民日益增长的美好生活需要相平衡。在产业层面，我国部分产业的附加值较低，高附加值的商品和服务大量依赖进口；产业结构不够高级化，新一代信息技术、高端装备、新材料、生物医药等技术密集型产业有待进一步发展。在企业层面，还存在优质企业数量不多、产品结构难以适应消费结构的变化等问题。

（二）信息技术、药品、化妆品等产业还不能很好满足国内需求

进口商品按照最终使用目的可以分为三类①，即满足最终消费者需求的消费品，例如食品、家用电器、护肤品、乘用车等；用于投资需求的产品，例如数控机床、各种投资设备等；用于生产过程中的中间投入产品，例如各种原材料、零部件等。本小节主要分析与最终需求相关的商品进口情况，也就是进口投资品和消费品的主要特征。

在投资品中，当前我国高端制造设备对外依赖度较高。2020 年，我国进口总额达 2.06 万亿美元，其中投资品进口额达 2701 亿美元，占进口总额的 13.1%。从投资品的类别来看，进口额最大的商品为自动数据处理设备及其部件，进口额达 339 亿美元，占投资品进口总额的 12.6%；制造半导体或平板显示器的机器及装置的进口额次之，达 316 亿美元，占投资品进口总额的 11.7%；液晶制造设备的进口额排名第三，达 264 亿美元，占投资品进口总额的 9.8%。由此可见，我国在高技术制造设备方面的投资品依赖进口。

在消费品中，高端汽车、手机、药品和化妆品无法更好满足内需。

---

① 联合国经济和社会事务部统计司对进出口贸易商品按照广泛经济类别（BEC）划分成投资品（Capital Goods）、中间品（Intermediate Goods）和消费品（Consumption Goods），其中有4类BEC商品未分类。2020年我国进口商品中，未分类商品约为72亿元，占总进口额的0.3%，本文忽略未分类商品。

2020 年，我国消费品进口额达 2378 亿美元，占进口总额的 11.5%，其中进口最多的为载人用机动车辆，进口额达 449 亿美元，占消费品进口总额的 18.9%；电话机进口额达 436 亿美元，占消费品进口总额的 18.3%；治病或预防用药品、美容品或化妆品及护肤品，进口额分别达 212 亿、173 亿美元，分别占消费品进口总额的 8.9%、7.3%。从进口消费品的商品类别来看，我国对高品质药品和美容品的进口规模很大，说明在这些领域仍然存在较大的产业发展空间（见图 108）。

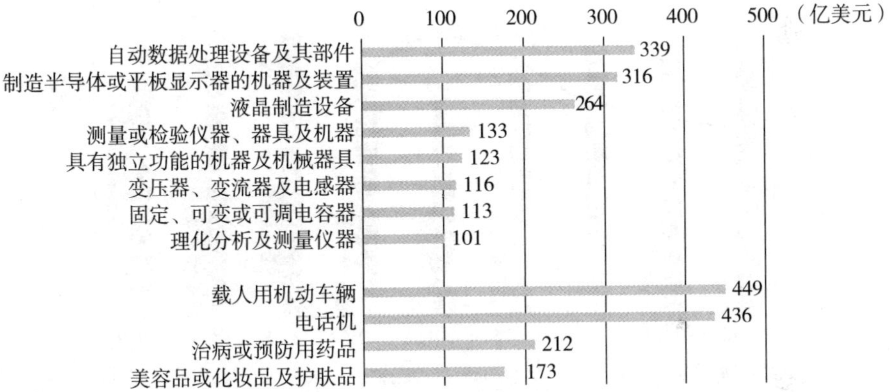

图108　2020年我国主要投资品和消费品进口金额

资料来源：海关总署。

（三）多数产业的生产能力不断提高，但在高技术、高品质产业方面仍然存在薄弱环节

从发展态势来看，投资品进口总额基本稳定，但半导体制造、先进医疗和测量装备的进口额迅速提升。2012 年以来，投资品进口总额在波动中基本保持稳定（见图 109）。一方面，制造半导体或平板显示器的机器及装置的进口额从 63 亿美元连续增长到 316 亿美元，增幅达 401.6%；医疗仪器的进口额从 38 亿美元连续增长至 72 亿美元，增幅达 89.5%；理化分析

及测量仪器进口额从54亿美元连续增长至101亿美元，增幅达87%；此外，其他仪器、电气设备的进口额也增长较快。另一方面，液晶制造设备的进口额从511亿美元连续降至264亿美元，降幅达48.3%；精加工机床的进口额从19亿美元连续降至8亿美元，降幅达57.9%。我国对芯片制造、理化分析及测量仪器的需求快速提高，对液晶制造设备和精加工机床的需求降低，反映出我国的产业短板主要集中在高技术装备上。

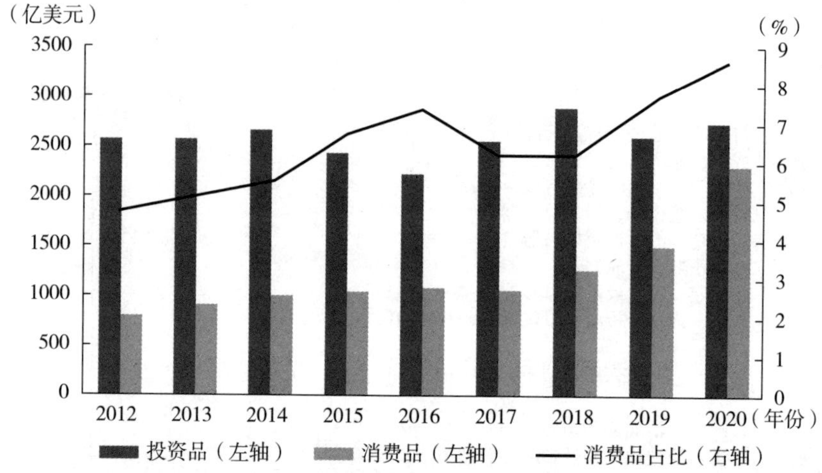

图109　2012—2020年我国投资品、消费品进口总额的变化

资料来源：Trade Map。

从消费品看，近年来消费品进口总额快速增长（见图109），食品、化妆品、药品增速较快。2018年以来，我国消费品进口比重快速提升。分产品看，2012年以来，牛肉进口额增速最快，从2亿美元连续增至98亿美元，猪肉、乳制品等食品的进口额也快速提升。美容品或化妆品及护肤品进口额从11亿美元持续增至173亿美元，治病或预防用药品进口额从99亿美元持续增至212亿美元，贵金属首饰及配件的进口额从5亿美元连续增至37亿美元，纺织鞋面的鞋靴进口额从3亿美元持续增至23亿美元。另外，广播电视及摄像照相机的进口额从99亿美元连续下降至25亿美元；存储磁盘的进口额从 62 亿美元连续下降至 47 亿美元。进口食品、化妆品、药品进口额快速增长，反映出我国高质量消费品的内需市场潜力巨大。

从服务贸易来看，高质量服务进口增速较快。2012—2019 年，我国服务进口额从 2813 亿美元增至 5006.8 亿美元，年均增长 8.6%，稳居世界第二，比同期全球服务进口增速高 4.8 个百分点，占全球服务进口的比重从 6.3% 提高至 8.6%。同期，电信计算机和信息服务的进口额从 54.9 亿美元增至 268.6 亿美元，年均增长 25.5%，是同期全球增速的 3.5 倍；个人文化和娱乐服务进口年均增长 33.7%，是同期全球增速的 5 倍；金融服务进口年均增长 16.1%，是同期全球增速的 5.7 倍。①

二、从产业结构的国际比较看，我国科技服务、卫生和保险等领域还存在不小的短板

经济发展的每个阶段都需要一个相对适宜的产业结构。相比其他发达国家在与当前我国发展水平相似阶段的产业结构，我国服务业增加值占 GDP 的比重较低，不少服务业的细分领域在满足内需方面存在一定的短板。

（一）从产业结构看，我国传统服务业规模较大，但与科技相关的新兴服务产业有待发展

产业增加值比重反映了产业的相对规模及其在国民经济中的地位和发育程度，根据中国 2017 年投入产出表，服务业增加值占 GDP 的比重为 51.6%，第二产业为 40.5%，第一产业为 7.9%。在服务业中，增加值占 GDP 比重最高的产业为房地产，比重为 7.1%（见表 30）；货币金融服务、

① 资料来源：商务部《中国服务进口报告2020》。

零售、批发的比重分别为5.1%、4.8%和4.5%；公共管理和社会组织、教育的比重高于3%，货运和仓储、商务服务、卫生、软件和信息服务、专业技术服务、餐饮、电信的比重高于1%，表明我国传统服务业发展相对成熟。此外，互联网相关服务的比重为0.5%，软件和信息服务的比重为0.4%，科技推广和应用服务的比重为0.3%，说明与科技相关的新兴服务产业规模有待扩大。

（二）与发达国家相同发展阶段比较，卫生、保险领域是我国服务业发展的短板

文献中通常根据人均国民总收入、人类发展指数和人口就业占比等指标确定发展中国家的发展阶段，根据世界银行公布的数据，我国2017年人均国民总收入（基于购买力平价法，下同）为14330国际元（2017年不变价，下同），与美国1982年的14070国际元基本相当。由于其他指标的统计年限尚未覆盖中美的可比水平，且考虑到科技发展水平的影响和20世纪70年代以前投入产出数据的完整性，这里将美国1982年视为我国2017年的相同发展阶段展开以下讨论。

与美国相比，我国卫生和保险等服务业在满足内需方面存在短板。根据美国1982年的投入产出表，服务业增加值占GDP的比重为51.7%，与我国2017年相当。美国服务业中增加值占GDP比重最高的产业为房地产，比重为12.1%（见表30），在房地产中，自有住宅和其他房地产的占比分别为6.3%、4.7%；批发、零售、卫生、商务服务、电信和餐饮的占比高于2%。

表30　中国、美国服务业增加值占GDP比重（排名前15）　单位：%

	2017年中国	占GDP比重	1982年美国	占GDP比重
1	房地产	7.1	房地产	12.1
2	货币金融服务	5.1	批发	6.9

续表

	2017年中国	占GDP比重	1982年美国	占GDP比重
3	零售	4.8	零售	5.6
4	批发	4.5	卫生	4.5
5	公共管理和社会组织	4.0	商务服务	4.2
6	教育	3.2	电信	2.3
7	货运和仓储	2.7	餐饮	2.0
8	商务服务	2.6	货币金融服务	1.9
9	卫生	2.0	居民服务	1.7
10	软件和信息服务	1.5	保险	1.4
11	专业技术服务	1.4	仓储和货运	1.4
12	餐饮	1.2	其他服务	1.1
13	电信	1.1	公共管理和社会组织	0.8
14	居民服务	1.0	教育	0.7
15	科研和技术服务	0.8	软件和信息服务	0.7

资料来源：作者根据中国2017年投入产出表和美国1982年投入产出表计算。

中美两国在批发、零售产业的发展情况类似，但我国货币金融服务的占比较高，为5.1%，反映出银行信贷理财和非银行金融服务的市场需求旺盛。我国公共管理和社会组织占比为4.0%，远高于美国，这是由于美国1982年的投入产出表中未将地方政府服务统计在内。我国卫生占比较低，保险规模也较小。考虑到我国2017年人口规模为美国1982年的6倍，我国卫生、保险服务在满足内需方面存在明显的短板，电信、餐饮和居民服务行业占比不高、有待发展。

（三）我国未来服务业发展的重点

美国服务业增加值占比的变化情况可反映出我国服务业的短期、中长期发展重点和方向。比较美国1982年和1992年服务业增加值占GDP比重可见，卫生、商务服务、货币金融服务增加值占GDP的比重明显上升（见表30、表31），短期内我国应在相应领域挖掘市场潜力。

从中长期来看，我国未来服务业应重点发展公共管理和社会组织、商务服务、软件和信息服务、科研和技术服务等领域。比较美国 1982 年和 2012 年服务业增加值占 GDP 比重可见，商务服务的占比到 2012 年达到 10.7%，公共管理和社会组织的占比达到 8.8%。其中，商务服务中的公司企业管理、法律服务和就业服务占比分别为 1.9%、1.3% 和 1.2%，公共管理和社会组织中的地方政府教育服务、地方政府其他服务占比分别为 4.8%、3.1%，说明经济发展到一定阶段后，社会对政府服务、管理、法律和就业等的需求增加。另外，科技类服务业是支撑产业向全球价值链中高端攀升的基础，与 1982 年相比，2012 年美国软件和信息服务、科研和技术服务[①]等新兴科技类服务业蓬勃发展，占比分别为 3.0%、1.1%。

表31　美国1992—2012年服务业增加值占GDP比重（排名前20）　单位：%

	1992年	比重	2002年	比重	2012年	比重
1	房地产	13.0	房地产	12.7	房地产	11.9
2	批发	6.4	商务服务	10.5	商务服务	10.7
3	卫生	5.9	公共管理和社会组织	8.0	公共管理和社会组织	8.8
4	零售	5.8	卫生	5.9	卫生	6.8
5	商务服务	5.5	零售	5.8	批发	6.0
6	货币金融服务	3.2	批发	5.7	零售	5.8
7	居民服务	2.3	货币金融服务	4.3	货币金融服务	3.2
8	餐饮	2.2	居民服务	3.0	软件和信息服务	3.0
9	电信	1.7	软件和信息服务	2.7	保险	2.5
10	保险	1.7	餐饮	2.4	居民服务	2.1
11	其他服务	1.5	保险	2.3	餐饮	2.0
12	仓储和货运	1.4	电信	2.2	电信	1.8
13	软件和信息服务	1.1	科学研究和技术服务	1.7	文化艺术	1.5

① 其中软件和信息服务包括计算机编程、系统设计、软件发布和数据处理等，科研和技术服务涵盖科研开发、环境技术、科学技术咨询等。

续表

	1992年	比重	2002年	比重	2012年	比重
14	娱乐	0.9	资本市场服务	1.7	资本市场服务	1.5
15	公共管理和社会组织	0.9	货运和仓储	1.2	货运和仓储	1.3
16	资本市场服务	0.8	教育	0.8	教育	1.3
17	教育	0.8	娱乐	0.7	科研和技术服务	1.1
18	空运	0.7	住宿	0.6	住宿	0.8
19	邮政	0.6	其他服务	0.5	客运	0.6
20	住宿	0.5	邮政	0.5	空运	0.5

资料来源：作者根据美国1992年、2002年、2012年投入产出表计算。

三、影响产业发展的主要障碍

我国拥有世界上规模最大、门类最全、配套最完备的产业体系，国内需求空间大、对产业发展的带动作用强，但目前不少产业在高质量转型的过程中仍然存在人力、投资、公共资源投入不足等方面的障碍。

制造业主要面临人力资本不足、创新能力不强等问题。虽然我国平均受教育水平不断提高，但受教育水平和人才需求的匹配仍然存在结构性矛盾，制造业专业技术工人数量不增反降，人力资本难以满足产业发展需求。我国人口老龄化的加剧致使劳动年龄人口下降，同时，行业间收入差距扩大导致大量劳动力向金融、软件信息等高收入行业转移，制造业招工难、用工贵等问题突出。

科技创新服务业对科学研发的支撑能力不足。我国科技服务体系尚未健全，核心技术对外依赖度较高，虽然我国高度重视提升高精尖、高品质产业的研发能力，但由于与科技创新配套的服务能力相对滞后，仍然面临研发投入分散、基础研究能力不足、技术积累不够等问题，导致产品的精度、可靠性等难以充分满足市场需求。

现有监管规则需适应新市场需求的变化。随着品牌升级和新国货兴起，平台经济激发了新的消费市场和需求。但平台经济具有越多人使用则会吸引更多人加入的网络效应，且算法和营销规则更为隐性化，易造成垄断和其他不公平竞争问题，导致监管难度增大。

公共服务尚未均等化，融资难度增加。我国人口数量众多，公共资源相对有限，同时医疗、教育等公共资源的城乡差距大，公共服务均等化尚未实现。此外，由于投资回收周期较长，投资风险相应增加，民间投资的积极性不高，融资难、融资贵等问题导致产业发展的动力不足。

四、政策建议

当前我国产业发展存在不平衡、不充分的问题，还不能充分满足社会发展和居民消费需求，需要综合施策促进产业发展，从供给侧有效满足和扩大内需。

（一）聚焦人民对美好生活的需要，促进产业高品质升级

应着力优化市场环境，引导产业从过去的以规模扩张为主转向以品质升级为主。一是加强监管、优化产业发展环境。完善平台经济相关监管体制，完善包容审慎的监管模式，加强反垄断监督、认定和审查；加强消费者权益保护、强化质量检验检测认证、严厉打击假冒伪劣产品，促进相关行业的充分良性竞争，促进形成企业“优胜劣汰”的正确导向。二是加大对“僵尸企业”的处置力度，引导低效率企业逐步退出市场，及时释放要素资源，引导资金和人才向优质企业流动。三是加快传统产业的数字化转型升级，提升产品的技术含量和附加值。

（二）提升人力资本水平，集聚优质要素发展高技术产业

我国高技术投资品和高端消费品对外依赖度较高，应大力发展高技术

创新型产业。一是加大职业教育投入。提高教师的职业技术水平和教育教学能力，通过学徒制等方式实现教学环节与应用场景接轨，满足制造业高质量发展的人力资本需求，使更多普通劳动者通过自身努力进入中等收入群体，逐步提升全社会消费能力。二是保持制造业比重总体稳定，将重心向计算机、高性能芯片等高科技领域转移。成立产学研联合攻关联盟，给予研发补贴和人才引进财税优惠，加快突破芯片的核心技术、材料和生产设备。三是放开科技服务行业准入。通过税费优惠和低息贷款等方式支持设立专业的科技服务型企业，缩短中小企业的研发周期，提升科技创新的效率。

（三）完善金融基础设施建设，为企业、消费者提供信贷和资金保障

一是加快推动信贷数据向人民银行征信系统接入，建立征信大数据系统，畅通征信查询和公布渠道。二是完善金融科技等新型征信机构监管制度规则，制定信贷数据和信息服务的规范和要求。三是以信贷数据为基础加强对中小企业和个人的金融支持力度，鼓励金融与互联网协同发展，通过互联网提升信贷的可及性。

（四）大力发展公共服务，提高劳动者权益保障水平

一是增加公共服务的资金投入，统筹协调区域间公共服务资源和基础设施建设。加大对基本药品的研发投入，推进建设城乡联合体，促进医护人员和教师资源在区域间的合理流动。推动农村地区“新基建”，完善道路交通和水电气网等基础设施。二是优化收入分配和社会保障体系。通过薪酬改革、个税改革等手段优化全社会收入分配结构，降低行业薪酬差异，提高低收入群体的收入水平和消费能力。充分考虑区域发展差异，分类、分档划分社会保险的缴费率和领取标准；在“三孩”政策背景下大力发展托育和学前教育，提高对高龄人群照护管理的普及度，解决制约消费的基本保障问题。

执笔人：许召元　路倩

专题报告六

多渠道提高投资效率，促进投资需求增长

投资是经济增长的重要动力，也是重要的需求领域。改革开放以来，我国经济持续快速增长，投资空间大、收益高，投资一直保持了较快增长，占 GDP 的比重显著高于大多数国家的水平。但近年来，我国出现了投资增长速度显著下滑的问题。在不少投资领域，存在各种制约投资潜力充分发挥的障碍，特别是部分投资项目的效益不高，存在为投资而投资的现象。“十四五”时期，要着重提高投资效率，拓展投资空间，进一步发挥投资在促进需求增长中的重要作用。

一、对投资的需求已经从注重规模转向更加注重效率

国家统计局用以统计投资规模的指标主要有两个：一是固定资产投资，二是固定资本形成，两者的主要部分相同，但具体内涵上存在一定的差别。按照国家统计局的定义，固定资产投资是以货币形式表现的在一定时期内全社会建造和购置固定资产的工作量以及与此有关费用的总称。国家统计局每月发布全国城镇固定资产投资的增长速度，每年还发布全社会固定资产投资的相关数据。固定资本形成是当年新增的固定资产减去退出生产或运行的固定资产价值，是 GDP 核算中的指标。两者之间存在一定的差

别，如全社会固定资产投资额包括土地购置费、旧建筑物购置费和旧设备购置费，而固定资本形成总额则不包括这些费用。

（一）投资一直是重要的国内需求，是促进我国经济较快增长的重要因素

改革开放以来，我国固定资本形成占国内需求（指消费加固定资本形成）的比重呈先上升后下降的趋势。1978 年，固定资本形成占国内需求的比重为 32.6%，已经显著超过之前的水平，到 2010 年，这一比重持续上升至 47.3% 的峰值，但此后，投资占比有所下降，到 2020 年降至 43.9%。投资对经济增长的贡献随着不同的经济周期而有较大的差别，总体上呈现很强的顺周期特点，即经济增长形势好时投资增长快，对经济的贡献大，而当经济形势不好时投资增速慢，对经济的贡献小，与居民消费对经济增长拉动作用稳定的特点正好相反。总体来看，1978 年至 2010 年，我国投资拉动经济增长平均值为每年 3.3%，但 2011—2020 年该值下降为 2.4%，特别是 2019 年仅为 1.8%（见图 110）。

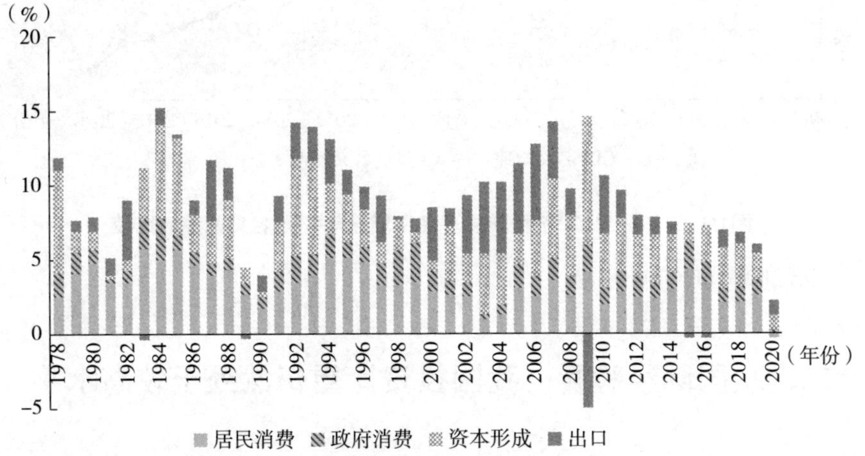

图110　各类最终需求对经济增长的拉动作用

资料来源：作者根据国家统计局数据计算。

（二）近年来投资对经济增长的拉动作用没有过去那么明显

近年来投资增长速度出现大幅度下滑。改革开放后，我国经济快速增长，投资虽然有时有波动，但总体上保持在较高水平。1981—2008 年，年平均投资增长速度高达 21.9%。即便是在受国际金融危机冲击的 2009—2011 年，其仍然保持在超过 20% 的水平。但是进入经济发展新常态后，我国经济发展面临“三期叠加”的压力，经济有所下行，投资增速更是呈持续大幅度下行态势。2012 年，投资名义增长速度为 20.6%，到 2020 年降至 2.9%。实际上，自 2016 年以后，投资名义增长速度已经低于 GDP 的名义增长速度（见图 111）。

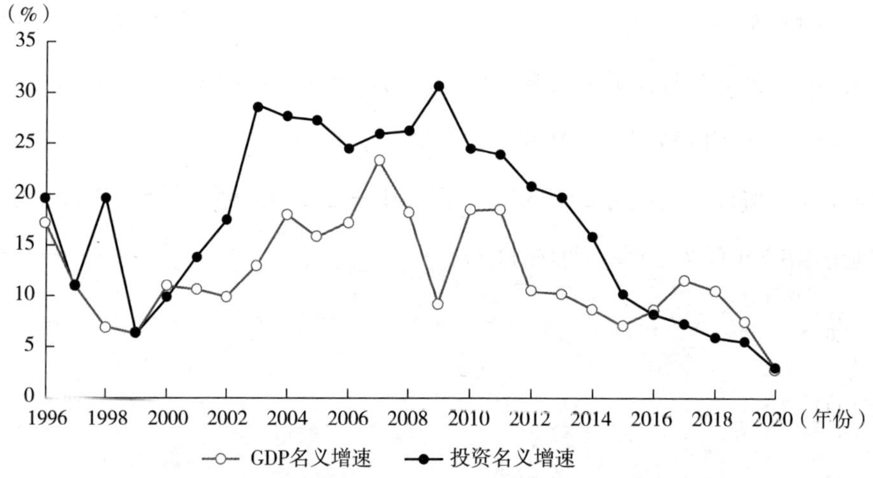

图111　1996—2020年我国投资名义增速与GDP名义增速的比较

资料来源：CEIC数据库。

二、从国际经验看，我国投资比重仍然处于较高水平

（一）我国投资占GDP的比重仍处于较高水平

固定资产投资占 GDP 的比重是反映投资需求空间的重要指标。一般而

言，如果投资占 GDP 的比重较小，说明进一步扩大投资需求的空间较大；反之，如果投资占 GDP 的比重已经较高，说明扩大投资需求的空间较小，需要更加关注结构性的投资空间。

下文主要根据人均 GDP 水平与投资比重的关系对投资空间进行初步判断。从各国的经验看，合宜的投资比重受多种因素影响，比如经济增长周期、经济发展水平、经济体量、传统文化（比如有些经济体偏好储蓄等）等，但其中人均 GDP 水平无疑是反映经济发展水平的最重要指标，需要关注不同人均 GDP 水平时投资比重的规律。在进行跨国跨时期比较时，还需要剔除价格差异的影响。剔除国家间的价格差异主要有两种方法：一是汇率法，即按照各国货币的平均兑换比率来进行折算，二是购买力平价法（Purchasing Power Parity，PPP），即按照各国 1 单位货币购买同一组或一篮子商品的数量（购买力）来进行折算。理论上，购买力平价法作为国际比较的货币转换因子，可以消除各国价格差异，比传统的汇率法能更好地进行经济总量和发展水平的比较。① 基于购买力平价法的人均 GDP 主要有两个来源，一是宾夕法尼亚大学国际比较中心提供的世界表（Penn World Table 10.0 版）数据②，二是安格斯 · 麦迪森（Angus Maddison）团队计算的各经济体人均 GDP。这两套数据的测算方法不一样，测算的结果也有差异，为避免结果偏颇，本专题以两套数据的平均值计算各经济体的历年人均 GDP 水平。

从国际比较看，我国投资占 GDP 的比重仍然处于较高水平。虽然我国投资占 GDP 比重在 2010 年达到 47.3% 的峰值后，到 2020 年已经降

① 余芳东："对购买力平价和汇率在GDP国际比较中的重新评价——兼评中国经济总量在世界的地位"，《统计研究》，1997年第6期；余芳东："世界银行2011年国际比较项目方法、结果及局限"，《统计研究》，2015年第1期。

② 各国人均GDP以2017年不变价美元作为计价基准，该表的数据与世界银行公布的数据相比，人均GDP数据覆盖时期更长，例如世界银行数据库中各国PPP法人均GDP数据都是从1990年以后开始，但宾大数据库中很多国家的数据是从20世纪50年代以后开始。

至43.9%的水平，但与其他国家相比，这一比重仍然不低。根据世界银行的统计，其他国家的投资占GDP的比重大多为15%～40%，其中，东亚国家，比如日本、韩国的比重最高。例如，1973年日本的投资比重达到38.7%的峰值后经历了两次台阶式下跌，包括1977年前后下降到30%～35%，2000年后降到25%以下的水平。韩国的投资比重经历了一个倒U形的发展变化，其中最高峰出现在1991年前后，达到39%，近年来长期稳定在31%左右的水平（见图112）。

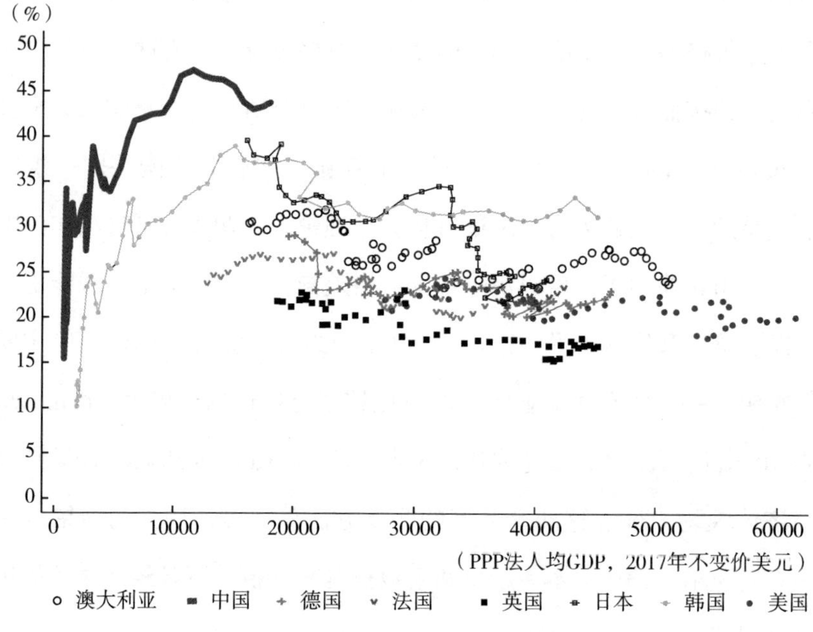

图112　投资占GDP比重的国际比较

资料来源：世界银行数据库。

（二）我国传统基础设施建设已经相对超前

以基础设施建设引领经济增长一直是我国的重要发展经验。改革开放之初，不少地方就提出了“要想富、先修路”的口号，各地通过各种形式积极筹资促进基础设施建设，特别是我国还创新性提出“贷款修路、收费还贷”的方式，在资金不足的情况下利用社会资金发展基础设施。近年来，我国在水利、高铁、通用机场、城市基础设施上持续加大投资，到2019年，我国高速公路总里程达16.1万公里，高铁总里程达3.8万公里，均居世界第一位。总体来看，我国基础设施已经处于相对完善的水平。例如，以高速公路的密度为例，虽然从全国平均的高速公路密度看，我国2019年每百平方公里面积上有1.58公里的高速公路，这个数据低于法国的2.1公里/百平方公里和德国的3.6公里/百平方公里，但高于美国的1.35公里/百平方公里。考虑到我国西部和北部还有大面积的沙漠等，分省份看，我国的高速公路网密度更是已经显著超过不少发达国家的水平（见图113）。

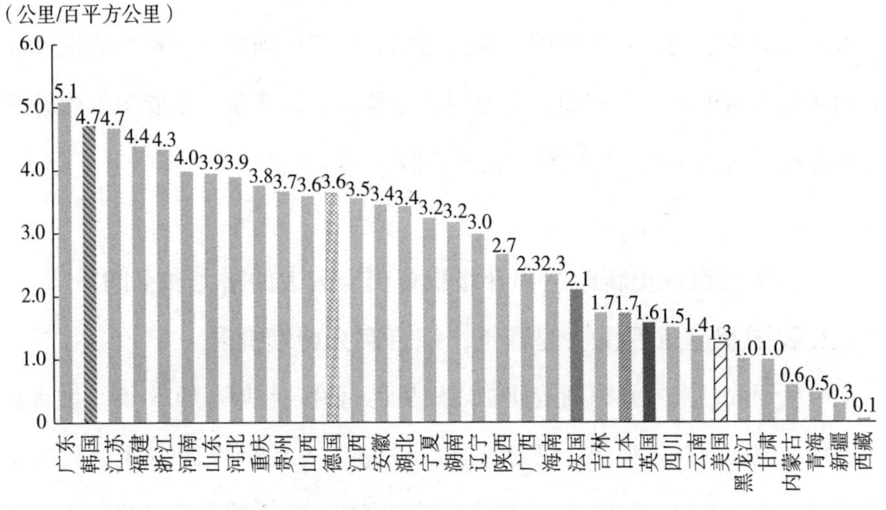

图113　我国各省份高速公路密度与其他国家比较

资料来源：Wind。

三、新发展阶段仍然存在不少扩大投资的空间

（一）新型基础设施建设仍有较大空间

虽然我国传统基础设施建设已经相对超前，短期内空间有限，但新型

基础设施建设仍然存在相当大的空间。2018 年底中央经济工作会议指出，“加快 5G 商用步伐，加强人工智能、工业互联网、物联网等新型基础设施建设”，“新型基础设施建设”的提法由此产生。2019 年，国家发展改革委进一步明确“新基建”主要包括七大领域：5G 基建、特高压、城际高速铁路和城际轨道交通、新能源汽车充电桩、大数据中心、人工智能和工业互联网。2020 年 2 月的中共中央政治局会议再次强调：发挥好有效投资关键作用，加大新投资项目开工力度，加快在建项目建设进度；推动生物医药、医疗设备、5G 网络、工业互联网等加快发展，要加快推进国家规划已明确的重大工程和基础设施建设；要加大公共卫生服务、应急物资保障领域投入，加快 5G 网络、数据中心等新型基础设施建设进度。“十四五”期间，随着我国交通强国、制造强国、科技强国、数字中国及乡村振兴等国家战略的实施，城市群、都市圈、交通网、智慧区、新基建、新能源等建设领域将形成新的增长点，投资空间仍然广阔。

（二）制造业更新改造和升级投资仍有较大的潜力和空间

1. 我国制造业规模快速增长，综合实力持续提升

改革开放以来，我国制造业总规模呈迅速追赶趋势。1978 年，我国制造业增加值为 600 亿美元，仅为美国的 12.2%，在此后的 32 年里，我国完成了三连超的发展。2001 年，也是我国刚刚加入世界贸易组织的元年，我国制造业增加值为 4191 亿美元，首次超过德国（4000 亿美元），是日本的 45.8%、美国的 28.3%。这一年，我国制造业的规模与美日仍有相当大的差距。2007 年，我国制造业增加值为 11497 亿美元，超过日本（9968 亿美元），是美国的 62%。2010 年，我国制造业增加值达到 19243 亿美元，首次赶超美国（17998 亿美元）。2019 年，我国制造业增加值达到 38963 亿美元，是美国的 1.6 倍，中国作为世界第一制造业大国的地位更加稳固

（见图 114）。

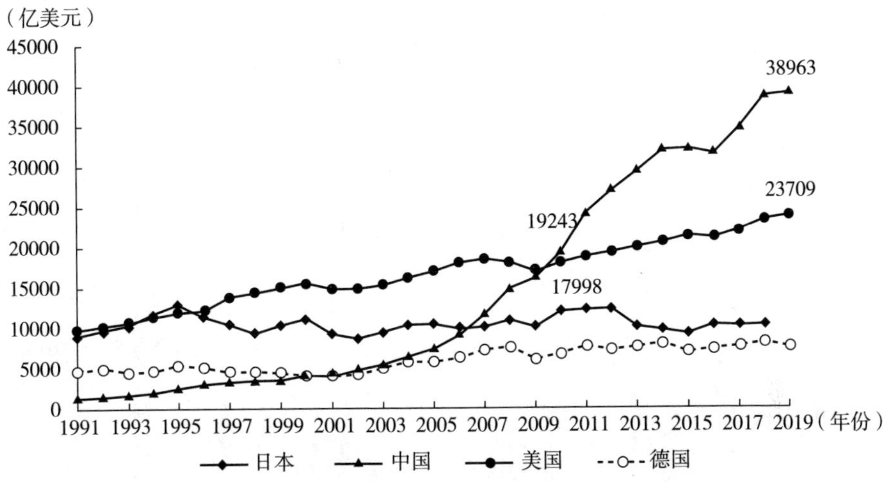

图114　中国改革开放以来中美日德四国制造业增加值增长情况

资料来源：Wind。

2. 我国制造业劳动生产率仍然处于较低的水平

制造业劳动生产率是反映各国制造业生产效率的最直接、最重要的指标，是各国生产工艺、技术、全球价值链位置、产品结构，以及信息化、智能化和数字化发展等多方面因素的综合反映。比较各国制造业劳动生产率时，第一个需要考虑的问题是价格的可比性，一些研究采用购买力平价法进行折算，但由于各国制造业本身就是根据各国汇率使用现价美元在国际市场上进行交换，因此，采用基于汇率法计算的各国制造业价值量具有内在合理性。

2018 年，主要制造业大国的劳动生产率有极大的差异。其中最高的是新加坡，劳动制造业增加值高达 23.3 万美元 / 人 · 年，其次是瑞士，达到了 21.4 万美元 / 人 · 年。新兴经济体中，越南只有 3920 美元 / 人 · 年，金砖国家的巴西和印度分别为 1.7 万美元 / 人 · 年和 0.7 万美元 / 人 · 年。2010 年以来，主要制造业大国的制造业劳动生产率都出现了持续增长。

例如，美国的制造业劳动生产率从 11.5 万美元 / 人 · 年增长到 13.6 万美元 / 人 · 年，韩国从 7.4 万美元 / 人 · 年增长到 9.7 万美元 / 人 · 年，中国从 1.2 万美元 / 人 · 年增长到 2.6 万美元 / 人 · 年（见图 115）。

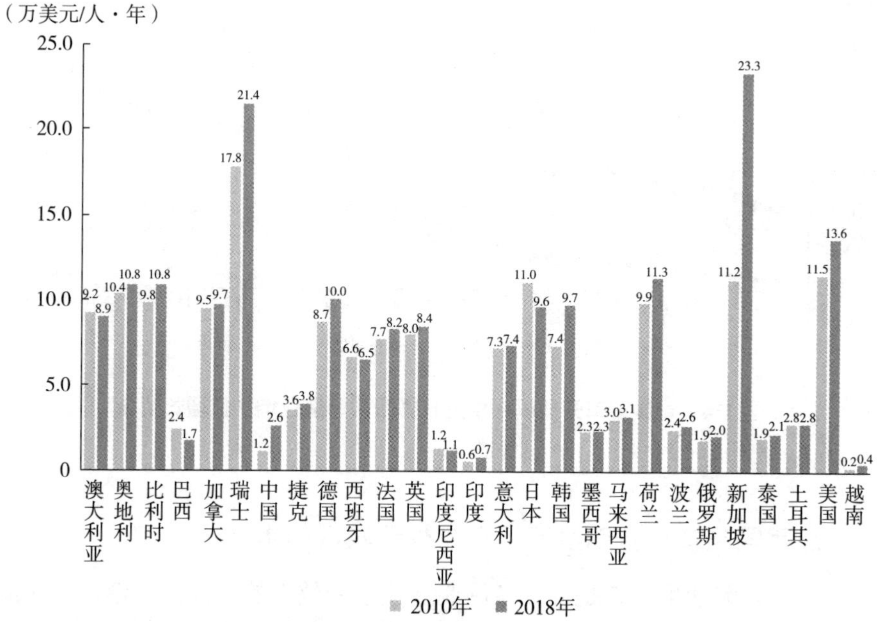

图115　2010年、2018年主要国家制造业劳动生产率变化情况

资料来源：WDI、ILO。

3. 从全球看，产业数字化智能化发展方兴未艾，我国制造业仍需加大升级改造的力度

数字化、智能化、网络化是新一轮科技革命和产业变革影响产业发展的主要方式。近年来，主要发达国家的不少产业在数字化转型方面已经取得了一些重要进展。比如，在智能制造方面，世界经济论坛对全球电子、电气设备、家电、钢铁、汽车、化工、生物制药多个行业的 1000 多家公司进行了评估，发现一批领先的“灯塔工厂”[①] 通过数字化转型，突破实体工

① 世界经济论坛、麦肯锡：《全球“灯塔工厂”网络：来自第四次工业革命前沿的最新洞见》，2019年。

厂的范畴，在敏捷度和产品上市速度、生产效率、定制化程度等方面有很大提升，已经取得丰厚回报。随着一个时期以来大力度研发投入的持续，很多产业领域的数字化发展已经有了比较好的基础，有望在“十四五”时期成为主流方式。比如，2019 年全球 3D 打印规模已达到 119.56 亿美元，其中美、德、中、日、英占比分别为 40.4%、22.5%、18.6%、8.2%、6.3%①，市场规模持续扩张的基础已经比较牢固，应用场景也逐步明晰。再如，碳基半导体材料、拓扑绝缘体、二维超导材料、新型磁性材料和新型阻变材料等有望推动半导体产业持续创新变革，而半导体领域的任何一次重大突破无疑都会推动数字化进一步深入。另外，主要发达国家均高度重视 5G、人工智能、大数据等技术对经济社会转型的引领和驱动作用，将其作为未来科技竞争的战略制高点，大幅增加研发投入以加强对产业创新的支持。

四、当前我国进一步扩大投资的主要障碍

（一）制造业的盈利水平不高，自身投资能力和意愿不强

我国制造业规模大、企业多、发展快，特别是各地区发展实体经济的意愿强，既促进了工业增长，也在一定程度上导致了市场结构不合理，存在大量企业低水平重复竞争、过度竞争的问题，这在很大程度上降低了企业自身的投融资能力。例如，2021 年 1—10 月，我国规模以上工业企业销售利润率平均为 7%，但大量的传统性行业，例如农副食品加工业，纺织服装、服饰业，金属制品业的利润率处于 5% 甚至更低的水平（见图 116）。

① 赛迪顾问：《2019年全球及中国3D打印行业数据》，2020年。

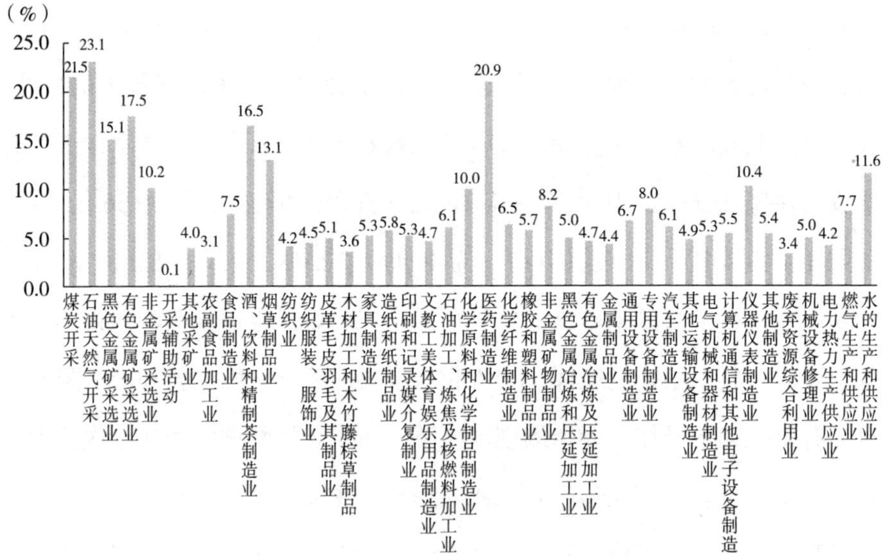

图116　2021年1—10月我国规模以上工业企业销售利润率

资料来源：Wind。

（二）效率较高的民间投资在融资能力和市场准入方面仍然存在不少困难

近年来，我国民间投资占全国固定资产投资比重有所下降，民间投资活力尚未得到充分激发。2004—2015年我国民间投资占全国固定资产投资的比重从30%持续上升到60%以上，但2016年以来民间投资占全国固定资产投资的比重下降到60%以下，2018—2020年民间投资占总投资比重分别为57.2%、56.8%和55.7%，呈缓慢下行态势（见图117）。

民间投资直接以投资回报率为重要指标，其投资效率往往较高，而且民间投资的主体是非公有制机构，不需要国家承担投资的责任和风险，不会增加政府的债务负担，是扩大投资最重要的方向。我国民间投资能力有所下滑，最主要的原因有三点。一是随着我国经济社会发展日益成熟，能够明确看到有投资潜力的、回报率较高的项目数量在减少，民间投资的具体领域收窄。二是民间投资的融资成本相对较高，融资能力相对较弱；由于民间投资相对于国有资本来说一般规模较小，承担风险能力弱，银行等金融机构习惯上更倾向于将资金配置到大企业、国有企业。三是在一些领域仍然存在市场准入障碍。2017 年，我国民间投资结构中制造业投资占比为 87.2%，而不少服务业占比仍然较低，例如在铁路运输中民间投资占比仅有 2.5%，在文化体育娱乐业中比重仅有 52.0%（见图 118）。

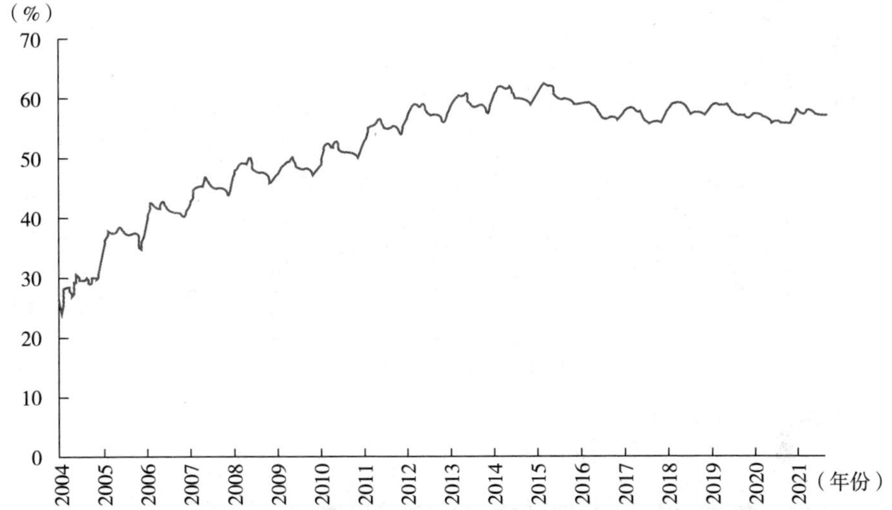

图117　2004—2021年我国民间投资占总投资比重

资料来源：Wind。

（三）对一些新兴产业的监管能力不足

随着我国经济社会发展进入新阶段和全球新一轮科技变革深入发展，近年来新产业新业态不断涌现，不仅成为经济发展的重要动力，也提供了大量的新兴投资机会。然而，新兴产业的发展特点和业务模式往往是以前没有的，例如共享单车、智能网联汽车等，这就必然使新兴产业发展中带有较大的经济社会风险，因此适宜的监管对产业发展至关重要。我国近年来对新兴产业总体上持“审慎包容监管”的态度，但由于监管能力不足，也出现了一些产业无序发展甚至带来重大风险的案例。不少产业在监管上仍然呈现“一管就死、一放就乱”的状态。对新兴产业监管偏严或偏紧，都无法满足产业发展需要，导致投资者在进入这些行业时偏谨慎。

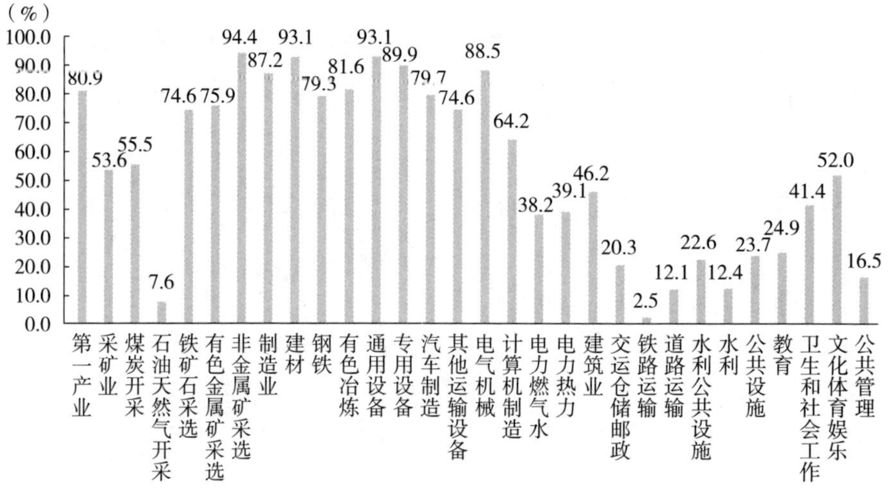

图118　2017年各产业投资中民间投资占比

资料来源：Wind。

（四）投资品价格上涨过快，抬高了投资成本

投资成本从多方面影响投资需求。一是投资成本是影响投资收益的重要因素，投资成本非合理升高，会导致有些本来有投资收益的项目财务上不可行；二是绝大多数投资项目都会受到预决算的制约，如果项目执行时的原材料价格上涨过多，就会导致项目实际投入超过预算，导致项目不得不停工或者重新调整预算，这都会影响投资。

近年来，有不少投资品价格持续上涨，并对投资产生了显著影响。一是材料价格上涨，特别是近年来受环保检查和资源约束，不少地方的地材（砂石骨料）价格大幅度上涨，造成施工成本大幅增加，而这些费用又得不到合理调整或补偿，显著影响了投资。二是 2021 年还出现了全球大宗商品价格上涨和通胀走高现象，其背后原因是主要经济体政府出台大规模刺激方案，主要经济体中央银行实施超宽松货币政策，加上境外疫情明显反弹，供给端仍存在制约因素，市场普遍预期总需求将趋于旺盛而供给不足，带来大宗商品价格大幅度上涨并传导至我国国内。

五、以提高效率为核心进一步扩大投资的政策建议

我国已经进入高质量发展的新时代，传统的规模扩张型增长道路必然需要向质量效益型发展道路加快转型，投资作为最重要的总需求组成部分，更是必须切实转向高质量发展的道路。根据当前我国投资潜力及障碍，建议从以下几个方面入手，着力促进投资高效增长。

一是进一步深化改革，拓展基础设施投资模式。对于铁路、新能源基础设施建设，重在加大体制改革力度，为社会资本进入创造有利条件。2021 年 12 月召开的中央经济工作会议指出，要稳步推进电网、铁路等自然垄断行业改革。这就要求进一步加快改革，让电网、铁路等行业也能形成社会资本有效进入的盈利模式。

二是出台优惠政策鼓励和支持中小企业加强技术研发、产业升级和进行数字化改造。我国企业差异大，一些规模大、技术先进、实力较强的大企业，其研发和更新改造所需投资一般可以自行解决，不需要政府支持，但大量的中小企业往往投资能力较弱，要进行数字化智能化转型改造还需要外部环境的有力支持，否则，其潜在的升级需求不能实现。因此，建议统筹研究制定相关政策及配套措施，整合财税、金融、人才、土地等方面的政策力量，从多方面鼓励中小企业加大研发和升级改造的积极性，提高政策精准度，全力推动中小企业加强技术研发、产业升级和数字化转型。

三是要稳定宏观经济，加强产权保护，提升投资者信心。投资具有顺

周期性，在一定程度上取决于投资者信心，特别是经济形势对投资者信心影响较大。因此，要继续实施积极的财政政策和稳健的货币政策，财政政策和货币政策要协调联动，跨周期和逆周期宏观调控政策要有机结合。实施好扩大内需战略，增强发展内生动力。保证经济平稳持续增长，只有这样才能增强信心。同时，要加强对投资权益的保护，特别是在政策外生改变时，对民间投资所受的损失要有一定的补偿机制，从而进一步坚定投资者信心。要提振市场主体信心，深入推进公平竞争政策实施，加强反垄断和反不正当竞争，以公正监管保障公平竞争。强化知识产权保护，营造各类所有制企业竞相发展的良好环境。强化契约精神，有效治理恶意拖欠账款和逃废债行为。

四是进一步提升监管能力，放宽准入，为更多产业投资创造有利条件。进一步提升监管部门的能力和水平，加强其对新兴产业客观规律的研究和认识能力，尽早对新兴产业进行适宜的监管，既不因过严的监管限制投资进入，也不因过于宽松的监管导致风险失控。此外，要进一步改善营商环境，特别是降低服务业领域的隐性准入门槛，在满足行业市场准入的基础条件和控制风险的前提下，简化准入程序，促进投资增长。

执笔人：许召元

专题报告七

有效扩大乡村消费和投资研究

城乡区域经济循环是扩大内需的重要方面。改革开放以来，我国乡村消费和投资都有显著增长，乡村消费结构有所升级，但城乡差距比较大，对乡村的投资仍不充分。进入新发展阶段后，未来乡村消费和投资将继续保持增长，扩大乡村消费和投资的潜力还很大。能否将潜力转变为现实并为构建新发展格局提供重要支撑，需要解决乡村基础设施和公共服务存在欠账、乡村中低收入群体较多、乡村人口总体不断减少和乡村管理不完善等问题。乡村消费既包括在乡村人口的消费，也包括去乡村人口的消费。乡村投资既有投入回报型投资，也有社会责任型投资。建议要把乡村作为我国有效扩大和更好满足内需的重要战略载体或支点，对乡村发展的布局结构、主体功能和比较优势进行优化调整，健全和完善县域乡村发展规划，探索实施万村千乡消费拓展工程，在全国有系统地建设一批特色乡村消费服务中心，扎实实施乡村建设行动，推进全域土地整治和结构优化，大力深化农业农村改革，激发乡村资源要素、人才和组织活力，持续加强乡村民生兜底保障，促进乡村消费和投资不断增长。

一、改革开放以来我国乡村消费和投资增长的发展现状

改革开放以来，我国粮食生产稳定发展，农民收入持续增长，农民生活显著改善，农村基础设施条件不断改善，城乡基本公共服务均等化不断推进，乡村消费和投资都有很大增长，并在发展中出现了一些新情况和新特点。

（一）农民收入和消费水平显著提高，城乡差距较大但比值有所缩小，乡村消费结构有所升级

1978 年到 2019 年，我国农村居民人均收入从 133.57 元增长到 16021 元，提高了 118.94 倍（见图 119）。伴随农民收入的提高，农民生活显著改善，农村居民家庭恩格尔系数从 67.7% 下降到 30%，农民生活水平也全面达到小康水平。

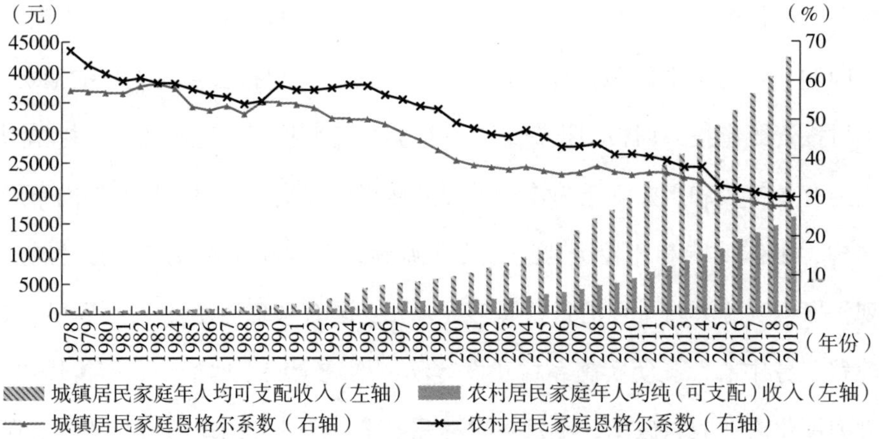

图119 改革开放以来城乡居民收入和生活水平变化

注：2013年及以前为农民人均纯收入；2013年后为农民人均可支配收入。
资料来源：国家统计局。

2019 年农村居民消费支出与 1978 年相比提高了 17.13 倍。尽管改革开放后到 21 世纪之初，城乡收入差距和城乡消费水平差距呈现拉大趋势，

但近年随着农民收入快速增长，乡村基础设施日趋完善和公共服务水平提升，城乡居民消费水平之比有所缩小，由 1978 年的 2.8 扩大到 1999 年的峰值 3.54 后缩小到 2019 年的 2.35（见图 120）。

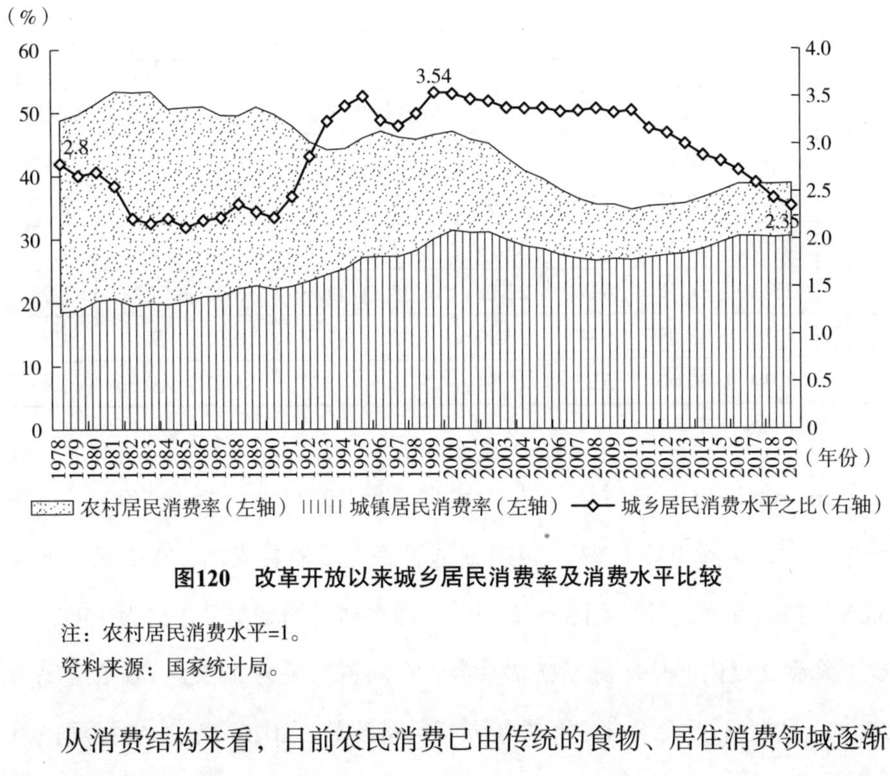

图120　改革开放以来城乡居民消费率及消费水平比较

注：农村居民消费水平=1。
资料来源：国家统计局。

从消费结构来看，目前农民消费已由传统的食物、居住消费领域逐渐向交通通信、教育文化娱乐、医疗保健领域升级和转变。2013 年到 2019 年，农村居民在交通通信等三类领域消费支出占消费总支出比重分别从 11.69%、10.08% 和 8.93% 提高到 13.78%、11.12% 和 10.66%（见表 32），尤其在交通通信和医疗保健领域的消费支出比重已经高过城镇居民。

除了农村居民消费水平提升外，城镇居民下乡消费也显著增长，乡村消费方式发生变化。据农业农村部不完全统计，2012 年到 2019 年，乡村休闲旅游人次从 7.2 亿人次快速增长到 33 亿人次。2015 年到 2020 年，我国农村网民规模从 1.95 亿人上升到 3.09 亿人，农村网络零售额从 0.35 万亿元增长到1.79万亿元，总计增幅高达4倍；2015年淘宝村集群数量为25个，2020年前三季度就达到118个。淘宝村的发展促进了农村产品和服务的网络销售，扩大了农村产品消费服务半径，双向扩大了城市与乡村的消费空间。

表32　　2013—2019年城乡居民消费支出比较　　单位：%

	年份	食品烟酒	衣着	居住	生活用品服务	交通通信	教育文化娱乐	医疗保健	其他用品服务
城镇居民	2013	30.13	8.40	23.27	6.11	12.54	10.75	6.15	2.65
	2015	29.73	7.95	22.09	6.11	13.53	11.14	6.75	2.70
	2019	27.56	6.53	24.16	6.02	13.08	11.86	8.14	2.66
农村居民	2013	34.13	6.06	21.11	6.08	11.69	10.08	8.93	1.93
	2015	33.05	5.97	20.89	5.92	12.61	10.51	9.17	1.89
	2019	30.00	5.35	21.54	5.73	13.78	11.12	10.66	1.81

资料来源：《中国统计年鉴》，作者计算。

2020年，我国农村居民人均消费支出13713元，增长2.9%，扣除价格因素，实际下降0.1%。同期城镇居民人均消费支出27007元，下降3.8%，扣除价格因素，实际下降6.0%。城乡居民消费水平之比为1.97，首次下降到2以内。从居民恩格尔系数看，农村居民为32.7%，城镇居民为29.2%，差距不大。结合城乡常住人口数量测算，2020年我国农村居民消费总额为6.99万亿元，比上年下降4.9%，占全部居民消费总额的比重为22.3%；而城镇居民消费总额为24.36万亿元，比上年增长2.3%，占全部居民消费总额的比重为77.7%（见表33）。

2020年，我国乡村社会消费品零售总额为5.29万亿元，占全部社会消费品零售总额的比重为13.5%，比上年下降7470亿元，下降12.4%，是近十多年来的首次下降，且下降幅度远远超过了城镇。2020年全国城镇社会消费品零售总额为33.91万亿元，占全部社会消费品零售总额的比重为86.5%，比上年下降12199亿元，下降3.5%（见表33）。

表33　　　　2010—2020年我国乡村消费及与城镇比较

年份	农村居民人均消费支出（元）	农村常住人口（亿人）	农村居民消费总额（万亿元）	乡村社会消费品零售总额（万亿元）	城镇居民消费总额（万亿元）	城镇社会消费品零售总额（万亿元）
2010	4382	6.71	2.94	2.09	9.02	13.37
2011	5221	6.57	3.43	2.43	10.47	15.69
2012	5908	6.42	3.79	2.78	11.87	17.93
2013	7485	6.30	4.71	3.19	13.52	20.25
2014	8383	6.19	5.19	3.60	14.96	22.64
2015	9223	6.03	5.57	4.19	16.50	25.90
2016	10130	5.90	5.97	4.65	18.30	28.58
2017	10955	5.77	6.32	5.20	19.89	31.43
2018	12124	5.64	6.84	5.53	21.71	32.56
2019	13328	5.52	7.35	6.03	23.81	35.13
2020	13713	5.10	6.99	5.29	24.36	33.91

资料来源：农村居民人均消费支出、农村常住人口、乡村社会消费品零售总额和城镇社会消费品零售总额的数据来源于国家统计局。农村居民消费总额和城镇居民消费总额为其人均消费支出与相应常住人口数量相乘测算获得。

2020年我国乡村消费发生的突然变化，既是受新冠疫情暴发的冲击和影响，也是受近年来农村常住人口持续下降并达到特定点以及社会转型等因素累积产生的影响，既有偶然性，也有趋势性，需要引起重视。从调研来看，不同地区乡村消费有增有减，部分地区特别是城郊和脱贫地区的乡村消费仍在增长。在全国28个有报告数据的省份中，有9个省份是增长的，其他19个省份是下降的（见表34）。乡村消费的内容也在发生变化，随着农民收入增长和农村基础条件改善，全国乡村消费增长仍有潜力，汽车越来越普及，对有特色、有创意的新产品、新服务需求增长，而多数乡村在消费的供给侧还存在短板，如物流配送、综合服务、消费环境等的配套还不健全。

表34　　2020年各省份乡村消费与2019年对比

省份	变化（%）	省份	变化（%）	省份	变化（%）
贵州	10.2	湖南	−0.9	宁夏	−6.7
甘肃	9.0	江苏	−1.3	广东	−6.8
辽宁	7.7	浙江	−1.8	青海	−6.9
江西	4.5	四川	−2.1	黑龙江	−8.6
安徽	3.9	云南	−3.3	吉林	−9.7
重庆	3.7	河南	−3.5	河北	−11.2
海南	1.5	广西	−3.8	新疆	−14.2
山东	1.4	山西	−3.8	湖北	−20.8
西藏	1.2	内蒙古	−4.7		
福建	−0.8	陕西	−5.4		

资料来源：数据来源于各省份《2020年国民经济和社会发展统计公报》的社会商品零售总额按经营地的乡村统计数，京津沪无报告数据；不含港澳台。

（二）乡村投资持续增长，财政支农规模快速增长，信贷、保险、社会资本等支农支出有所增加但仍不足

农村道路、水利、网络等基础设施和农村教育、医疗、卫生等公共服务是国家对农村投资的重要领域。1982 年到 2017 年，我国全社会对农村固定资产投资完成额从 198.53 亿元增长到 9554 亿元，增长了 47.12 倍。

财政支农支出快速增长。尽管我国农业产值占国民经济比重逐步下降，但随着我国经济持续增长，全国财政支农投入逐步增长，这种增长具有阶段性。2004 年以前财政支农规模总体很小。2004 年以后，国家从降低农业税费，到废除农业税，并逐步实行一系列补贴政策，财政支农规模显著增大。2006 年，全国财政对农林水事务支出达到 3172.97 亿元[①]。到 2019

① 资料来源：财政部。

年，该项支出已经达到 22863 亿元。

农村金融的发展不断扩大对乡村发展的支持。从央行的信贷支农统计看，2007 年（涉农贷款统计创立）到 2018 年，我国全部金融机构贷款余额从 27.77 万亿元增加到 136.3 万亿元，同期涉农贷款余额从 6.1 万亿元增加到 32.7 万亿元。尽管涉农信贷占全部金融机构贷款余额的比重从 22% 提高至 24%，但涉农户、涉农林牧渔贷款余额的比重很低，信贷支农力度相对于需求仍不足，农业农村“融资难、融资贵”等问题仍然突出。

我国农业保险覆盖面不断扩大，农业保险规模快速发展。自 2007 年中央推行农业保险保费补贴以来，农业补贴品种逐渐扩大，已由 5 个品种扩大至天然橡胶、油料作物、糖料作物等 16 个大宗农产品及 60 多个地方优势特色品种，基本覆盖关系国计民生和粮食安全的主要大宗农产品。2007 年到 2018 年，我国农业保险保费收入从 51.8 亿元增长到 572.7 亿元，参保农户从 4981 万户次增长到 1.95 亿户次，分别增长了 10.1 倍和 2.9 倍。但总体上保成本居多，保收益较少，总体上农业风险保障水平还有待提高。

二、新发展阶段乡村消费和投资的发展趋势

全面建成小康社会后，我国就进入新发展阶段。随着经济的高质量发展和城乡居民收入的不断提高以及全面深化改革的不断推进，未来乡村消费和投资将继续保持增长趋势。目前我国的乡村发展形态正处在快速演变期，参考国际经验，结合对我国部分地区的典型调查表明，在农村居民消费结构升级和实施乡村振兴战略背景下，新阶段我国在扩大乡村消费和投资方面的潜力还很大，乡村地区是今后有效扩大和更好满足内需的重要战

略载体或支点。

（一）我国经济高质量发展、农民消费结构升级和乡村振兴战略的实施将推动乡村消费和投资继续保持增长

进入新阶段后，尽管国内外形势复杂严峻，我国经济仍然保持持续增长态势。总体上看，未来我国经济的总量会进一步增长，结构会调整，质量会提高，均衡性会改善，城乡居民收入将会进一步提高。目前我国农村居民家庭在耐用消费品拥有量上与城镇居民家庭还存在差距，在汽车、空调、电冰箱、排油烟机、电动助力车等方面差距明显，农村居民对耐用品消费支出增速普遍快于城镇居民。全国经济的高质量发展和农民收入的不断提高，将推动乡村消费的增长及结构升级和转换。同时，随着乡村振兴战略的推进，乡村价值越来越重要而独特，从吸纳农民就业、促进农民增收逐步转向更加多元多重的价值。乡村不仅有生产粮食和重要农产品的功能，而且有为城镇提供生态屏障的功能，还有传承国家的、民族的、地域的优秀传统文化的功能等，将推动乡村投资的增长。

以福建省为例。近年来该省高度重视乡村振兴，通过“领导小组＋办公室＋专项小组”的体制机制创新，发挥政府引导作用，在推进乡村振兴中加快补齐乡村建设、产业发展、乡村市场、流通体系等基础设施短板。在村庄规划上，形成《福建省村庄规划编制指南（试行）》，将行政村划分为集聚提升中心村庄、转型融合城郊村庄、保护开发特色村庄、搬迁撤并衰退村庄和待定类村庄五种类型，组织开展试点示范，通过政府投入带动多元市场主体投入，有效加大村庄投资力度。在政策保障上，贯彻落实中央农办等七部委印发的《关于扩大农业农村有效投资加快补上“三农”领域突出短板的意见》文件精神，结合本省实际，出台《福建省关于扩大农业农村有效投资加快补上“三农”领域突出短板的意见》，加快推动城乡

基础设施互联互通、一体发展，农村基础设施提档升级，开展高标准农田建设，加强项目储备并筛选重点项目。支持商务特色镇建设，支持国家级电子商务进农村综合示范县创建。以财政资金为引导，重点投资监测、预冷分拣、加工冷藏、收储配送、信息化平台和可追溯一体化的农产品产地冷藏物流集配中心建设，提升县域物流节点覆盖率和服务水平，加快补齐农村物流短板。

在实施乡村振兴战略中，近几年福建省还引导金融服务、市场服务和基本公共服务共同向基层延伸、向乡村覆盖，促进乡村更快、更好、更均衡发展，有效吸引扩大了对乡村的投资。其主要做法有五个。一是引导社会资本投资农业农村，建立农村公共基础设施管护体制改革联席会议，探索农村生活污水垃圾治理市场化运行，推行项目市场化运作，以市、县为单位，将新建项目建设运营和已建项目的运营维护，捆绑打包成 PPP 或市场化购买服务项目，委托企业进行建设和专业化运营、管护。二是采取农房建筑风貌和质量安全提升、传统村落保护利用行动，建立先普查后征收、专家评审、征求公众意见等机制，整体提升乡村公共基础设施、人居环境的管护水平。三是通过创新开发特色农业金融产品，加大农村金融支持力度，开展系列营销活动，延伸农村金融服务半径，推进涉农金融服务下沉。四是通过电子服务体系建设，促进农村产品和服务网络销售。据有关统计，2020 年电子商务年交易额超过 3000 万元的“淘宝镇”有 153 个，超过 1000 万元的“淘宝村”有 441 个，推进市场服务下沉。

（二）随着城乡人口流动与乡村环境改善及农业多功能的发展，乡村消费内容和方式将发生新变化

新阶段我国城乡人口的社会流动性将增强，乡村人口的数量及构成变化和乡村环境的改善及农业多功能的发展，将激发社会新消费，促进乡村

消费的拓展和创新。一方面，我国城市化进程尚未最终完成，随着新型城镇化战略持续推进，城市化率不断提高，农业人口向非农产业和城镇不断转移，乡村常住人口数量明显下降，除了融入城市的乡村之外，绝大多数乡村的人口资源矛盾特别是人地矛盾有所缓解，为扩大乡村消费和推进消费升级提供了发展空间。全国第七次人口普查数据显示，到2020年，全国乡村人口已经下降到5.1亿人，比1990年（第四次人口普查）减少了3.24亿人。另一方面，随着乡村环境改善及农业多功能的发展，我国城市人口下乡将显著增多，促进城市消费下沉到乡镇和村庄，乡村旅游、休闲养生、健康养老等消费将逐渐扩大，直接拉动乡村消费的增长。随着互联网的快速普及，农村物流渠道快速畅通，县域物流节点覆盖率和服务水平提高，5G、大数据、云计算等新技术快速发展，乡村与科技融合，智慧乡村、直播生活等使乡村消费模式从“场地消费”向“场景消费”“内容消费”升级转变；同时，城市电商、社区团购等新业态下沉到乡村，有效地拓宽乡村居民的消费渠道，带来消费新增长点。未来，城乡人口结构变化，以及新技术、新业态、新模式、新渠道和新服务的发展，将会进一步激发乡村消费新的增长空间和增长潜力。

在福建省，近几年福州市按照省委省政府提出的“留白、留绿、留旧、留文、留魂”“五个留住要求”，既保护好农村山水格局，又充分考虑当地建筑文化特色和居民生活习惯，努力打造“看得见山、望得见水、记得住乡愁的美丽乡村”。晋安区寿山乡九峰村是福建省农村人居环境整治试点村，按照村庄分类为特色保护类村庄，通过普查村内各类资源，摸清家底，将乡村风貌要素落图标识，最终通过完善基础设施建设、宅基地资源优化配置、生活污水垃圾整治、绿色优美景观路美化等系列工程，打造生态绿色的九峰山特色农产品、九峰山生态旅游、九峰山有机餐等，实行“资源变资产、资金变股金、村民变股东”，既促进了乡村生态价值实现，也吸引了城市居民消费下乡。乡村的生态与文化价值实现已经成为充实扩大乡村内需的新空间、释放乡村消费潜力的新增长点。

近几年福建省龙岩市因地制宜，挖掘本地特色资源，推动乡村产品、产业和服务创新，激发社会新消费，促进城市消费下沉到乡镇和村庄。龙岩市上杭县古田镇古田村，以建设古田干部学院为契机，充分挖掘红色文化资源，打造红色古田品牌系列产品，推动红色古田产品创新，既有地域特色农副产品“红军可乐”，也有融合特色文化的文创产品，在创新产品的同时提升价值，激发新的消费增长点。吴地村利用地理区位优势，打造红军小镇，打造党性教育培训基地，建立设施完备的民俗村，加强生活服务设施建设，通过服务创新吸引城市消费下沉。新罗区培斜村挖掘本地特有的竹子资源，壮大竹文化、竹产业，探索竹林旅游，建设美丽乡村，通过产业创新促进消费下沉。

（三）随着乡村布局结构的变化调整和全面深化改革的不断推进，乡村投资者的范围将扩大，乡村投资的内容和方式将发生新变化

新阶段我国县乡村的布局结构和运行方式将发生变化，乡村经营的主体及机制变革和乡村多样化的发展，将激发社会新投资，促进乡村投资的拓展和创新。近几年，中央高度重视扩大乡村消费和投资工作，出台了一系列重要政策文件。2020 年 4 月，农业农村部办公厅印发《社会资本投资农业农村指引》。2020 年 8 月，中央农村工作领导小组办公室、农业农村部、国家发展和改革委员会、财政部、中国人民银行、原中国银行保险监督管理委员会、中国证券监督管理委员会联合印发《关于扩大农业农村有效投资 加快补上“三农”领域突出短板的意见》。2020 年 12 月，商务部等 12 部门印发《关于提振大宗消费重点消费促进释放农村消费潜力若干措施的通知》。2021 年 6 月，商务部等 17 部门印发《关于加强县域商

业体系建设 促进农村消费的意见》。随着乡村振兴战略持续推进，农业农村作为国家优先发展投入领域，政府加快补齐农村基础设施和公共服务短板，开展乡村建设行动，启动宜居宜业计划，同时，推动社会资本投资乡村，通过创新开发特色农业金融产品，加大农村金融支持力度，延伸农村金融服务半径，推进涉农金融服务下沉挖掘本地特色资源，推动乡村产品、产业和服务创新。各地乡村在发展中通过实施基础设施建设、宅基地资源优化配置、生活污水垃圾整治、绿色优美景观路美化等系列工程，发挥项目叠加溢出效应，盘活“农、地、文、旅”等乡村资源要素，打造生态绿色的特色农产品、生态旅游、民俗体验、休闲有机餐等，实行“资源变资产、资金变股金、村民变股东”，促进乡村的特色功能和生态价值实现，将扩大乡村投资者的范围，推动乡村投资的不断增长。

在福建省，近几年厦门市依托农村集体经济组织，盘活各类农村集体资源资产要素，提升乡村投资吸引力，激发乡村消费潜力。厦门市海沧区的青礁村、莲塘别墅等，通过探索农村集体经济组织以出租、合作等方式盘活空闲农房和宅基地，开展古厝民宿开发、农业研学、文创培训等，实现了村落价值的提升。东孚区海沧街道，依托村集体经济组织，复合利用农业生产和村庄建设用地，拓展土地使用功能，整体开发打造乡村振兴示范旅游路线，建设过坂村的“过点云生活”民宿、空中花园、自驾露营基地，后坑村的田园农舍、文化书院书馆，洪塘村赤土社的优美乡村环境和园艺产业基地等，盘活“农、地、文、旅”等各类资源要素，发挥叠加溢出效应，促进农村居民消费升级和城市居民下乡旅游消费。不仅如此，全省在吸引各类人才下乡进村方面进行了实践创新。省政府专门出台乡建乡创政策，省财政对每个村庄补助 50 万元，吸引台湾乡建乡创团队参与规划设计，提供产业文创“陪护式”服务。全省累计引入 85 支台湾建筑师和文创团队，覆盖 165 个村庄，培育出一批促进乡村振兴的合作样本项目。在厦门东孚区洪塘村、后坑村，村党支部委员会、村民委员会充分发挥主动性，在各级党委政府的支持下，既引入台湾青年乡创团队，又引入清华大学建筑学院建筑规划设计团队，还引入厦门市区内返乡创业的文创团队，对村民开展培训，融入新思想新理念，与村委会、村民共商共建乡村，改造集体食堂资产设施出租门面，引进知名厨师回乡经营，吸引青年英才返乡创业，创立青春、时尚的香草园，建成“高颜值”“高客流”的美丽村庄。同时，选派驻村第一书记、科技特派员，设立乡村振兴“指导员”，推动党员干部下乡，开展了“智慧八闽”“海归英才八闽行”等活动，形成了专家和高层次人才柔性流动机制。

三、存在的主要问题及影响因素

进入新发展阶段后，我国在扩大乡村消费和投资方面具有巨大潜力，但能否将潜力变成现实并为构建新发展格局提供重要支撑，需要解决一系列重大问题和现实难题，也存在较大的不确定性。综合起来，这些问题集中体现在四个层面，相关的影响因素是复杂多样的。

（一）乡村基础设施和公共服务存在欠账，消费升级慢和投资回收难

乡村基础设施和公共服务直接制约消费方式和投资回收。我国城乡区域发展不平衡，目前乡村的基础设施和公共服务欠账还很多，对扩大乡村消费和投资有重要影响。这几年，全国农业农村基础设施建设投资有了明显改善，但往村覆盖、往户延伸等还存在明显薄弱环节，制约乡村消费升级。同时，由于市场投资的扩大是跟利走（投入回报、保值增值、长期考虑、控制风险等），也有的跟名走（社会责任、家国情怀、人类文明、人

生价值等），以致乡村投资仍以国家及政府为主，市场及社会对乡村的投资仍有限。这几年，全国农村产业开始向以一二三产业融合发展方面探索创新，但粮食安全基础有待加强，农业发展质量、效率和竞争力有待提高，各地特色产品和服务供给有限，尚没有形成体系或配套，市场化开发不够，公共服务不足，大多数农村集体经济组织也较弱，农村金融服务创新不够，乡村投资需求大而投融资体系不健全不完善，缺乏规模效应和品牌效应，消费者体验、整体功能还有待提高，保障投资回收困难，对投资的吸引力有限。

（二）乡村中低收入群体较多，有效需求和供给改革不足

乡村收入资产及供给结构直接影响消费需求和乡村投资。我国城乡居民收入差距大，不仅城乡有差异，而且乡乡有差异，乡村差异大于城镇差异。目前乡村中低收入群体人口多，居民收入水平总体较低，且人口老龄化问题更为突出，家庭财产资产积累较少，乡村有消费需求但可支付能力不足，乡村消费规模偏小。不仅如此，乡村供给体系的发展创新与质量也对乡村消费有影响。比如，乡村的传统主业是生产提供粮食和农产品，目前乡村生产经营主体以农户家庭为基础，在市场化经营方面存在缺陷，经营和投资能力弱，在产品和服务的特色开发上能力有限，其扩大消费的潜力是有限的。乡村所能提供的产品、产业和服务的创新，乡村产业融合发展和市场化进程，乡村生态和文化价值的实现，乡村现代流通服务体系的建构等，关系乡村新增消费需求能否被触发，以及乡村供给是否适销对路和消费能否顺利实现。

（三）乡村人口不断减少，村庄形态和格局未来演变尚不确定

乡村人口总量及其结构的变化对消费和投资影响复杂。消费需求与人

相关，消费的扩大是跟人走，包括人的生活之需、层次提升、人口流动、社会聚集等。改革开放以来，随着工业化和城市化的快速发展，我国乡村人口的数量和结构发生重大变化，乡村人口总体减少、村庄分化和结构变化，加上乡村之间社会流动及年龄结构的影响，目前扩大乡村消费的层次多、规模小、组织难和成本高。现在，我国乡村人口向非农产业和城镇集中仍是大趋势，全国城市化率还会继续提高，乡村人口还会发生较大变化，既有流出，也有流入，今后一个时期是乡村形态快速演变的阶段，村庄格局会继续演变分化。从全国来看，有的村庄人口流出多，会逐渐衰落乃至空心化；有的则会聚集更多的人口和产业，在人口流入和更新中发展；有的会城市化，逐步同城镇融合。从具体的村庄来看，乡村形态的演变是一个社会历史过程，影响因素多，是否调整、何时调整和如何调整有复杂性和不确定性。如果村庄的形态和格局调整能较早明确并推进，对于扩大乡村消费及投资是有利的，反之则是不利的。

（四）乡村管理制度和体制机制不完善，规模经营和长期投资复杂

乡村管理制度和体制机制主要影响市场经营和长期投资。改革开放40多年来，市场经济已成为我国经济运行的主体，而市场经济是效率经济和创新经济，在乡村扩大消费和投资，必须使市场在资源配置中发挥决定性作用，同时让政府更好地发挥作用，为乡村的规模经营、技术创新和长期投资创造更好的环境和条件。目前我国乡村社会处于快速变革期，正处在从熟人社会向熟人社会与陌生人社会并存转变阶段，乡村人口资源要素禀赋发生变化，乡村发展、改革和稳定任务重，存在的矛盾多。但目前城乡管理制度和乡村发展体制机制还不完善，农村资源流转使用管理复杂，农村资产价值普遍不高且难以办理抵押融资等，在乡村从事市场化经营并扩

大经营规模面临的瓶颈障碍多，对市场主体的规模经营、技术创新和长期投资影响很大。不仅如此，开展乡村建设必须规划先行、积极稳妥和控制节奏，但有的盲目大拆大建、贪大求洋、造大景点，有的机械照搬城镇建设那一套，有的超越发展阶段、违背农民意愿，搞大规模村庄撤并，没把握好也影响乡村投资。

四、有效扩大乡村消费和投资的思路和建议

把有效扩大乡村消费和投资工作抓好，对于新时代有效扩大和更好满足内需、促进国民经济高质量发展非常重要。要把握新发展阶段，贯彻新发展理念，在全面推进乡村振兴和加快农业农村现代化中，全面加强乡村消费和乡村投资工作，探索实施万村千乡消费拓展工程，在全国有系统地建设一批特色乡村消费服务中心，扎实实施乡村建设行动，推进全域土地整治和结构优化，大力深化农业农村改革，激发乡村资源要素、人才和组织活力，持续加强乡村民生兜底保障，解决好影响乡村消费和投资的公共问题、重大问题和现实难题，加快构建新发展格局。

（一）基本思路

总体上，应紧紧围绕满足人民日益增长的美好生活需要和保持我国经济社会长期持续健康发展的需要，把乡村作为我国有效扩大和更好满足内需的重要战略载体或支点，坚持农业农村优先发展，对乡村发展的布局结构、主体功能和比较优势进行优化调整，实施乡村建设行动，推进全域土地整治和结构优化，深化农业农村改革，促进农民持续增收，推进城乡融合发展，营造更好消费环境和条件，促进市场化主体在乡村的投资，优化国民收入分配结构，促进乡村总供给和总需求在更高水平上实现均衡。

“十四五”期间，应重点深化对新时代乡村的认识，考虑保底消费、拓展消费、公共消费相结合和投入回报型投资、社会责任型投资相结合，深化农业供给侧结构性改革和农村综合改革，健全乡村生产要素由市场评价贡献、按贡献决定报酬的机制，有效扩大乡村消费和投资，发挥乡村在坚定实施扩大内需战略、实现畅通国内大循环、促进国内国际双循环、实现高质量发展中的重要作用。

（二）政策建议

一是重视把握新时代乡村的地域特色和功能定位，健全和完善县域乡村发展规划，尽早明确村庄布局分类。针对我国城乡区域之间差异较大和乡村人口总体不断减少的问题，要深入贯彻习近平新时代中国特色社会主义思想，立足新发展阶段，完整、准确和全面贯彻新发展理念，推动构建新发展格局，以全国及各地区主体功能区规划为参考，以县域为主要单位，对各地乡村的自然资源、交通位置、人口变化和经济发展等因素进行综合评价，分析突出问题和面临趋势，坚持优化结构、集约开发、保护自然和协调发展，科学研判和尽早确定其所辖的乡镇和村庄的主体功能与发展思路。主体功能可以分为乡镇社区和村庄社区、农产品生产区、乡村特色服务区和特定生态功能区，发展思路可以分为优先重点投入、逐步拓展投入和萎缩性管理保护，健全和完善县域乡村发展规划，引领资源要素优化配置。目前农民进城务工仍是个大趋势，要把该打开的“城门”打开，促进农业转移人口市民化。我们的经济发展已迈入“过剩时代”，要深入考虑解决未来的乡村凭什么吸引消费和投资、靠什么扩大消费和投资的问题，强化统筹谋划和顶层设计，围绕满足人们的美好生活需要做文章，发挥乡村特色优势，引入新观念、新视野、新基建、新服务、新生活，实现转型提升、引领发展和创新方式，调整优化村庄发展定位。要推进分类发展，加强分类指导，区分轻重缓急，看得准的先干起来，看不准的可以等一等，注重保护传统村落和乡村特色风貌，不要一刀切、搞运动，不要干超越发展阶段的事。

二是扩大乡村消费的范围和主体，实施万村千乡消费工程，探索县域统筹现代社区营造，发挥乡村消费在扩大内需中的重要作用。针对乡村消费规模偏小、有效需求不足和供给改革不足的问题，要促进乡村消费增长模式创新，加快乡村产业发展，促进农民持续增收，扩大乡村的中等收入群体，同时以社区为载体，引入“乡创”“科创”“文创”，推进乡村产品和服务创新，推动乡村生态价值和文化价值实现，探索一二三产业融合发展和供应链整合，逐步在乡村建设现代化新型社区，以“消费 + 投资 + 就业”的方式扩大内需。按照世界银行的定义标准，我国在 2010 年就已进入中高收入水平国家行列，处于由投资主导型向消费主导型转变阶段，乡村消费的升级、创新和多样化拓展意义重大，需通过扩大消费计划实施扩大内需战略，促进经济持续稳定增长。一方面，要围绕提升传统消费，巩固拓展脱贫攻坚成果，扶持农民多渠道增收，提高农民消费能力，加强乡村现代流通服务网络建设，借鉴前些年实施万村千乡市场工程、家电下乡、汽车摩托车下乡和电商下乡政策的一些好经验和好做法，释放农村消费潜力，补齐农村消费短板，加快改善农民生活，促进消费升级。另一方面，要围绕培育新型消费，适当增加公共消费，发展都市圈、健康休闲养生产业和数字经济，以扩大中等收入群体的最终消费为重点，探索实施万村千乡消费拓展工程，在全国有系统地建设一批乡村特色消费服务中心，不仅消费乡村之所产，而且消费城市生产和提供的工业产品及现代服务，开拓绿色消费、健康消费、文化消费和服务消费，将农商文体、生态旅游、健康养生等相结合，释放服务消费增长的潜力，提升乡村消费能级。加强对乡村消费的引导和管理，既要刺激消费、扩大消费，实现消费的有效增长，也要杜绝浪费、引导消费，培养良好的消费文化。

三是顺应乡村形态快速演变趋势，加强乡村重要基础设施建设和基本公共服务统筹，深入实施乡村建设行动，促进农民农村共同富裕。针对乡村基础设施和公共服务存在欠账、乡村消费升级慢和投资回收难的问题，要推进乡村经济效率提升，实施乡村建设行动，搞好乡村重要基础设施建设和公共管理服务，降低乡村经营成本，培育乡村发展优势。要继续把公共基础设施建设的重点放在农村，推进县域全域土地整治和结构优化，遵循城乡发展建设规律，做到先规划后建设，加强重大项目建设投资，抓紧干起来，稳扎稳打，久久为功。借鉴21世纪以来浙江开展“千村示范、万村整治”工作的经验做法，持续推进农村人居环境整治提升行动，实行一张蓝图干到底，加强组织领导协调服务，通过多年的持续不断努力，推动乡村面貌发生较大变化。推进县乡村空间结构优化与城镇功能衔接互补，把县城作为县域经济社会发展和综合服务的龙头，把乡镇作为服务农民和乡村人口的区域中心，把乡镇和村庄社区的建设、管护、运营和服务作为有效扩大农村消费和投资的关键，突出发展便利化消费，突出与乡村生态、文化相结合，突出引入新时代要素。加强乡村水电路气、仓储配送、商业餐饮、特色服务区建设配套和数字化智能化管理，发展多样化、多层次、多功能的市场体系，推进城乡基本公共服务均等化，健全完善乡村经营社会化服务体系。

四是深化农村改革，健全城乡融合发展体制机制，推进城乡要素平等交换和双向流动，激发乡村资源要素、人才和组织活力。针对乡村管理制度和体制机制不完善、规模经营和长期投资复杂的问题，要处理好政府与市场的关系以及国家、集体与个人的关系，激发体制改革的新活力，使有效市场和有为政府实现良性互动，赋予县级更多资源整合使用的自主权，发挥好农村集体经济组织作用，营造优良营商环境，在乡村鼓励劳动、鼓励投资、鼓励消费和鼓励创新，降低体制成本，包括交易成本和组织成本等，提高乡村资源要素配置效率。今后 15 年是破除城乡二元结构的窗口期，要处理好城乡区域之间的关系，深化农村改革开放，促进农业转移人口市民化，推进城乡资源要素双向流动，推动公共资源在县域内实现优化配置，加快健全城乡融合发展体制机制，形成工农互促、城乡互补、协调发展、共同发展的新型工农城乡关系。在扩大乡村投资上，要实行市场、政府和社会并举，解决乡村凭什么吸引投资的问题，探索创新完全市场化、半市场化和完全政府组织等多种方式和运行机制，做好结合、组合、分工、衔接文章，实行长短结合、公私结合、固定资产和流动资产投资结合等。在深化改革中，要协调重大利益关系，合理规定几个“有利于”原则和几个“不得”原则，调整优化乡村行政建制，强化规划引领，推进村庄整治，搞活增减挂钩，促进土地流转，完善政策扶持，加强金融支持，扩大长期投资，搞好风险管理，完善社会治理。

五是加强乡村民生兜底保障，完善社会保障体系，完善国民收入分配制度，加大国家对乡村发展和公共事业的支持扶持力度。针对乡村中低收入群体较多、居民有消费需求但可支付能力不足的问题，要注重加强普惠性、兜底性、基础性民生建设，完善社会保障体系，强化以工补农、以城带乡，让广大居民能消费和敢消费，促进居民消费增长。要总结提升我国的供销、商务等部门和部分地区在扩大农村消费方面的实践经验，特别是山东省供销社系统十多年前开展农村社区服务中心建设的经验，加强和改进新型乡村社区建设，为无力进城、留守农村、能力比较弱、收入比较低的人口特别是老年人、小孩等健全和丰富消费及服务供给，提供基本保障，以稳定农村基本消费水平。同时，要完善国民收入分配制度，加强转移支付，发挥公共消费的带动和牵引作用，扩大全社会的消费需求，构建消费大市场。受工业化和城市化的影响，目前我国乡村还处于不断分化阶段，对农民进城要顺势而为，既要积极支持，又要保持历史耐心，还要加强管理服务。要加大国家对乡村发展的支持扶持力度，持续改善乡村发展条件和流通服务条件，持续推进农村人居环境整治提升，促进乡村消费和投资不断增长。

执笔人：秦中春　韩杨

案例报告一

上海：发挥国际大都市优势　汇聚消费资源扩大内需

上海立足国际大都市的优势，把建设国际消费中心城市、举办好进博会等结合起来一体贯彻、一体推进、一体落实，大胆探索创新，汇聚国内外资源扩大内需，打造了大城市扩大内需的典范。

一、加快培育独树一帜的首发经济

上海放大进口博览会的首发溢出效应，在第四届进口博览会期间，举办南京路步行街进博商品集市，推进虹桥机场打造进博商品集市。依托绿地贸易港“6+365”展示交易平台、虹桥品汇等，组织开展“展品”变“商品”活动，创新推出一批“仓展商销办”商业模式，率先引进一批世界各国的新潮产品和技术，举办一批品牌拥抱进博首发活动。深化“全球新品首发地示范区”建设。用好各区首发经济发展专项政策，在上海展览中心、新天地、西岸、上生·新所、北外滩等举办一批高能级的新品首发、首展、首秀，加快打造从“首发、首展、首秀”到“首店”到总部的首发经济生态链。在南京路步行街推出引领性本土品牌新品集中快闪活动。支持各区发挥第三方平台作用引进各类国际中高端小众品牌。发布上海市重点商标保护名录——第一批首发经济重点品牌企业名单。举办重磅新品首发、首店开业活动。全年引进1000家首店旗舰店，陆续引进国内首个百老汇影院品牌MOViE MOViE、MUJI超市中国首店、山姆中国旗舰店、施华洛世奇全球旗舰店等重磅首店。举办“拥抱进博首发季”“2022春夏上海时装周”等新品集中发布活动。支持恒隆广场举办“Home to Luxury”庆典，推出众多高端品牌系列全球独家、全国首发新品。

二、加快建设闻名遐迩的消费商圈

加快构建“4+X+2”的商业网点体系，包括由“国际级商业中心、市级商业中心、地区级商业中心、社区级商业中心”构成的4级商业中心，由“特色商业街区、夜间经济集聚区、首发经济示范区”等构成的特色商业功能区，以及由“商贸物流体系、智慧信息体系”构成的2个配套支撑系统。推进一批消费新地标建设。引进佛罗伦萨小镇、大宁久光百货、瑞虹天地太阳宫、天安千树等大型商业项目。推进存量商业项目改造提升。打造一批数字化转型标杆应用场景。推动豫园商城、徐家汇商城等数字商圈场景建设，提升消费者体验感、商户经营效率和商圈服务能级。进一步扩大数字人民币使用范围和受理商户数量。

三、加快形成万商云集的消费供给

培育集聚本土品牌。加强“上海购物”与“上海制造”联动，聚焦消费品领域，发布120个引领性本土品牌，联合普华永道等第三方机构在品牌建设、数字赋能、人才培养等方面给予扶持。培育壮大自然堂、美素、小奥汀、完美日记等一批国潮品牌，加快本土新锐品牌向上海集聚。发布浦东全球消费品牌集聚计划。以国金中心为试点，联动口岸保税区，实现“全球购零时差”，推进浦东机场“中免日上”保税展示交易商业综合体项目建设，推出“一仓多功能”，提升跨境购时效。加快集聚全球进口商品。重点做精做强酒类、化妆品等专业贸易平台功能，扩大特色优质产品进口，加快虹桥国际中央商务区打造进口商品集散地。持续推进老字号创新转型。推动实施老字号固本强基、品牌振兴、数字焕新、国潮出海、传承保护五大工程。出台“上海老字号认定和管理办法”等地方标准，建设老字号数字博物馆。打造枫泾老字号品牌特色街、长三角老品牌振兴基地。

四、加快创新丰富多彩的消费模式

提升夜间经济发展水平。以打造“24小时城市”为愿景，规划“1+15+X”夜间经济整体布局，规划在市中心地区形成一个滨江夜经济活力带和一个夜生活核心活力圈，打造15个地标性夜生活集聚区和X个主题夜市等夜间经济特色项目，形成集聚效应。发挥夜间区长、夜生活首席执行官作用，推进夜间经济精细化治理试点。加快发展免退税购物。对照国际标准简化退税流程，提升退税服务市场化和便利化水平。组织国产品牌对接中免集团，在浦东滨江市内免税店设立销售专区。支持中免集团在沪选址，以租赁物业或自建用地等方式设立市内免税旗舰店项目。

五、加快塑造跨界联动的消费节庆

开展“四个季”系列促消费活动。结合上海旅游节、中秋国庆举办金秋购物旅游季（9月上旬至10月上旬），支持中国商业联合会在沪启动首届全国奥特莱斯时尚购物节；结合第四届进博会举办拥抱进博首发季（10月中旬至11月上旬），举办本土新品发布活动；结合“双11”“双12”举办网络购物狂欢季（11月上旬至12月中旬），围绕商业数字化转型推出一批线上线下联动营销活动；结合岁末迎新传统消费旺季举办跨年迎新购物季（12月中旬至次年春节）。首创大规模消费节庆活动“五五购物节”，在全面促进消费回补的基础上，大力培育和发展与疫情防控形势相适应的消费新业态、新模式。

六、加快打造近悦远来的消费环境

开展服务业标准化商贸流通国家级试点。支持黄浦区和绿地集团等8家企业开展“商贸流通提质增效”和“内外贸一体化”两个方向标准化试点。制定完善一批商业服务业创新标准，研究制定一批促进贸易便利化、与国际互联互通的标准，以标准化建设带动内外贸领域认证、检验检疫等衔接。打造消费环境优化示范街区。开展“诚信兴商宣传月”活动，发布2021重点商圈诚信指数。开展线下零售企业及重点商户“七日无理由退货”服务承诺和“单用途预付卡信用评价”亮牌服务。出台市政府规章“南京路步行街区管理办法”。推出南京路步行街商圈信用查询服务。启动实施“商业有温度”计划。对标国际着力提升商业“软实力”，支持建设“母婴友好”商圈、商场，发布商圈母婴友好环境报告，推动购物中心、百货店等商业载体完善母婴设施配置和管理。加快推动商圈、商场“第三卫生间”“无障碍设施”建设，满足特殊群体卫生需求和通行便利，提升消费者获得感和满意度。加强消费者权益保护。推进商圈、餐饮、电商、住宿等重点行业、重点领域开展放心消费建设。指导企业落实《服务质量信息公开规范》《服务质量评价工作通用指南》。开展消费者满意度指数调查和放心消费评价，探索搭建多元化解决消费投诉的服务平台。研究建立国际消费中心城市评价指标体系。启动上海等5个城市比较研究，完成国际主要消费中心城市评价指标体系研究，发布长三角主要城市商业发展报告。

执笔人：沈开艳　陈丽芬

案例报告二

湖北：实施扩大内需战略　打造中部强大市场

湖北地处中部腹地，九省通衢、得天独厚。近年来，湖北坚定实施扩大内需战略，放大中心城市和城市集群效应，强化大城市对区域内需的协同和带动作用，激发不同区域的发展动力，推动有效内需向更大的地理空间延伸，着力打造中部强大市场，推动高质量发展取得新进展。

一、主要做法

（一）统筹区域发展，汇聚内需合力

区域协调发展是放大中心城市和城市群集聚效益的有效路径，既激发不同区域的发展动力，也推动有效内需向更大的地理空间延伸。湖北提出“一主引领、两翼驱动、全域协同”区域发展布局。“一主引领”突出做强和创新，打造全省高质量发展主引擎。强化“九城就是一城”理念，用系统思维整体推进武汉城市圈跨越式发展，以“九城同心”推动“发展共进”，打造最具活力、最具竞争力、最具影响力的省域城市圈，打造“引领湖北、支撑中部、辐射全国、融入世界”的全国重要增长极。武汉立足国家中心城市和长江经济带核心城市的定位，着力增强科技创新策源、高端要素集聚、市场枢纽和对外开放交流功能。注重发挥主引擎作用，联合

周边8个城市加快推进武汉城市圈同城化发展。“两翼驱动”突出做大和畅通，打造支撑全省高质量发展的南北列阵。襄阳围绕建设汉江流域中心城市，宜昌围绕建设长江中上游区域性中心城市，推动城市功能提质和区域影响提升。襄宜两市发挥省域副中心城市辐射带动作用，加快“襄十随神”城市群集聚协同发展、“宜荆荆恩”城市群绿色联动发展。“全域协同”突出补齐县域经济短板，抬高全省高质量发展底板。推进扩权赋能强县、“县直报省”等改革，实施百强进位、百强冲击、百强储备战略。增强县城实力，完善县城功能，推进人口集中、产业集聚、功能集成、要素集约。发展壮大块状经济、网状经济、民营经济，引进头部企业，培育龙头企业，集聚配套企业，带动形成“一县一品”“一业一品”，打造一批行业龙头、隐形冠军、“专精特新”小巨人企业。仙桃、宜都、大冶、潜江、枣阳、汉川、枝江7个县市入围全国县域经济百强。

（二）聚焦民生大事，稳住内需底盘

民生大事不仅是政府公共投资的重点，也是稳定居民消费预期的底盘。满足人民群众对美好生活的需要，必须加快基础设施和公共服务补短板，不断提高城乡居民收入水平。湖北持续保持民生支出比重在75%以上，着力织密扎牢民生保障网，把民生痛点变为撬动发展的支点，为扩大消费、活跃市场提供强劲推动力。重点守住三重底线。一是打好打赢精准脱贫攻坚战，保障贫困地区基本需求。二是着力打造疾病预防控制体系改革和公共卫生体系建设“湖北样板”。三是加快补齐民生其他领域短板。重大民生工程兜住了民生底线，人民群众获得感幸福感安全感不断增强，中低收入阶层的基本消费更有保障。2016—2019年，全省农民人均可支配收入年均增长8.8%，快于全省经济增幅。2019年，全省城镇低收入户恩格尔系数为28.8%，和其他收入住户基本处于同一水平。

（三）多措并举挖掘消费潜力

消费已经成为全省内需增长的重要拉动力，在经济增长中起着基础性作用，但消费是慢变量，需要多渠道、多层面持续激活。一是大力引导改善型消费。先后出台扩大汽车消费、信息消费的政策举措。二是大力发展新兴消费业态。网络消费持续快速增长。汉口北卓尔购平台年交易额突破千亿元，卷皮网、卓尔购、楼兰蜜语、宁美国度等电商企业进入全国前列。场景消费在都市发展迅速。民国风情的知音号长江游轮、汉式复古餐厅汉小城、20 世纪老汉口风味的利友诚等一批有沉浸式体验型文化内涵的历史场景再造，掀起了大都市年轻群体的沉浸式消费新潮。时尚消费活力四射。武汉天地、花园道、江汉路步行街、汉口镇、光谷里、昙华林等已成为都市时尚展示商圈。2021 年 1—8 月，全省最大综合性商业企业武商集团引进国际时尚首店品牌近 200 个，国际名品销售同比增长 57%，其中国际奢侈品销售同比增长 69%。三是大力培育消费品牌。加快推进“荆楚优品”工程，潜江龙虾等 4 个品牌入选“中国百强农产品区域公用品牌”，麻城福白菊等 5 个农产品列入中欧地理标志产品互认目录。全省经认定的老字号共 78 家，其中“中华老字号”26 家，“湖北老字号”52 家。四是大力发展会展经济，农博会、食博会、汉口北交易会已成为立足湖北、辐射全国的知名展会。五是加强政府引导。出台一系列文件，内外并举，多向发力，培育、引导、促进消费增长。新冠疫情发生后，政府采取发放消费券、出台《稳定和扩大汽车消费若干措施》、开展“与爱同行 · 惠游湖北”活动等方式，进一步发挥好消费的基础性作用。“武汉消费券”实际使用财政资金为 4.89 亿元，撬动各方面的消费累计达 80.7 亿元（含“武汉消费券”综合拉动消费 56.4 亿元、专用消费券消费约 0.18 亿元和平台匹配消费券直接拉动消费 24.1 亿元），综合撬动比例达 1 ∶ 16.5。

（四）推动绿色崛起，拓展投资空间

绿色发展蕴藏着巨大的发展空间。湖北是长江径流里程最长的省份，是三峡水库、南水北调中线工程核心水源区所在地，是全国重要商品粮棉油生产基地、最大淡水产品生产基地，生态地位重要而特殊。湖北坚决扛起长江经济带“共抓大保护、不搞大开发”的政治责任，坚持把修复长江生态环境摆在压倒性位置，奋力推动绿色崛起。重点实施“三大工程建设”。一是全力推动生态工程建设。在沿长江省市中，率先编制形成“1+5+N”规划体系（“1”，一个总体规划，《湖北长江经济带生态保护和绿色发展总体规划》；“5”，五个支撑性专项规划，包括长江经济带绿色生态廊道、综合立体交通走廊、现代产业走廊、绿色宜居城镇建设及文化建设；“N”，修改调整已出台湖泊、湿地、饮用水源地等保护规划）。二是全力实施“双十”绿色发展工程。实施长江大保护十大标志性战役、长江经济带绿色发展十大战略性举措。2018 年 8 月围绕加快发展绿色产业、构建综合立体绿色交通走廊、推进绿色宜居城镇建设、实施园区循环发展引领行动、开展绿色发展示范、大力发展绿色金融、倡导绿色生活方式和消费模式等十大战略性举措，谋划项目总投资达 1.3 万亿元。三是全力推进交通强国试点省建设。加快构建安全、便捷、高效、绿色、经济的现代化综合交通运输体系，厚植新时代九省通衢新优势。实施重大绿色发展工程促进绿色消费。超百公里的东湖绿道、超百公里的两江四岸成为武汉市的“名片”，是市民健身、娱乐、休闲和文化活动的首选，也是外地游客的打卡热点。

（五）依靠创新驱动，激发内需动力

创新驱动发展不仅创造新动能、新供给，也能有效激活投资和消费增长。科教优势是湖北的最大优势，也是推动湖北高质量发展的最大动力。湖北始终坚持把科技自立自强当使命、视创新创造如生命、抓创新发展像

拼命，出台“科技创新 20 条”“科技稳经济 22 条”等系列政策，构建科技强省建设“四梁八柱”，加快推动新旧动能接续转换，不断增强经济创新力和竞争力。一是持续加强科研创新平台建设。基本形成覆盖基础研究、技术创新、成果转化全链条的科技创新平台体系。二是持续完善区域创新体系。武汉、襄阳、宜昌国家创新型城市建设有序推进，大力支持武汉创建全国科技创新中心、东湖综合性国家科学中心，大冶、宜都、仙桃获批首批国家创新型县（市）。三是持续推进创新成果转化。四是大力培育新兴产业。重点发展集成电路、地球空间信息、新一代信息技术、智能制造、汽车、数字、生物、康养、新能源与新材料、航天航空等重点产业。

武汉光谷作为正在高速发展的高新科技区，聚集了大量的年轻人，促进现代商业高速成长和商圈快速扩容，从一个科技新区蜕变成一个居住及商业并存的“新新城”。根据美团发布的 2021 年“五一”假期消费相关数据，从 22 时至次日凌晨 5 时的夜间消费订单量看，“90 后”“95 后”和“00 后”成为夜间消费的主力军，最受武汉年轻人欢迎的光谷商圈成为全国夜消费排名前三的城市商圈。

（六）优化营商环境，增强内需活力

营商环境与市场主体投资和社会消费紧密结合。湖北坚持以市场主体需求为导向打造一流营商环境，聚焦市场主体和群众高频办理的事项，以高效办成一件事为目标，每年确定一批重点改革事项，以钉钉子精神一锤接着一锤敲，切实解决市场主体和群众办事的“堵点”“痛点”“难点”，推进营商环境持续优化，着力优化“四个环境”。一是着力优化制度环境。坚持以优化制度供给持续推进营商环境革命，出台了《湖北省优化营商环境办法》《湖北省营商环境问题投诉联动处理办法》《关于以市场主体需求为导向　打造一流营商环境的若干措施》《关于更大力度优化营商环境激发

市场活力的若干措施》等系列文件。比如推出的《湖北省营商环境问题投诉联动处理办法》，形成了一套系统、有针对性、全链条的营商环境问题投诉处理综合体系，并通过强化整改、问责，倒逼前端营商环境优化，从而构建起常态化的营商环境问题处理长效机制。二是着力优化市场环境。充分发挥市场在资源配置中的决定性作用，构建覆盖市场主体全生命周期的服务体系，在市场准入、融资信贷、公平竞争、市场退出、市场主体保护等方面持续发力，营造各类市场主体蓬勃发展的热带雨林式的营商环境。着力推进同标准审核、无差别审批，初步统一省市县乡村五级审批服务事项，实现同一事项办理要素“五级 48 同”，推动实现“一网通办”。对 130 个高频事项进行颗粒化梳理，精简审批材料和办事环节，更好方便企业群众办事。全省范围企业开办审批时限压缩至 3 个工作日内基本实现，不动产登记办理时间均在 5 个工作日以内。武汉等城市推出不动产购买即办证服务。三是着力优化政务环境。把市场评价作为第一评价、企业感受作为第一感受、群众满意作为第一标准，以政府有为，推动市场有效、企业有利、社会有序，当好助企发展金牌“店小二”。加快推进政务服务“一网通办、一窗通办、一事联办、跨省通办”。四是着力优化监管环境。严格按照管理标准、技术标准、安全标准、质量标准依法对市场主体进行监管。以省“互联网 + 监管”系统为枢纽，实现县域监管事项全统一、监管数据全共享、监管系统全联通、监管业务全覆盖，提升监管规范化、精准化、智能化水平。持续优化的营商环境为经济发展和内需增长注入强劲活力。

二、几点启示

（一）扩大内需必须始终坚持以人民为中心的发展思想

为中国人民谋幸福、为中华民族谋复兴是我们党矢志不渝的初心和使命，人民是推动发展的根本力量，有效扩大和满足内需必须把更好满足人民日益增长的美好生活需要作为出发点和落脚点，善于把人民的美好生活需要转化为现实的有效需求和增长动能。扩大内需要聚焦人民群众急难愁盼问题，加大对交通、公共卫生、水利等方面的投入，在补短板、强弱项中有效扩大和满足内需。以增加中等收入群体、提供惠及大众的公共服务为突破口，争取更大的经济社会效益。满足内需要顺应人民群众消费升级需要，大力发展优质消费品工业及上下游产业，推动产业提质增效。有效扩大和满足内需必须坚持发展第一，推动高质量发展，善于调动人民群众的主动性创造性，深入推进“大众创业、万众创新”，增加城乡居民收入。

（二）扩大内需必须在服务国家重大战略中抢抓新机遇，拓展新空间，创造新动能

落实国家重大战略既是政治任务，也是经济工作重要抓手。扩大内需要把地方发展谋划融入国家战略和区域发展战略，推动区域协调发展一体推进、一体落实。科教资源富集的地区要注重发挥科教优势，更大力度推进创新驱动发展。长江流域要坚持“共抓大保护、不搞大开发”，持续加大污染治理和生态修复投入，以技改升级为重点加强绿色循环改造，推动长江经济带高质量发展。

（三）扩大内需必须坚持社会主义市场经济正确方向

推动有效市场和有为政府更好结合：一方面，用好市场的决定性作用，集聚要素，拓展市场，厚植优势；另一方面，发挥政府的重要作用，优化服务，营造环境，破解难题。要坚持问题导向、效果导向持续优化营商环境，深化“放管服”改革，营造公平竞争、便捷高效的营商环境。围绕市场需求推动创新驱动发展，促进产业链与创新链衔接，“政产学研金服用”

联动，创建引领创新、激励创新的机制。中西部地区尤其要办好“市场大学”，善于用市场机制扩大开放，集聚要素，加快发展，以需求为导向上项目，以市场为主体扩投资，以环境为保障引资本。

（四）扩大内需必须坚持供需两端发力

扩大内需要坚持以供给侧结构性改革为主线，努力实现需求牵引供给、供给创造需求的更高水平动态平衡。供给端，要着力畅通产业循环、市场循环。锻造产业链供应链创新链长板，补齐短板，切实提高供给体系质量。优化消费品供给，从数量扩张向质量提升、从实物消费向服务消费转变，提供满足市场需求的高品质产品和高质量服务。优化制度供给，完善市场竞争机制、监管机制，打造市场化、法治化、国际化营商环境。需求端，要建设强大市场，加快完善内需体系。更好发挥消费对经济发展的基础性作用，优化消费市场环境，适应改善型需求促进消费升级，培育网络消费、时尚消费、场景消费等新兴消费，发展会展、旅游、文化、教育等服务消费。更好发挥投资对优化结构的关键作用，支持企业开展技术改造投资，推动一批强基础、增功能、补短板的重大项目建设。

（五）扩大内需必须统筹区域城乡协调发展

区域城乡协调发展是实现共同富裕的题中之义。对区域发展不平衡的地区，要注重补齐发展短板，挖掘发展潜力。着力完善区域发展体系，加快构建中心城市辐射带动、周边城市联动发展、城乡协同互动的城镇发展体系。城镇化仍然是现阶段有效扩大和满足内需的重要动力，要遵循新型城镇化发展规律，积极顺应和引导城市群一体化、同城化发展。以城市群一体化发展、同城化发展构建新型消费体系。

三、几点建议

（一）制定与国家区域发展战略相适应的消费引导政策

支持中部地区发挥交通区位优势建设强大市场，完善现代物流体系、商贸体系和农产品市场体系，培育若干区域消费中心城市。支持传统商贸重镇、商业街区改造升级，发展时尚消费、场景消费等新兴消费，擦亮“老字号”名片。支持城市新区、高新技术开发区等快速扩张街区，以现代化商业规划和高水平建设推进产城融合，形成更多消费增长点。

（二）进一步加大重大产业和功能性项目布局力度

湖北地处中部腹地，武汉九省通衢，区位、产业、创新、人力等各方面优势兼具。建议将更多重大产业和功能性项目布局湖北。比如“光芯屏端网”、生物医药、新材料等产业链关键企业项目，网络安全、航空航天和重大装备生产等功能性项目。

（三）进一步加大产业转移引导力度

目前，“资智回汉工程”产业转移大潮在湖北汇聚，湖北承接沿海地区产业转移战略地位凸显。建议国家支持湖北打造国内大循环重要节点和国内国际双循环的战略链接。支持湖北走以产学研平台为支撑、新兴产业为主导的产业转移特色之路，形成更多有强大创新能力的产业集群。同时，加大对中西部地区创新企业的保护力度，鼓励东部发达地区向中西部科创企业投资增资，限制或减少中西部科创企业向东部发达地区的逆向转移。

执笔人：黄良港　秦俊　黄沙里　刘新民　周全俊
朱小龙　马宏街

案例报告三

成都：创新扩大内需举措　打造消费活力之城

成都是近年来我国社会经济发展最快的城市之一，也是最具消费活力的城市之一。2020 年，成都市经济总量跃居全国第七，消费规模（社会消费品零售总额）居副省级城市第六，连续 12 年蝉联“中国最具幸福感城市”榜首。近两年来，为促进消费升级，最大限度减少疫情对消费的影响，成都积极推进国际消费中心城市建设，以新消费为引领，打造美好生活消费新场景，创新在线消费新模式，发展消费新业态，培育消费新热点，推出消费新产品，搭建消费活动新平台，以繁荣消费市场、释放消费潜力、扩大消费规模、提升消费品质、引领消费趋势促进经济复苏。成都新消费形态发展迅速，在有效扩大和满足内需、促进经济增长方面的一些做法和经验值得研究和关注。

一、成都消费市场发展现状和主要特征

（一）消费市场规模位居前列，集聚能力突出

消费市场规模位于全国前列。成都是地处我国西南内陆的超大型城市，经济腹地广阔，消费市场呈现较快增长态势。2016—2020 年，成都的社会消费品零售总额增速明显高于全国水平（见图 121）。2020 年，成都

商品销售总额达到 1.88 万亿元，社会消费品零售额达到 8118.5 亿元，消费规模位居全国第六。

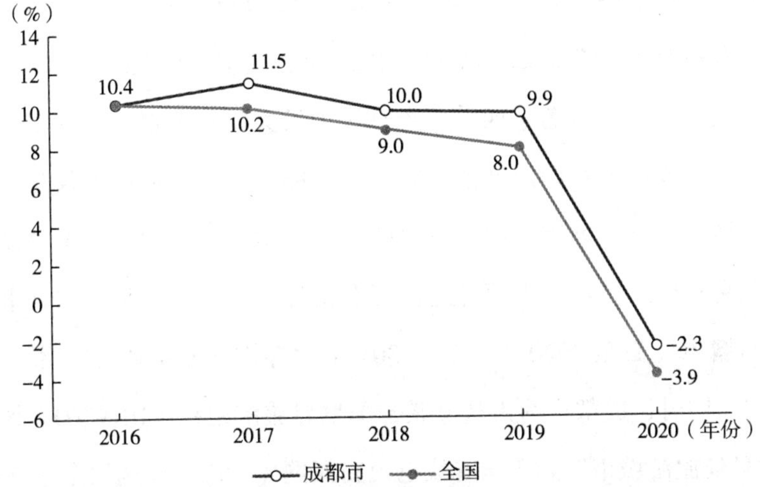

图121　2016—2020年成都及全国社会消费品零售额增长情况

资料来源：国家统计局、成都市统计局。

与其他经济总量和消费居于全国前列的城市相比，成都也有自己明显的优势。在 2020 年全国十大消费城市中，成都位列第六；但如果考虑人口因素和经济总量因素，2020 年，成都的人均社会消费品零售额为 3877.02 元，高于重庆（见表 35）。

表35　2020年我国主要城市人口、GDP及社零额比较

城市	常住人口（万人）	GDP（亿元）	GDP增幅（%）	社零额（亿元）	社零额增幅（%）	人均社零额（元）
上海	2487	38700.58	1.70	15932.50	0.50	6406.31
北京	2189	36102.60	1.20	13716.40	−8.90	6266.06
重庆	3205	25002.79	3.90	11787.20	1.30	3677.75
广州	1868	25019.11	2.70	9218.66	−3.50	4935.04
深圳	1756	27670.24	2.76	8664.83	−5.20	4934.41
成都	2094	17716.70	4.00	8118.50	−2.30	3877.02
苏州	1274	20170.50	4.86	7702.00	−1.40	6047.10

资料来源：根据国家统计局以及其他公开资料整理。

全球消费资源集聚能力强。根据 2016 年仲量联行（JLL）发布的“全球跨境奢侈品零售商吸引力指数”，成都在全球 140 个主要消费城市中位居第 16 位，在内地城市中仅次于上海和北京，名列第三。

国内外消费客流集聚能力突出。2020 年，成都常住人口为 2094 万人，在全国大中城市中排名第四，自身集聚了较大的消费群体。除了满足本地消费外，成都市对国内外消费客流集聚能力较强。成都不仅是成渝地区双城经济圈核心城市、国家重要的高新技术产业基地、商贸物流中心和综合交通枢纽，还是中西部地区拥有世界 500 强企业和外国领事机构最多的城市，截至 2020 年，已有 301 家世界 500 强企业、20 家领事机构落户。同时，成都作为入选过联合国世界旅游组织（UNWTO）评定的“中国最佳旅游城市”和美国有线电视新闻网（CNN）评选的全球首选 17 个目的地之一，对国内外游客具有较强的吸引力，成都旅游消费的客源已覆盖全球，形成了一定规模的外来消费。2020 年，成都实现旅游收入 3005 亿元，接待游客超过 2 亿人次。

（二）消费极具活力，消费升级和消费创新层出不穷

消费观念超前且活跃。成都市中青年消费人群规模大、比重高，是支撑成都消费市场发展的主力。根据第七次全国人口普查数据，成都 15 ~ 59 岁常住人口占比为 68.74%，高于全国 5.39 个百分点。有数据显示，成都市综合体和购物中心 15 ~ 30 岁消费者占比为 56.4%，31 ~ 45 岁消费者占比为 43.3%，其成为支撑成都消费市场发展的绝对主力。在规模庞大的年轻消费群体的带动和影响下，成都具有鲜明的敢于尝新、超前消费的特点，对新型消费的认可和接受程度高。例如，剧本杀、汉服等新消费在成都方兴未艾，流行接受程度和发展水平领先全国。

消费结构升级明显。2020 年，成都 16 大类限额以上企业商品零售额

中，8 个大类实现正增长。其中文化发展类和体育娱乐类商品增长明显，文化办公用品类比上年增长 24.8%，体育娱乐用品类增长 10.0%。消费升级类商品中可穿戴智能设备、智能家用电器和音像器材类、新能源汽车零售额分别增长 164.6%、35.9%、38.7%。

服务消费较快增长。2020 年，成都服务业增加值同比增长 3.6%，对全市经济增长的贡献率达 52.2%。其中，与居民生活服务密切相关的文创产业增加值达 1805 亿元，占 GDP 的比重超过 10%；旅游总收入达 3005 亿元，接待游客突破 2 亿人次；会展、体育、音乐产业产值（总收入）分别突破 1000 亿元、800 亿元和 500 亿元。成都市民体育消费总规模达到 481.2 亿元；人均体育消费支出为 2298.1 元，占 2020 年成都市民人均消费支出的比重为 8.7%。成都实现餐饮收入 1124 亿元，位居全国第四。

消费创新活力持续迸发。成都新经济总量指数居全国第二，新职业人群规模居全国第三。2020 年，成都市网络零售额突破 4000 亿元，位于中西部城市之首；跨境电商交易额 436 亿元，同比增长 115%；服务贸易进出口总额超过 900 亿元。培育出可可豆动画影城、域上和美等知名文化领域企业，创作出《哪吒之魔童降世》、戏剧《成都偷心》等现象级文化产品，包括剧本杀、汉服等在内的沉浸式、体验式和互动式创新消费层出不穷。

（三）市场体系持续创新发展，消费支撑不断巩固

传统流通业态持续升级，线上线下融合发展。成都已经形成了批零结合的多业态、多层次、多渠道的流通体系，如今在新形势下仍持续创新发展。近两年来，成都形成了 8 个示范性消费场景和 10 个特色消费新场景、180 个“新旅游 · 潮成都”主题旅游目的地、100 个夜间经济示范点位、

100 家特色小店。除春熙路商圈外，交子、蓉北、西博城等新商圈正在加快形成。SKP、TOD 等新消费场景正在形成。整合形成线上线下一体化便利店 1200 余个，“O2O+ 社区”等新消费模式快速发展。不仅如此，成都仍是商业投资青睐的优选地。据统计，2020 年成都零售物业市场全年共迎来 16 个商业项目（单个项目面积在 2 万平方米以上）开业，合计新增零售面积 129 万平方米，居全国第一。

国际消费供应链服务链进一步完善。加快构建以成都为核心的“空中丝绸之路 + 陆上丝绸之路”立体大通道，使成都作为国际门户枢纽城市和西部国际交往中心城市的功能不断深化。（成都）中欧班列连接境外 59 个城市、境内 20 个城市，国际（地区）航线达到 131 条，天府国际机场的正式投运，使成都成为中国第三个拥有双国际机场的城市，为完善成都市国际消费供应链服务链提供了支撑。

服务民生能力增强。新冠疫情发生后，成都指导保供骨干企业、零售终端和农产品市场及时复工，创新开展“流动菜市”进社区服务，引导餐饮门店开展无接触配送。改造提升“有颜值、有文化、有烟火味”的特色街区 50 条，培育打造东郊记忆、成都音乐坊、白鹿、平乐等音乐园区，全市专业音乐场馆达 60 个。塑造“天府绿道健康行”和“社区运动节”两大全民健身品牌，全市经常参加体育锻炼的人口突破 700 万，体育人口比例为 48.6%，城市绿道建设持续推进，累计建成 4408 公里，堪称“世界最大的城市绿道网络”，形成了新的“绿道经济综合体”。

（四）消费文化特色鲜明，消费经济形态丰富

消费文化特色鲜明。成都作为千年商都，拥有独特丰富、高度集成的消费文化。“花园城市”“休闲之都”已成为成都特有的文化名片和软实力，既拥有独特的巴蜀文化和客家文化，还有金沙遗址、武侯祠、杜甫草

堂等文化价值很高的旅游文化，周边集聚青城山—都江堰、九寨沟、黄龙、峨眉山等世界自然文化遗产。同时，川菜美食驰名世界，成都是全球最主要的美食中心之一。

首店经济等新消费形态方兴未艾（见图 122）。自 2018 年以来，新落户成都的各类首店超过 1500 家。2020 年，成都引入 386 家各类型首店，规模仅次于上海、北京，位居全国第三。其中，入驻品牌中有中国 / 内地首店 29 家、西部首店 9 家、西南首店 124 家、成都首店 224 家。成都举办多个全球新品首发、首秀、首展活动，涌现全球、亚洲、全国、西南国际品牌单店销售冠军逾 150 家，集聚高端品牌的购物中心 IFS 和远洋太古里年销售额均进入全国前十。

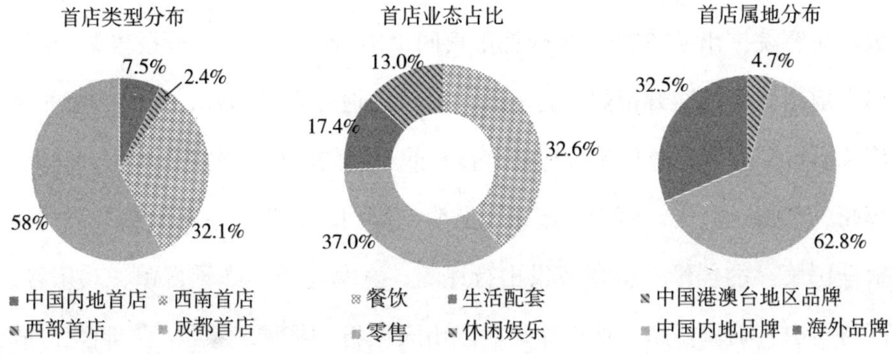

图122　成都首店分布情况

资料来源：四川省人民政府官网。

小店经济蓬勃发展。成都的小店传承千年蜀都味，众多的特色小店雕刻成都城市印记，小店经济凸显成都产业活力。2020 年，成都的小店经济活力仅次于上海、北京、广州及深圳，位居 36 个重点城市的第五，呈现出健康持续合法化、生长有序规范化、品质可控专业化、以人为本人性化的趋势。除了成都人长期以来对“餐饮”的偏爱，民宿、酒店、休闲娱乐、医疗及运动健身等品类逐渐成为成都人的“新宠”，以小酒馆、陈麻婆豆腐、钟水饺、洞子口张凉粉、邓记兔头为代表的餐饮小店成为疫情之后成都小店经济回暖复苏的中坚力量。成都在服务业小店经济活力分项Top10城市排名中，供给能力居第二位、消费能力居第五位、数字化居第六位。

夜间经济品质不断提升。成都夜间经济繁荣，品质不断提升。2020年，成都开启夜间经济3.0版，推出包括夜间旅游景区、夜间视听剧苑、夜间文鉴艺廊、夜间亲子乐园、夜间医美空间、夜间乐动场馆、夜间学习时点、夜间购物潮地、夜间晚味去处、夜间风情街区10类100个夜间经济示范点，带动成都夜间经济生态链不断优化完善，构建起了一个多元化、高品质的美好生活圈，让生活在成都的人们更加安居乐“夜”，也让来自海内外的游客能够尽情感受拥有无限可能的“夜成都”。根据曹操出行大数据研究院推出的《2020中国都市夜间“出行+消费”分析报告》，根据热力地图、单量回升指数、打车时段、目的地分析等指标，列出了夜间经济（出行+消费）总单量排行榜，排在前十名的城市依次为：成都、深圳、福州、广州、重庆、西安、苏州、昆明、厦门、杭州。成都创造了夜间消费全国第一的佳绩。根据曹操出行评测，宽窄巷子、街子古镇、欢乐谷、西岭雪山、临邛古镇、达古冰川、巴山大峡谷、稻城、蒙顶山、昭化古城成为2020年度四川夜景观人气指数十强。

（五）环境持续优化，助力消费潜力释放

政策优势促进成都消费环境改善。成都是国家发展改革委、住建部批复支持建设的国家中心城市，要求其提升核心功能，打造具有国际影响力的现代化都市圈。近年来，成都还先后获批首批跨境电商综合试验区、服务贸易创新发展试点城市等，这些都为成都加快与国际接轨、集聚国内外资源、提升消费环境和增强辐射带动力提供了有利条件。

消费环境稳中向好，消费者满意度提升。近年来，成都消费环境不断完善，“12315”等举报投诉热线“五线整合”，办理消费举报投诉 16.8 万件，为消费者挽回经济损失 1.1 亿元。在 7 个重点商圈、景区、乡镇试点开展线上“消费维权智能服务”，新增放心舒心创建示范点 133 个、消费维权服务站 66 个，高新区等 12 个区（市）县开展了消费投诉信息公示试点。中国消费者协会发布的《2019 年度全国 100 个重点城市消费者满意度测评报告》显示，成都消费者满意度综合得分是 77.74 分，高出平均分 0.72 分，消费者满意度总体良好，消费环境稳中向好。在参加测评的 13 个西南区域城市中，成都消费者满意度得分排在首位。

二、成都市促进消费的做法

（一）系统谋划，统筹推进促消费工作

为统筹推进扩大内需和更好促进消费，成都市委市政府高度重视总体设计，以新消费为引领提振内需，从供给侧创新和丰富高质量供给，系统谋划成都市促消费工作，出台了《成都市以新消费为引领提振内需行动方案（2020—2022 年）》《成都市关于持续创新供给促进新消费发展的若干政策措施》等系列文件，形成了一套较为完整的政策措施。

（二）立足特色，打造消费新载体新场景

大力推进 8 类生活消费新场景建设。加快推进地标商圈潮购场景、特色街区雅集场景、熊猫野趣度假场景、公园生态游憩场景、体育健康脉动场景、文艺风尚品鉴场景、社区邻里生活场景、未来时光沉浸场景 8 类消费场景建设。编制发布《公园城市消费场景建设导则（试行）》，精推场景建设示范，构建农商文旅体多产业、多领域、多业态融合发展的消费服务

体系。

打造标志性商圈和步行街。重点推进春熙路、交子公园两个都市级商圈和西博城、天府空港新城、蓉北三个区域级商圈以及SKP等城市地标的规划建设，以154个大型商业综合体、1250万平方米优质零售物业为载体，汇聚人流、商流和优势品牌产业资源，赋能商圈发展。发布《成都市特色商业街区建设指引》，对宽窄巷子等161条特色商业街区进行升级改造。

（三）坚持创新，培育消费新模式新业态

创新在线消费新模式。加快布局直播电商，构筑“线下孵化+供应链+线上平台”网络流量孵化群，举办“品质川货（工厂、产业带）直播节”、产地直购直播等主题活动。促进电商平台企业与农社农户资源对接。发展“互联网+农产品销售+乡村旅游”的农村电商新模式。支持传统商贸业数字化转型。大力推进“互联网+流通”线上线下一体化发展，引导商场、超市、餐饮、菜市等应用“社交电商”“平台销售+直播带货+短视频”开展数字化转型，拓展外卖、网店、微店、小程序等业务，加速电商赋能发展，对符合条件的电商应用示范企业给予政策支持。拓展“云体验”服务消费新空间。鼓励景区、公园、博物馆、美术馆、文创园区等应用短视频、直播、VR/AR等技术，打造沉浸式全景在线产品，推出“成都历史文化地标”在线数字展览，拓展“云旅游”“云展览”“云医疗”“云教育”“云体育”“云休闲”新空间。

大力发展消费新业态。提质发展跨境消费，大力引进和培育跨境电商进口平台企业和服务企业，对在全市率先实现进口商品品类突破的跨境电商企业给予政策支持。布局建设O2O体验中心和展示中心，推动双流邮政跨境电商产业园开展跨境电商O2O线下自提业务，带动优质“成都造”由

国内贸易向出口跨境贸易转型升级。大力发展定制消费。发展时尚精品定制、餐饮定制、旅游定制、医疗健康定制、养老定制、家庭服务定制等定制服务。鼓励支持蜀锦、蜀绣、瓷胎竹编等成都非物质文化遗产和特色工艺美术开发传承天府文化和代表城市形象的产品，加强与国内外知名品牌合作，发展高级定制服务。创新发展众包设计和众筹定制，为高品质小众定制化产品提供集众筹、销售等服务于一体的创业平台。鼓励行业协会、企业制定和出台相关细分行业定制服务标准，提升定制服务质量。

（四）优化供给，推出消费新热点新产品

积极培育消费新热点。大力发展“国际范儿”城市首店，鼓励招引具有影响力和代表性的品牌首店，提供国际化、品质化消费体验。鼓励传承创新特色小店。结合步行街改造提升发展“小店经济”，保护传承、培育提升蕴含天府文化、展现工匠精神、承载城市记忆的“成都味儿”特色小店及休闲娱乐小店等特色小店，支持行业协会制定发布“成都特色小店”榜单。提档升级社区生活服务。大力发展社区养老、学前教育、医疗健康、特色文体、物业居家等服务，积极引导市场主体在社区发展体验式、情景式、互动式的复合型消费业态。发展繁荣夜间经济。精心打造夜间旅游景区、夜间视听剧苑、夜间文鉴艺廊、夜间亲子乐园、夜间医美空间、夜间乐动场馆、夜间学习时点、夜间购物潮地、夜间晚味去处、夜间风情街区 10 类夜间经济示范点位，形成夜间经济生态圈。促进高端时尚消费。打造时尚品牌孵化平台，加强本土化与国际化、传统特色与时尚潮流的融合发展，引进培育一批知名独立设计师和品牌工作室，培育时尚买手。打造时尚产业发展平台，形成时尚产业集群。

不断创新推出消费新产品。培育智能消费产品。推动企业促进人工智能、物联网、云平台等创新成果转化，培育智能可穿戴设备、智能汽车、

智能家居、智能家电等新一代智能消费产品。推广绿色消费产品。加速淘汰排放标准较低老旧车辆，对汽车以旧换新等给予政策支持。鼓励新能源汽车消费，构建“碳惠天府”新能源车使用行为积分奖励场景，探索差异化激励机制。开展绿色商场、绿色饭店创建行动，鼓励优先采购绿色节能产品。丰富共享消费产品。支持开发应用交通出行、教育培训、医疗健康、居住空间等领域的新型共享应用软件和平台，鼓励发展共享单车、共享汽车、共享停车、共享厨房、共享派对空间等共享消费产品，拓展联合办公、开放社区等共享众创空间。

（五）强化保障，营造安全友好的消费新环境

积极构建引导消费的政策体系。围绕结构性改革，从政策促进上大力发展消费金融，持续完善消费社会保障，积极探索产权消费融通，积极促进消费便利化，健全消费信用体系和市场监管方式，加快推进智慧消费基础设施建设。围绕服务商业投资企业全球布局，建立符合大城市功能所需的产品创新和消费拓展机制，从政策推进上放宽服务业市场准入，招商引资培育品牌企业和品牌产品，加大土地支持力度，降低消费领域企业运营综合成本，主动实施审慎包容监管，深化消费发展人才支撑。

营造安全友好的消费环境。通过各种宣传方式不断扩大科学消费知识、消费警示提示信息的覆盖面，利用大数据针对消费难点、热点和苗头性问题，及时发布消费提示和消费预警，对投诉集中的行业、企业及时开展行政约谈和行政指导，督促整改违规行为，加大放心舒心消费单位、行业的培育工作力度，充分发挥其示范带动效应，不断提高经营者诚信度、消费者满意度，严厉查处损害消费者权益的行为，切实查处、曝光典型案件。与此同时，以推进“放心舒心消费城市”创建工作为抓手，狠抓消费维权建设，提高消费者维权意识，完善社会协同共治机制，积极推进消费

投诉信息公示试点工作，开展消费维权智能服务平台建设和放心舒心消费示范点建设，营造安全友好的消费环境。

三、经验与启示

（一）立足特色和优势，制定总体方案

中国经济和城市已进入高质量发展阶段，必须要处理好整体推进与重点突破、总体谋划与久久为功、破除旧动能与培育新动能、生态环境保护与经济发展、公平与效率等的关系。从成都市扩大内需促进消费的实践看，其较好地处理了这些关系。成都市政府立足于城市自身特色鲜明的“公园城市”和“休闲之都”消费文化、巴蜀文化和客家文化等地域文化，善用作为千年商都积累下的商业资源优势，结合新时期高质量发展的要求，将建设国际消费中心城市作为新时期的发展目标，完善了顶层设计，并部署了“三步走”的发展路径和阶段性目标以及八大主要任务，同时在创新制度保障方面也作了详尽的安排。不仅如此，成都还制定了详尽的分阶段实施方案，使得整个计划得以有效推进。

（二）重点推进消费场景建设，优化和创新消费供给体系

在推进高质量发展过程中，处理好整体推进和重点突破的关系至关重要。在实践中，成都始终将打造八大消费场景作为推进工作的重点任务，这是因为促进消费的最终目标是要让生活、工作在这座城市的人们更加幸福，而成都创新塑造的八大消费场景几乎涉及成都人民日常生活的方方面面，且颇具引领性。其中，不仅有以衣食住行为导向的商圈建设，彰显成都底蕴的特色街区打造等，大熊猫、公园城市作为成都的城市名片也被纳入其中。与此同时，多层次、多类型的消费载体体系建设的加快推进和联

通国内外立体化的交通网络的基本形成，使得成都初步形成了整体推进与重点突破的良性循环格局。

（三）发展经济圈和都市群，提升内陆城市消费辐射带动能力

2020 年 10 月，中共中央、国务院印发《成渝地区双城经济圈建设规划纲要》，明确推动成渝地区双城经济圈建设，这有利于形成优势互补、高质量发展的区域经济布局，有利于拓展市场空间、优化和稳定产业链供应链，是构建以国内大循环为主体、国内国际双循环相互促进的新发展格局的一项重大举措。

（四）抓住青年消费群体，提升消费活力

年轻消费群体是当下消费市场最为活跃的参与者，也是新生事物的推广者，更是紧密关注时尚的消费者，引领着城市里新一代消费潮流的兴起。尼尔森市场研究公司于 2019 年发布的《中国消费年轻人负债状况报告》显示，当前中国年轻人中，总体信贷产品的渗透率为 86.6%，由于“90 后”“00 后”约占总人口的 23%，他们将主导未来 5 ~ 10 年的中国乃至全球消费格局。所以，在消费领域有“得青年者得天下”之说。成都拥有规模庞大的中青年主力消费人群。在促消费中，成都根据青年消费偏好布局消费场景，青年消费群体起到了引领、示范和带动作用。例如：IFS—太古里商圈成为时尚弄潮儿的消费集聚地；春熙路—盐市口商圈成为汉服爱好者的集中地区，建设路商圈则是文艺青年的聚集地，金融城商圈是金融精英的集聚地，软件园商圈是科技人士的集聚地。年轻消费群体在诸多领域展现出强劲的消费能力，成为带动消费的生力军。

执笔人：漆云兰

后　记

党的十九届五中全会提出要“坚持扩大内需这个战略基点，加快培育完整内需体系，把实施扩大内需战略同深化供给侧结构性改革有机结合起来”；党的二十大从全面建设社会主义现代化国家的战略高度，对加快构建新发展格局、着力推动高质量发展作出了一系列重大部署，明确指出要“把实施扩大内需战略同深化供给侧结构性改革有机结合起来，增强国内大循环内生动力和可靠性”，“着力扩大内需，增强消费对经济发展的基础性作用和投资对优化供给结构的关键作用”。这些对新发展阶段有效扩大和更好满足内需提出了新要求。

内需是国民经济总需求的主体，是大国经济最根本的发展动力，也是构建安全可控、富有弹性韧性经济体系的重要基础。20 世纪 90 年代末以来，我国提出并实施了三轮“扩大内需”政策。进入新发展阶段，随着我国经济从高速增长转向高质量发展，国内市场主导经济循环的特征更加明显，内需呈现出不同以往的新趋势，消费需求的持续扩张、结构升级与创新转型，日益成为内需乃至整体经济增长的主动力，扩大内需的重心正在逐步从投资需求转向消费需求特别是居民消费需求。坚持扩大内需这个战略基点，其本质要求是政策既要“有效扩大”也要“更好满足”内需，实现从数量扩张转向质量提升、从潜力释放转向需求创新、从政策手段转向发展目标的质的跃升。

为深入开展相关研究、更好服务中央决策，国务院发展研究中心将

“以消费为主导有效扩大和更好满足内需”作为2021年的重大课题，由国务院发展研究中心原党组书记、全国政协经济委员会副主任马建堂同志，国务院发展研究中心原副主任王安顺同志挂帅，组成由市场经济研究所牵头、中心多部门骨干力量为主，吸收相关部委、地方政府、研究机构的专家学者共同参与的课题组。课题研究自2021年3月启动，历时一年。经过课题组的共同努力，形成了丰硕的研究成果，为党中央国务院相关政策制定提供了有价值、接地气的咨询建议。总的来看，课题研究的特色和创新价值主要体现在如下方面。

第一，注重问题导向与目标导向相结合。在研究中，课题组先后赴六个省市、十多个城市进行实地调研，与地方政府、行业协会、典型企业、研究机构等召开相关研讨会，听取各方面的意见建议，并注重运用统计数据、调研数据、大数据等多元化数据进行实证研究，以更加客观深入地把握我国内需发展与创新的动态，以及下一步有效扩大和更好满足内需面临的难点问题及体制机制障碍。在研究中，更加注重从中长期发展的角度系统考虑培育完整内需体系的思路和重点问题。为此，课题组就我国内需发展的现状和中长期增长空间进行了尽可能扎实的结构分析与测算，重点分析了五大结构性因素影响下我国一批具有万亿级规模潜力的内需增长点。

第二，注重系统研究与重点研究相结合。课题研究采取总分结构，包括一个总报告、七个专题报告、三个地方案例报告。其中总报告是对新发展阶段有效扩大和更好满足内需的战略研究，从历史回顾、国际比较、趋势展望等方面，提出我国要加快构建以“全领域覆盖、全周期管理、全环节贯通、全要素支撑”为主要特征的完整内需体系，推动形成“高效匹配、强力激发、加速创新、有序转型”的内需发展新机制，重点研究面向2025年和2030年我国一批具有万亿级规模潜力的消费和投资增长点，深入分析面临的难点堵点和体制机制障碍，提出相关政策建议。七个专题报告注重深入分析内需增长的动力来源和前景，以及有效扩大和更好满足内需的收入分配制度改革、社会政策、财税金融改革、供给侧重点、投资政策以及扩大乡村消费和投资问题。三个地方案例报告深入研究了上海、湖北、成都三地扩大内需的成效和经验。

第三，注重服务决策与引导实践相结合。结合课题研究的重要发现，我们形成了一系列政策研究报告。围绕“大头”消费，我们完成了《有效扩大汽车消费需围绕三个增长点发力》《把握住房消费四个新增长点，积极扩大内需》等报告；围绕重点人群，我们完成了《发挥年轻消费群体创新引领作用，持续扩大新兴消费市场规模》《进城农民工市民化提振内需潜力巨大》等报告；围绕新型消费，我们完成了《进一步提升线上消费对扩大内需的引领作用》《抓住新国货消费崛起机遇，促进形成更高水平供需动态平衡》《引导和培育绿色消费的国际经验与启示》等报告；围绕城乡区域，我们完成了《重视在推进乡村振兴中扩大乡村消费和投资》《打造“大县城”，构建县域消费新格局》；围绕政策工具，我们完成了《建议按“先减后增”方式调整消费税征收范围和税率》《引导地方用好用足用准消费券，撬动消费与增长》《促进消费信贷健康发展，更好发挥扩大内需支撑作用》《抓住消费回流机遇，加快免税零售创新发展》等报告，得到了中央领导的重视，为有关部门和各地方提供了有益参考。

研究成果得来不易，是课题组共同努力的结果。在课题研究中，马建堂同志给予精心指导，王安顺同志多次带队调研和组织课题组深入讨论；王青副所长协助我担任课题总协调人，对课题研究框架设计、调研组织、报告写作与总撰作出了重要贡献；邓郁松副所长全程参加了课题讨论；刘涛副所长不仅对总报告有突出贡献，在带领青年研究人员深入研究中长期需求趋势和消费创新方面发挥了重要作用；王念、陈丽芬等年轻同志在研究中发挥了骨干作用，也为课题增添了很多创新价值；宏观经济研究部、农村经济研究部、产业经济研究部、社会和文化发展研究部、金融研究所对专题研究作出了重要贡献。最后，还要特别感谢上海社会科学院、上海市商务委、湖北省人民政府研究室、重庆市商务委、成都市商务局及各地相关部门对课题研究的大力支持。

在全面建设社会主义现代化国家的新征程上，我们要持续提高综合研判和战略谋划能力，为更好满足和有效扩大内需，为构建新发展格局和实现高质量发展，贡献更多的智慧和力量！

市场经济研究所所长　王　微

2022 年 12 月 6 日于北京